D1696721

Das grosse Schweizer Buch der
WM 2010

CREDIT SUISSE

Dieses Buch wurde ermöglicht durch die grosszügige Unterstützung der Credit Suisse, Hauptsponsor des Schweizerischen Fussballverbands und der Nationalmannschaften.

rotweiss

© 2010
rotweiss Verlag GmbH, Falknerstrasse 9, 4001 Basel
Tel. 061 321 25 61, Fax 061 321 82 80
E-Mail: verlag@rotweiss.ch
Texte: Michael Martin, Daniel Schaub
Fotos: Andreas Meier, Keystone (Bildnachweis S. 270)
Gestaltung: rotweiss Verlag, Sandra Guggisberg
Druck: Reinhardt Druck, Basel
ISBN: 978-3-7245-1663-7
Alle Rechte vorbehalten
www.rotweiss.ch

Auf zu den nächsten Zielen

Vorwort von Peter Gilliéron, Präsident des Schweizerischen Fussballverbands

Auf der Suche nach der einen Szene, welche die Schweizer Sicht der WM 2010 entscheidend hätte verändern können, wird auch mir die grosse Möglichkeit von Eren Derdiyok im Spiel gegen Chile in Erinnerung bleiben. Was wäre gewesen, wenn er getroffen hätte? Wäre dann allenfalls ein Achtelfinal gegen Brasilien – nach dem fantastischen Sieg gegen Spanien – als zweites WM-Highlight Tatsache geworden?

Hätte, wäre, wenn … Es ist im Fussball immer bitter, wenn man seine Sätze im Konjunktiv formulieren muss. Und es ist dies zumeist auch ein Zeichen dafür, dass ein paar Zentimeter oder Sekunden zum eigenen Glück fehlten, wobei wir Schweizer – ich sage es immer wieder – eine WM-Teilnahme aller schönen Gewohnheiten zum Trotz weiterhin nicht als Selbstverständlichkeit anschauen dürfen. Die Tatsache, dass wir uns als Gruppensieger für Südafrika qualifizieren konnten, ist noch immer nicht hoch genug zu würdigen. Und dementsprechend stolz war ich auf Ottmar Hitzfeld, seine Spieler und die gesamte Crew, als ich nach meiner Rückenoperation zu Hause das 1:0 gegen Spanien miterleben durfte. Ein Sieg gegen den Europameister an einer Weltmeisterschaft – das ist ein Ergebnis für die Ewigkeit. Und es bestätigte mich in meinem Vertrauen in den Trainer und die Mannschaft, das ich trotz gewissen negativen Resultaten im Vorfeld der WM stets empfunden hatte. Leider gehört zum Fussball immer auch die Kehrseite der Medaille. Wir waren alle glücklich nach dem Spiel gegen Spanien – und wir waren alle enttäuscht, dass zunächst gegen Chile und danach gegen Honduras nicht alles nach unseren Wünschen lief. Vielleicht waren unsere Erwartungen zu hoch gewesen? Auch weil wir stets in Erinnerung hatten, wie unsere U17-Nationalmannschaft ein paar Monate zuvor in Nigeria den WM-Pokal in die Höhe stemmen durfte.

Womöglich aber haben uns diese Weltmeisterschaften in Afrika auch nur gelehrt, dass das Beste noch kommen wird. Wir haben die Talente, die es braucht, um auch in Zukunft als kleines Land im Weltfussball erfolgreich zu sein. Die nächsten Aufgaben, bei denen wir dies beweisen dürfen, warten schon: die EM 2012 in Polen und der Ukraine und die WM 2014 in Brasilien. Wer weiss? Vielleicht können wir in vier Jahren jenen Achtelfinal nachholen, den wir im wunderbaren WM-Gastgeberland Südafrika verpasst haben!

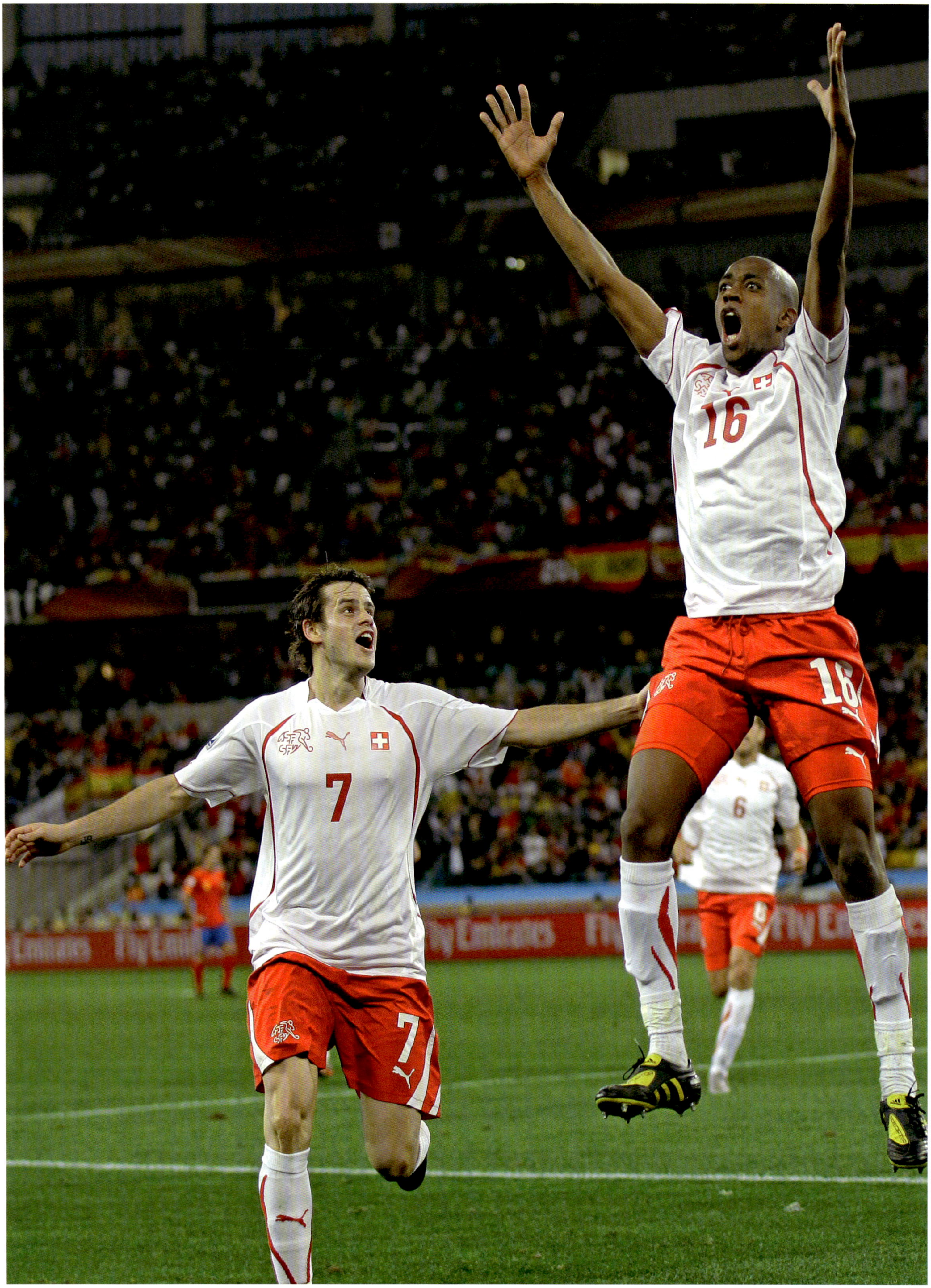

Inhalt

Kapitel 1
S. 12–35 Momente der WM 2010
Die schönsten Bilder

Kapitel 2
S. 36–73 Die Monate nach der
Schweizer Qualifikation

Kapitel 3
S. 74–113 Das Leben vor der WM
In den Schweizer Camps

Kapitel 4
S. 114–157 Vom Coup zum K.o. –
Die Schweizer WM-Spiele

Kapitel 5
S. 158–177 23 Akteure und viele Helfer
Die Schweizer WM-Crew

Kapitel 6
S. 178–207 Als die ganze Welt
«waka, waka» war

Kapitel 7
S. 208–223 Die Topstorys
der WM 2010r

Kapitel 8
S. 224–267 Zahlen und Fakten –
Die WM 2010

GUN FREE ZONE

ALCOHOL FREE ZONE

THESE PREMISES ARE MONITORED BY CCTV

PLEASE DECLARE ALL PRIVATE PROPERTY

STADIUM GATE

Vaal Triangle Signs
Tel: (016) 931-3970/1

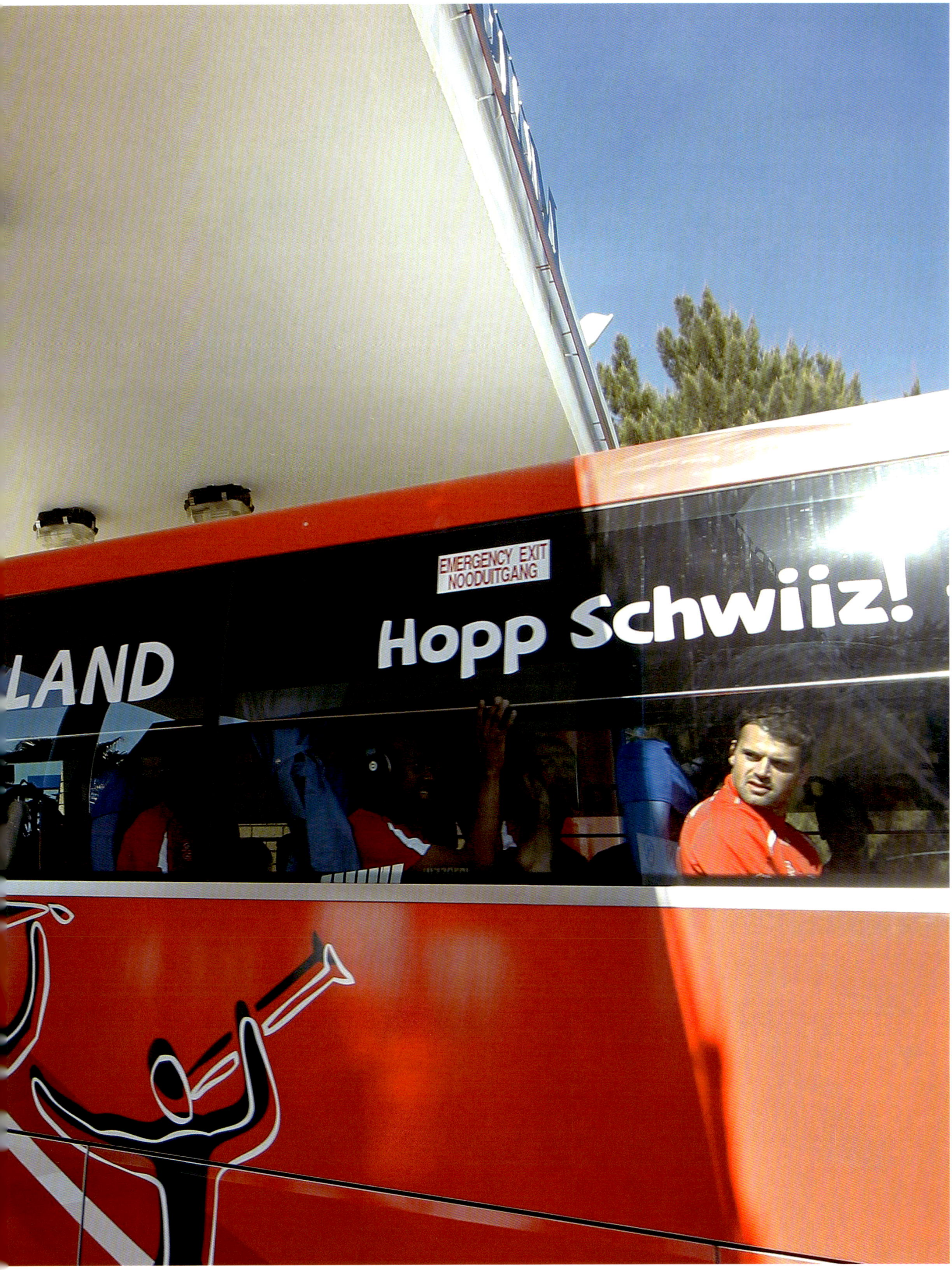
EMERGENCY EXIT
NOODUITGANG
LAND
Hopp Schwiiz!

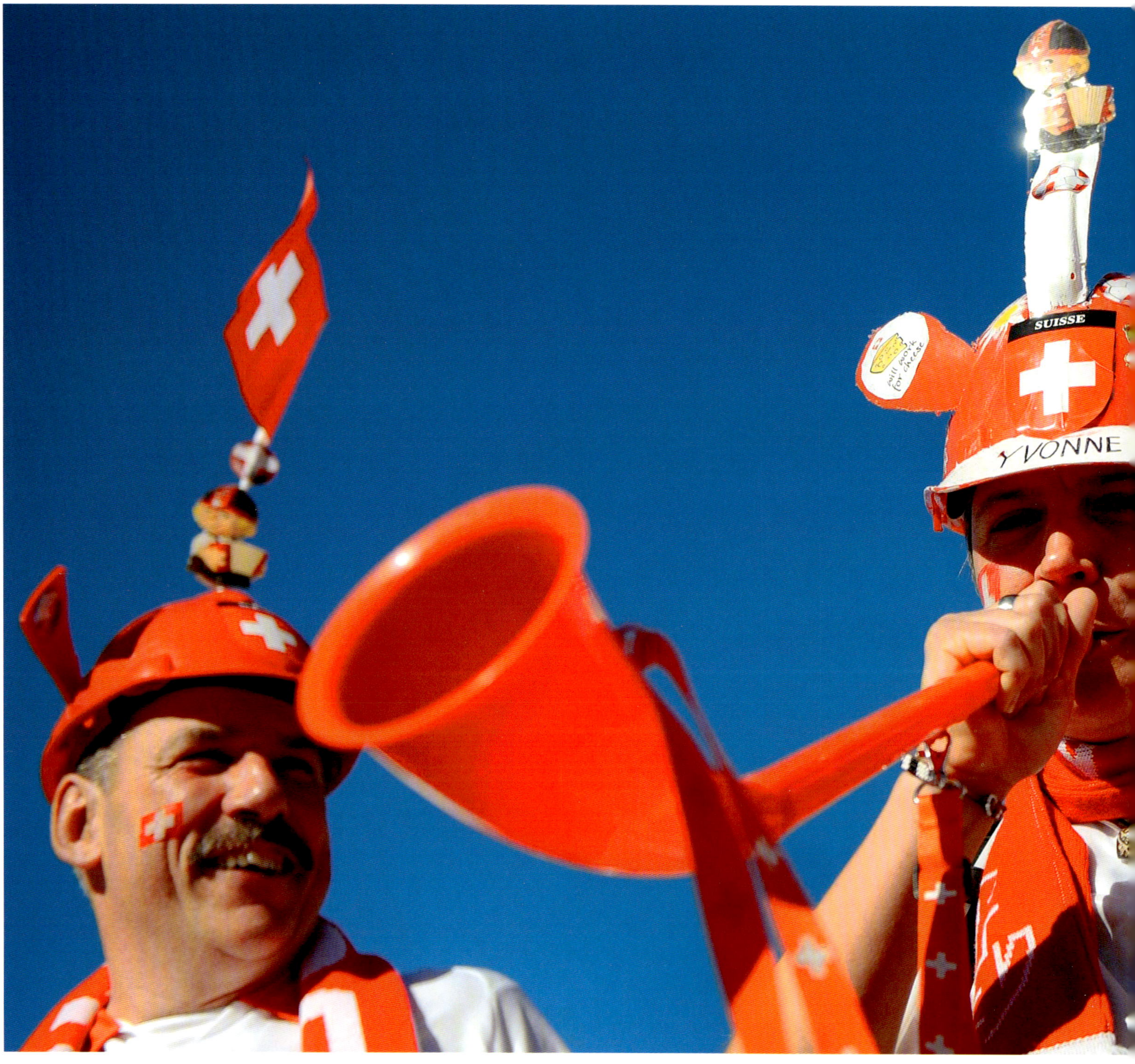
SUISSE
YVONNE

Momente der WM 2010

Kapitel 1 – Emotionen, verewigt durch die Kamera

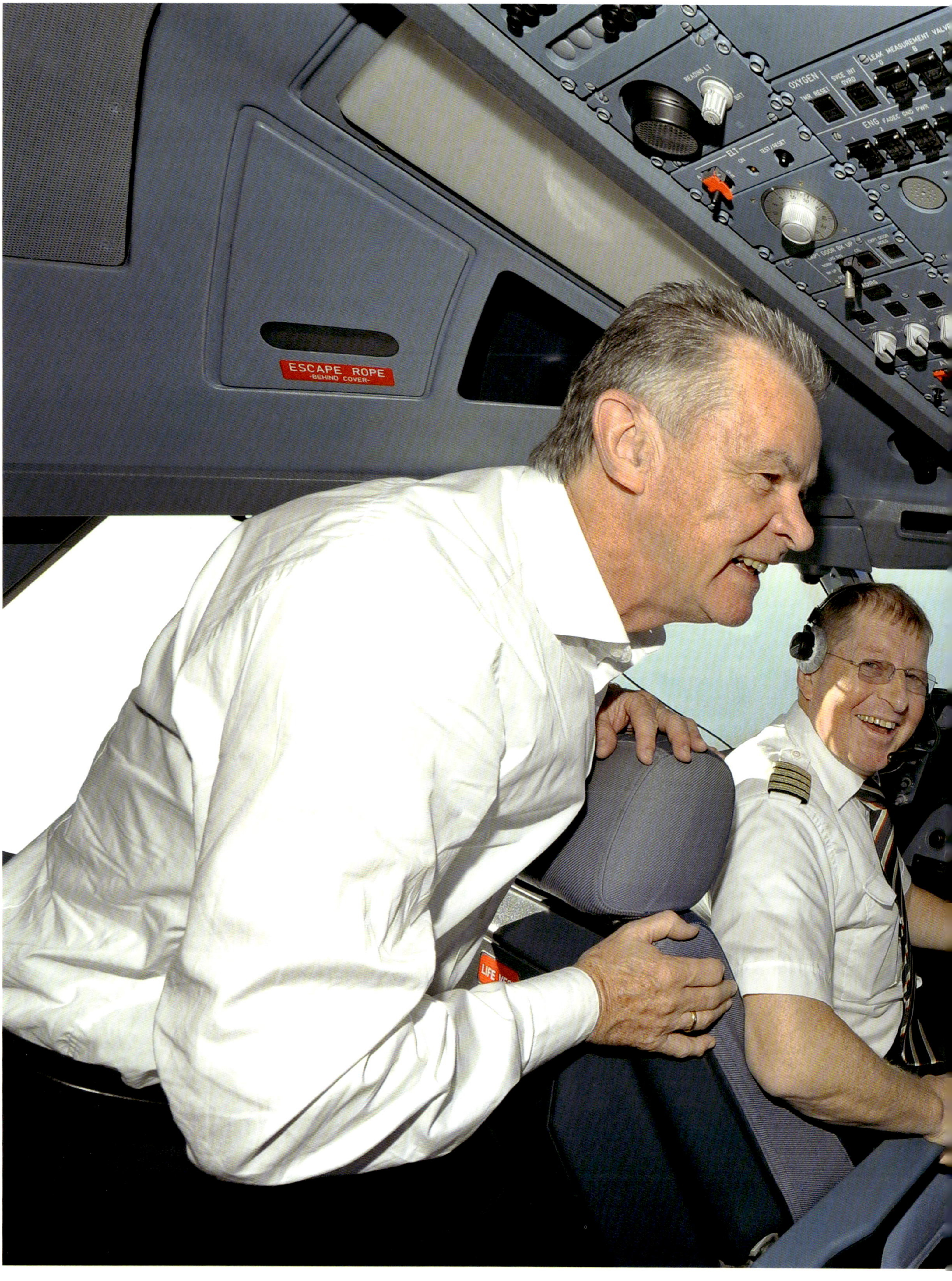
ESCAPE ROPE
-BEHIND COVER-
OXYGEN

AIR
OVNT COND
FANS RESET
CMC 1
DATA LOADER
ENG 2
ENG 3
ENG 4
FIRE
HYD
FUEL
ELEC
PAX SYS
PAX
PERSONAL
ELEC SPLY
BOOMSET
HB-JMN
PR-HQ

16

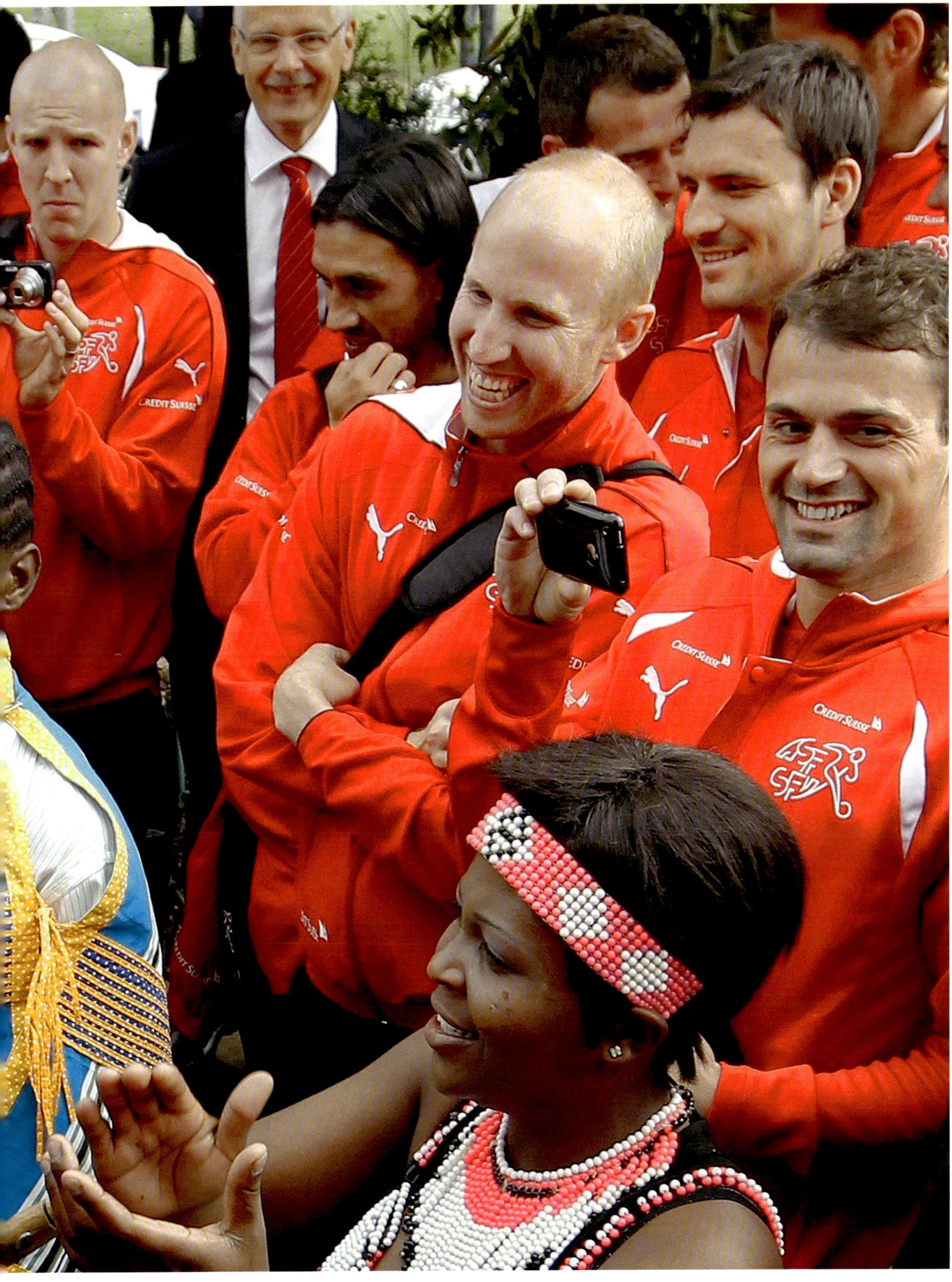
CREDIT SUISSE

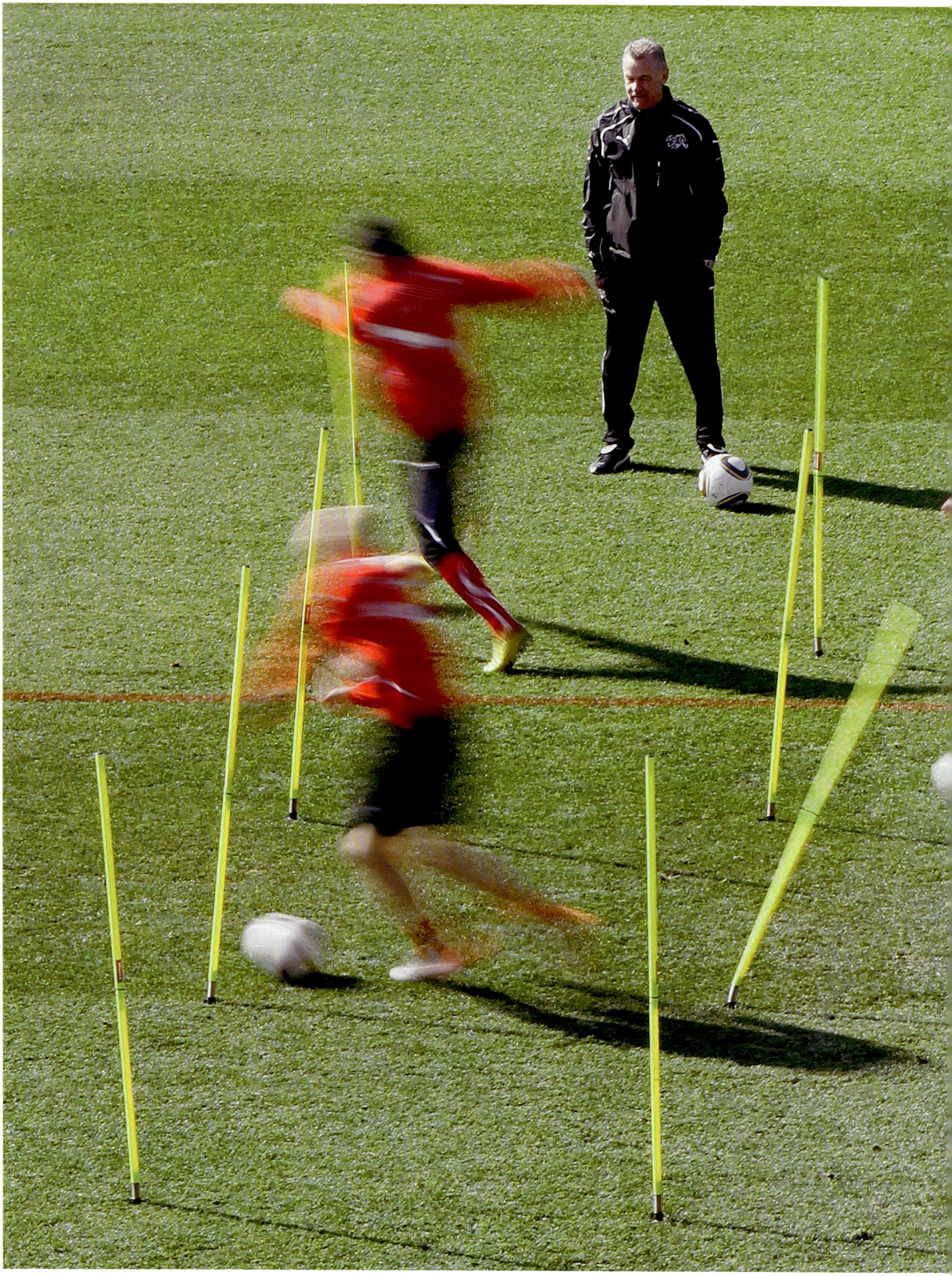

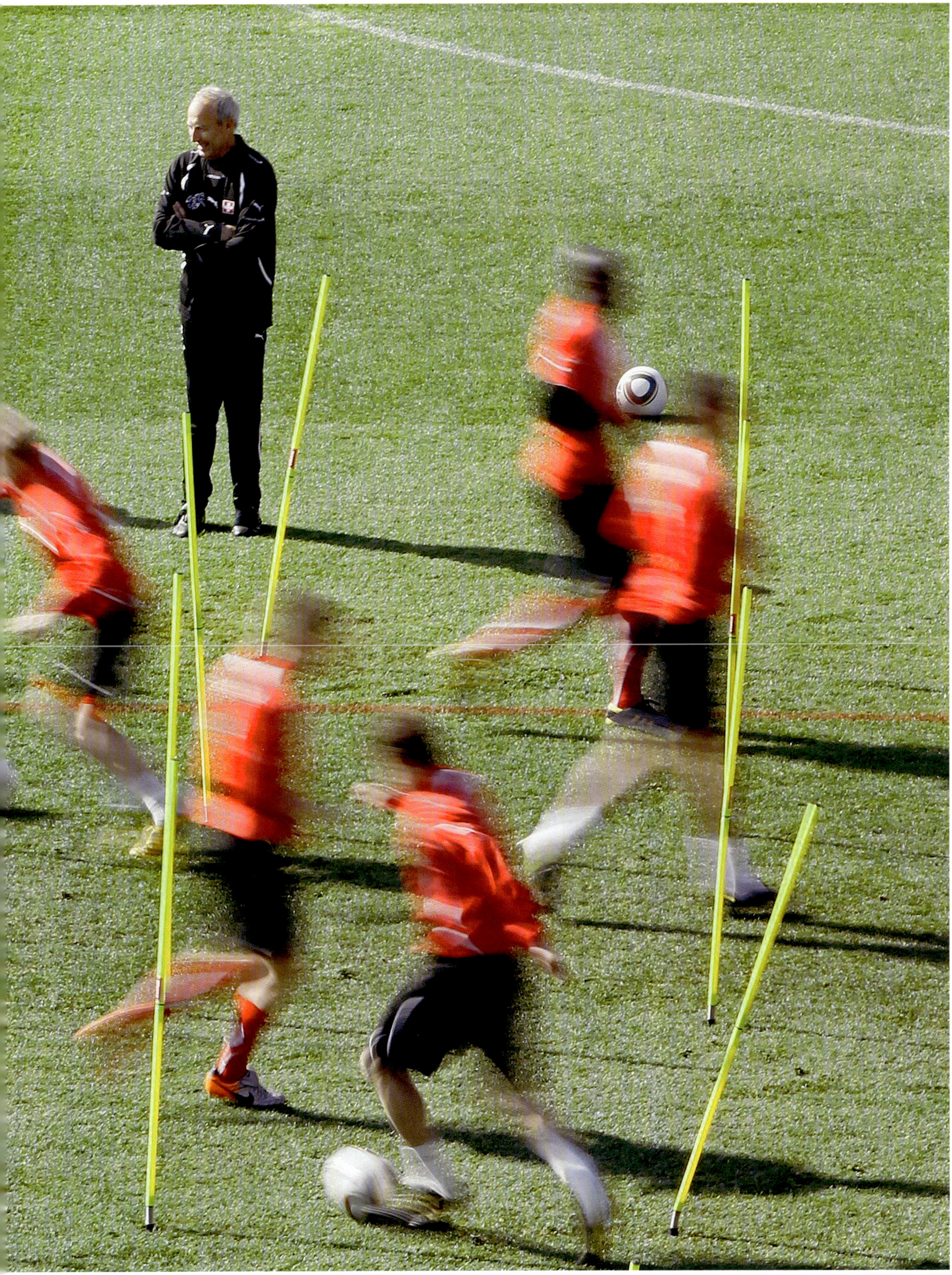

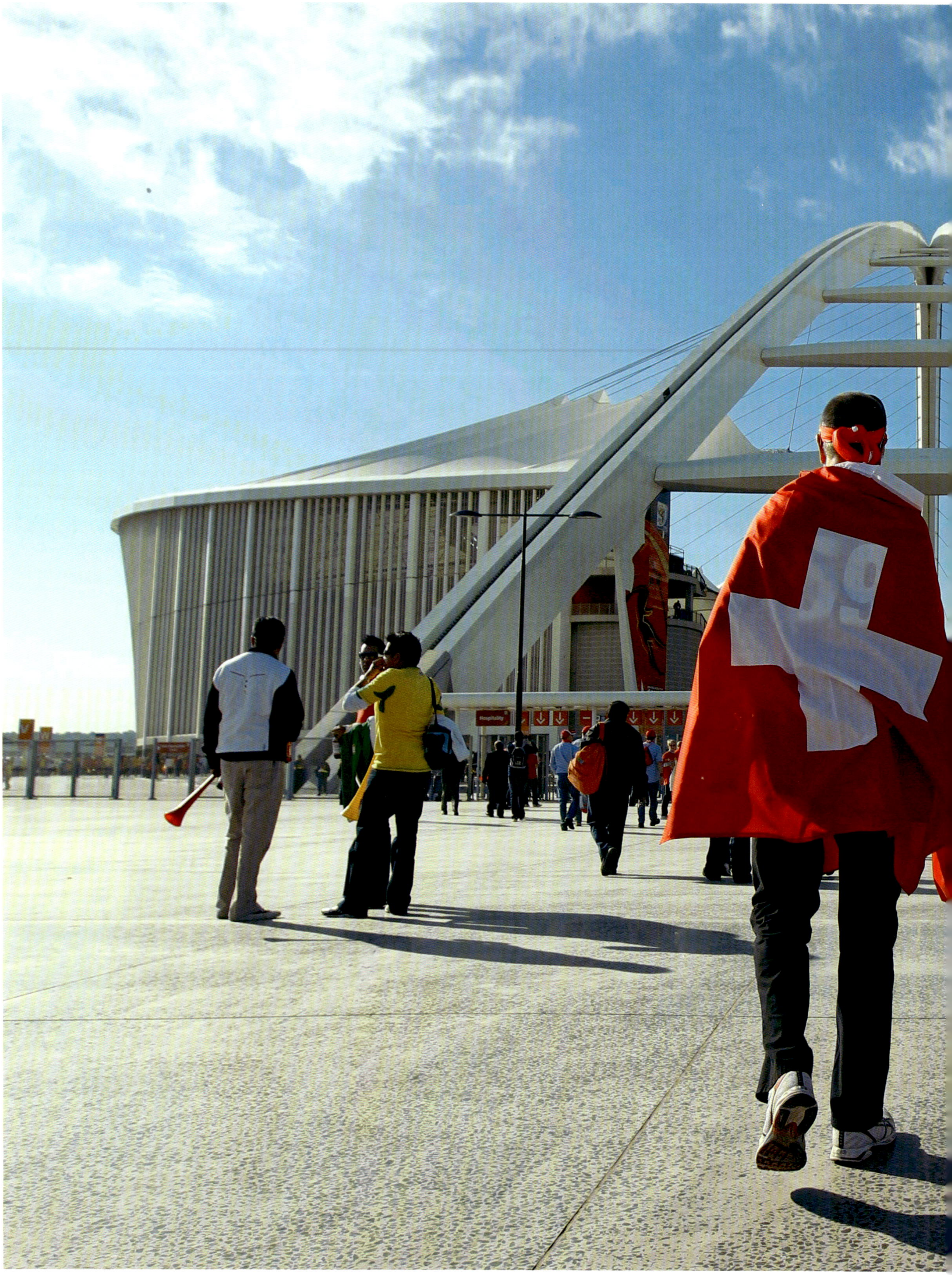
Hospitality

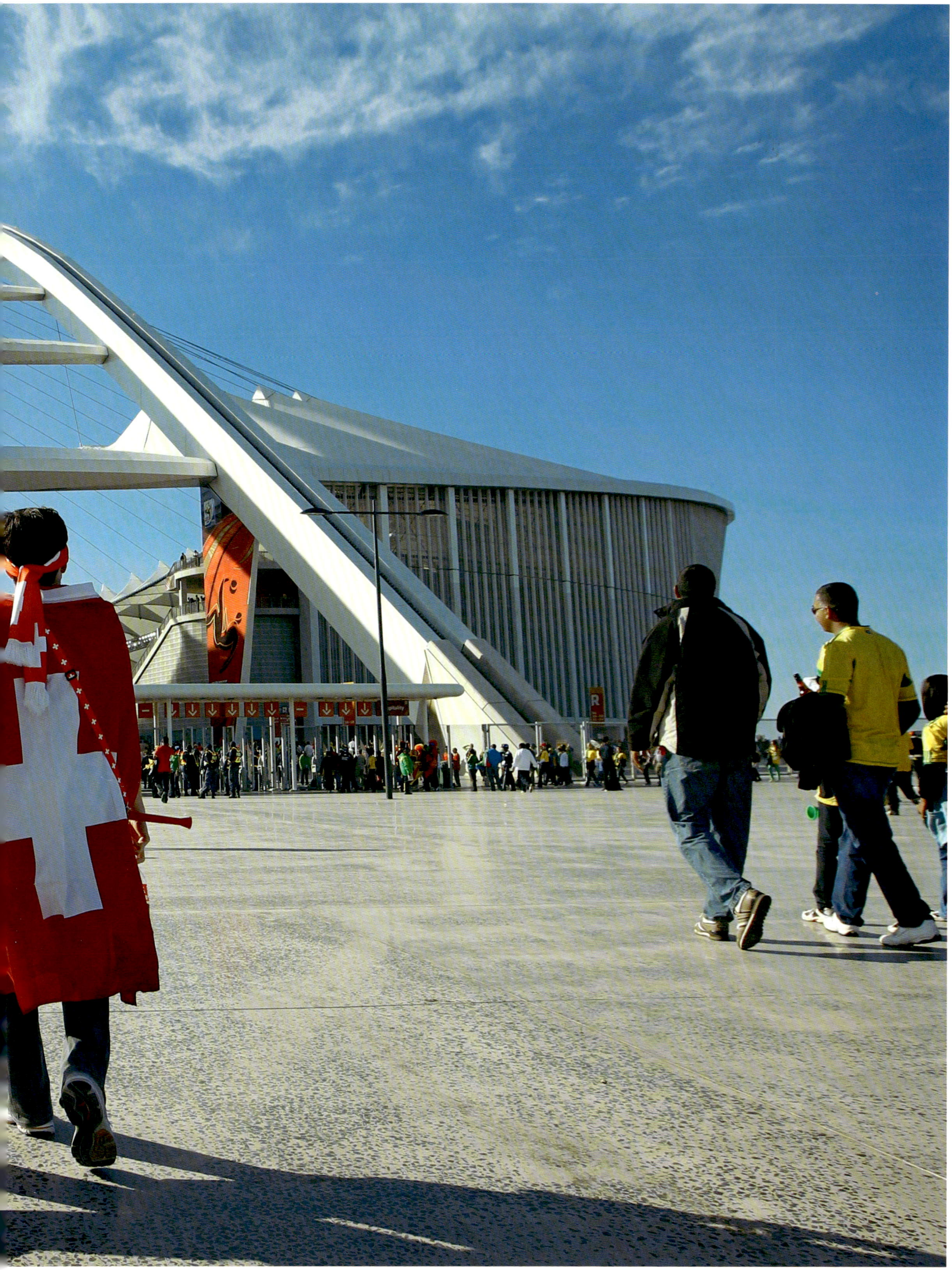
R

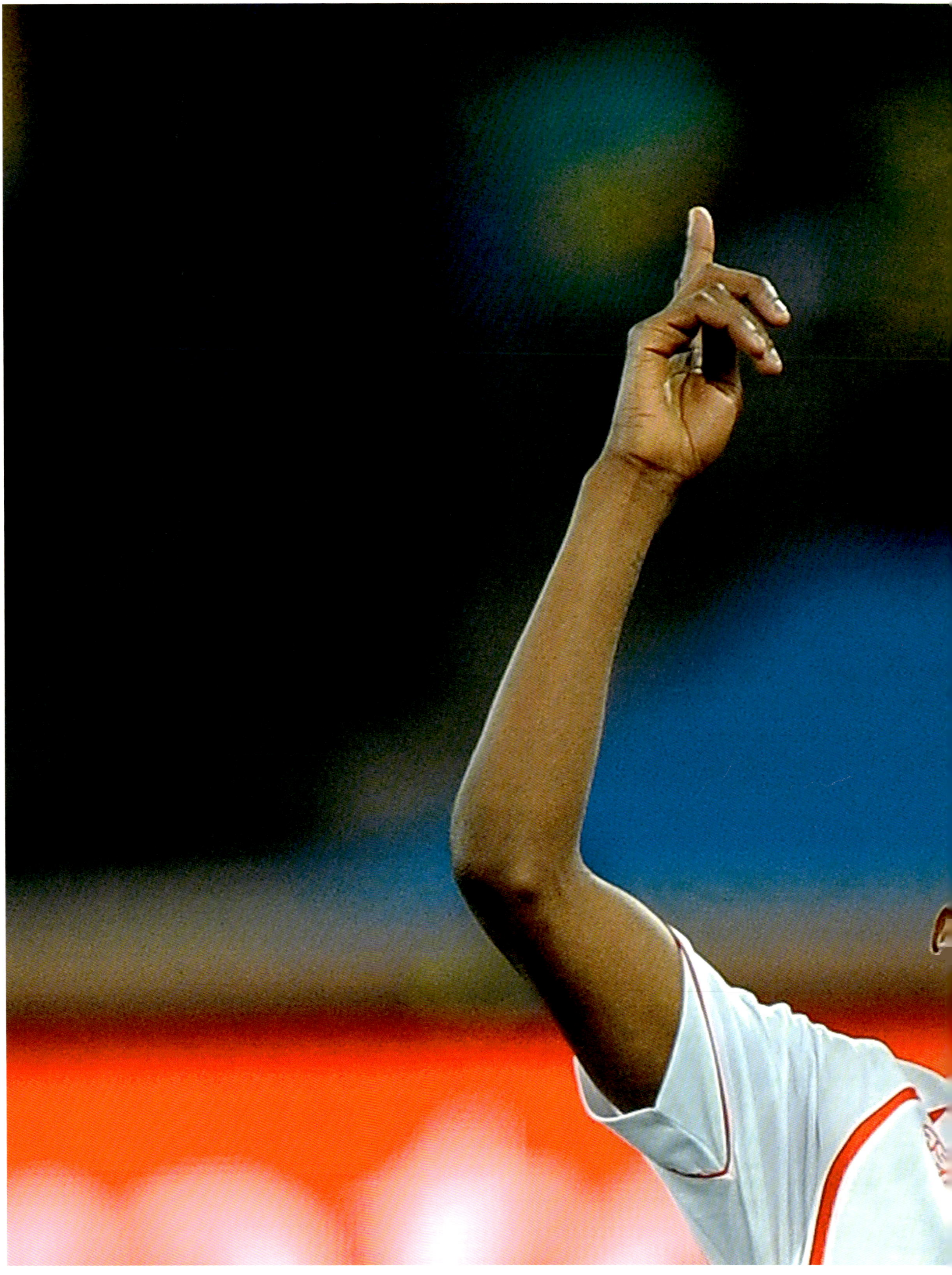

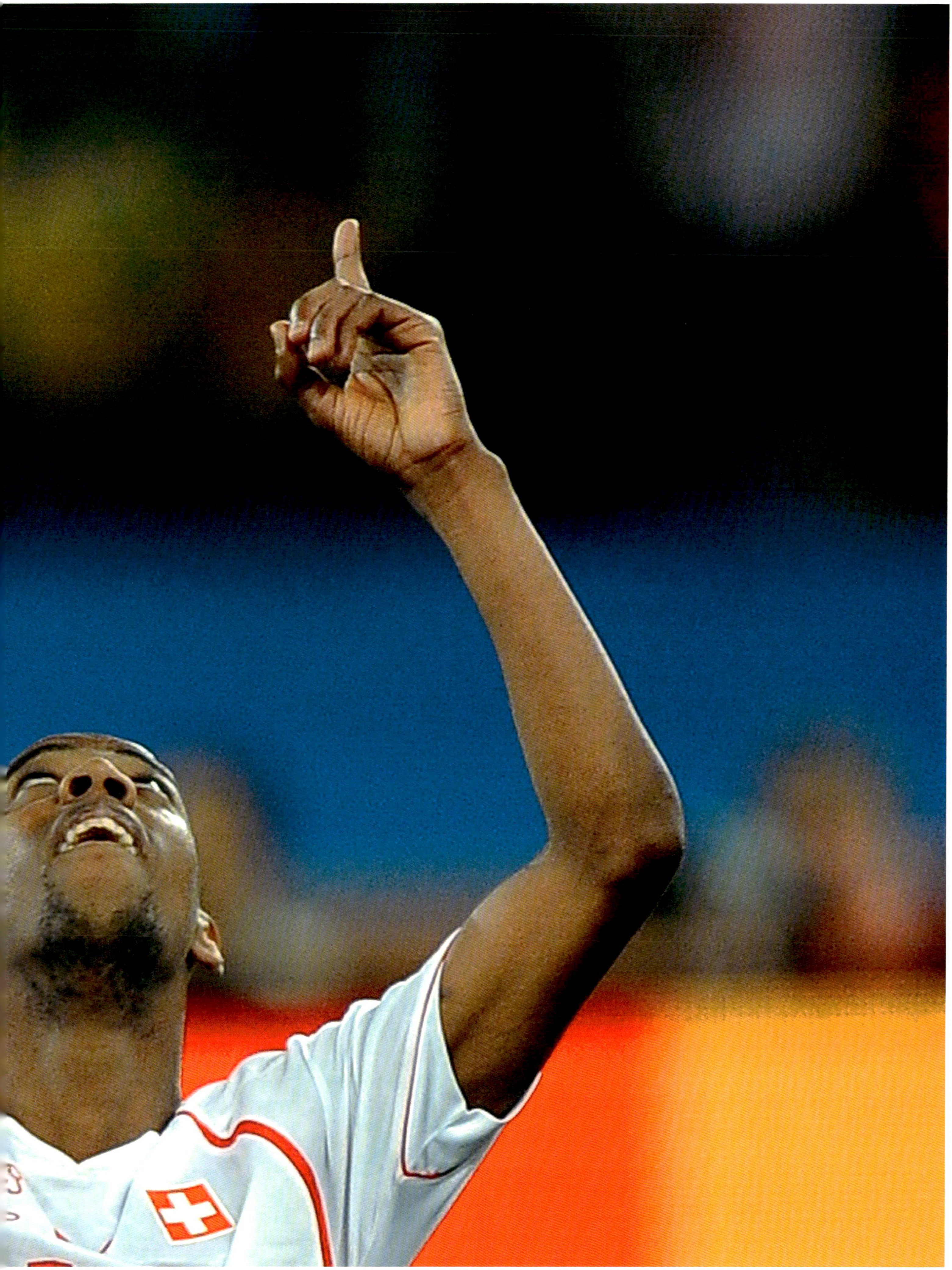

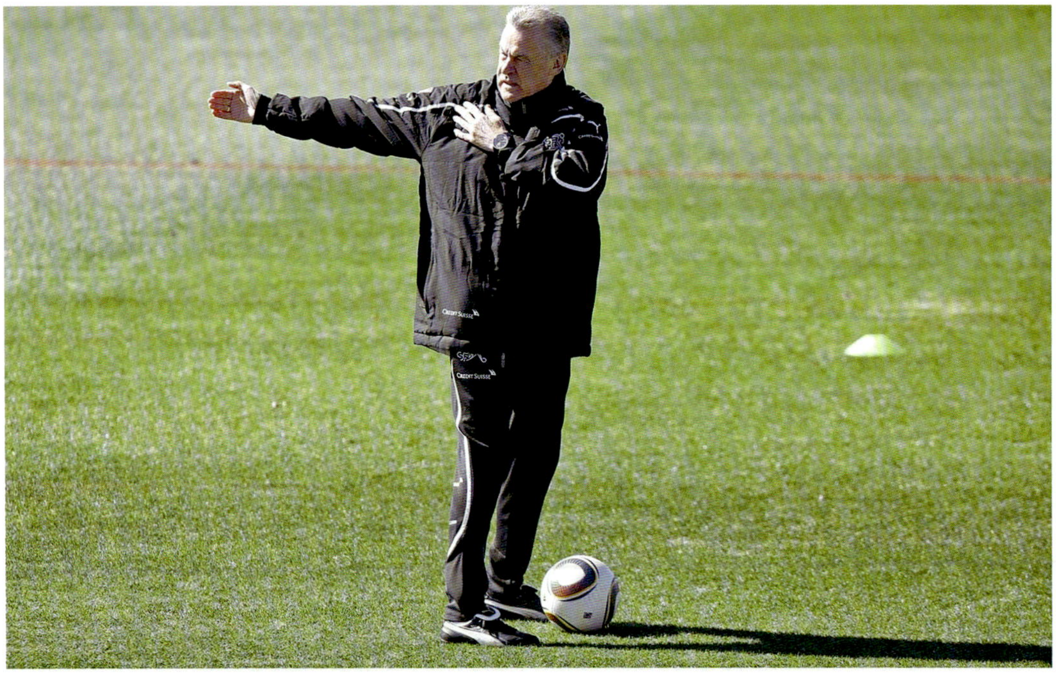
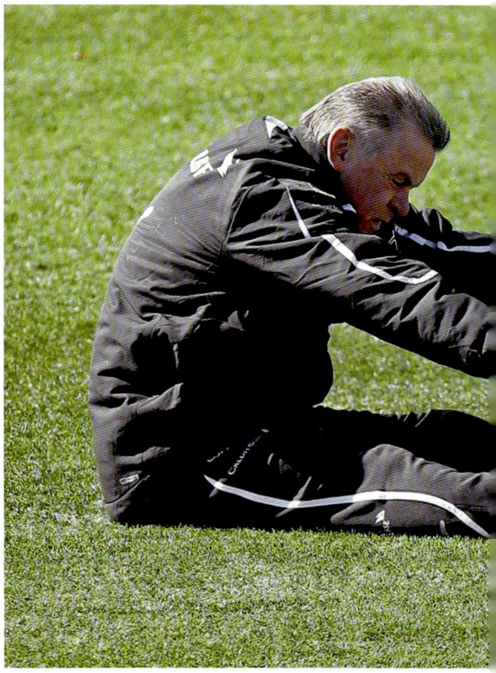
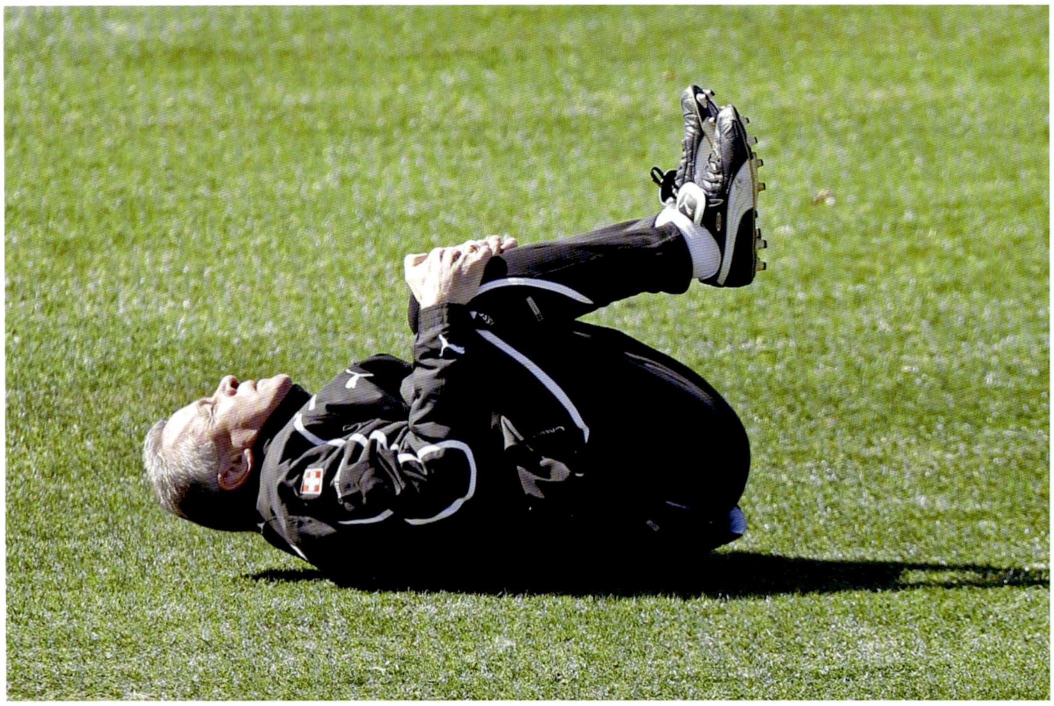
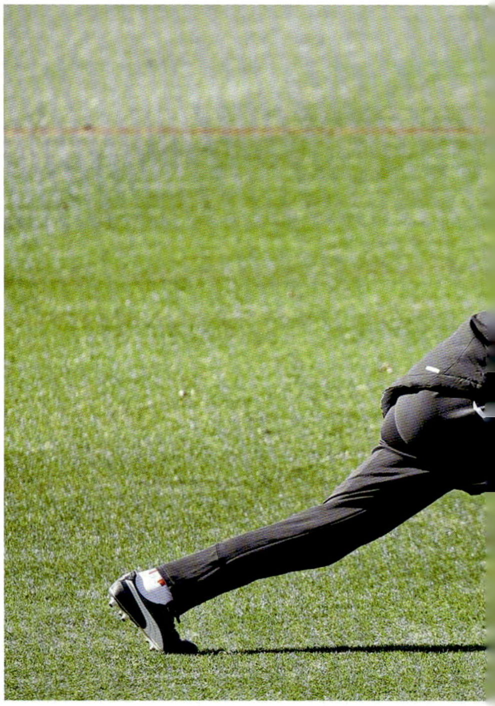
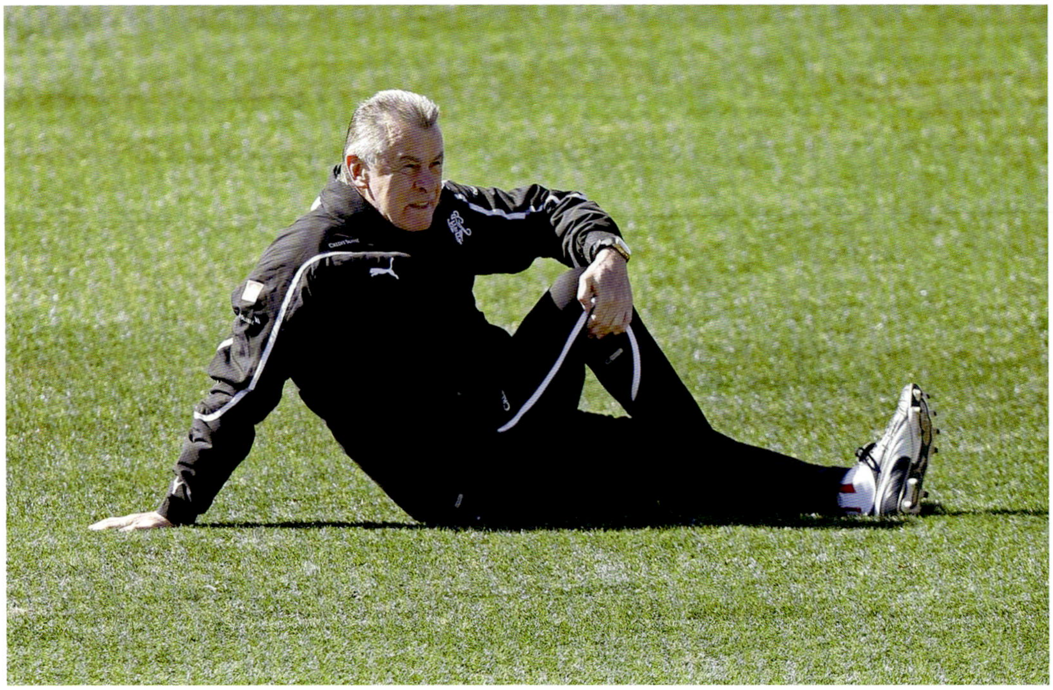
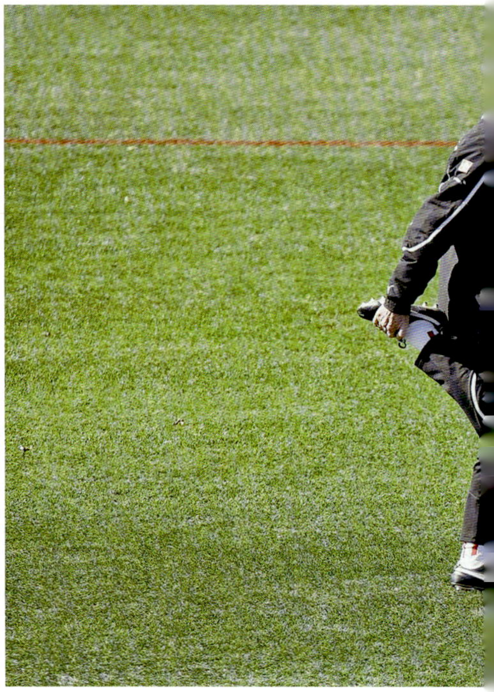

25

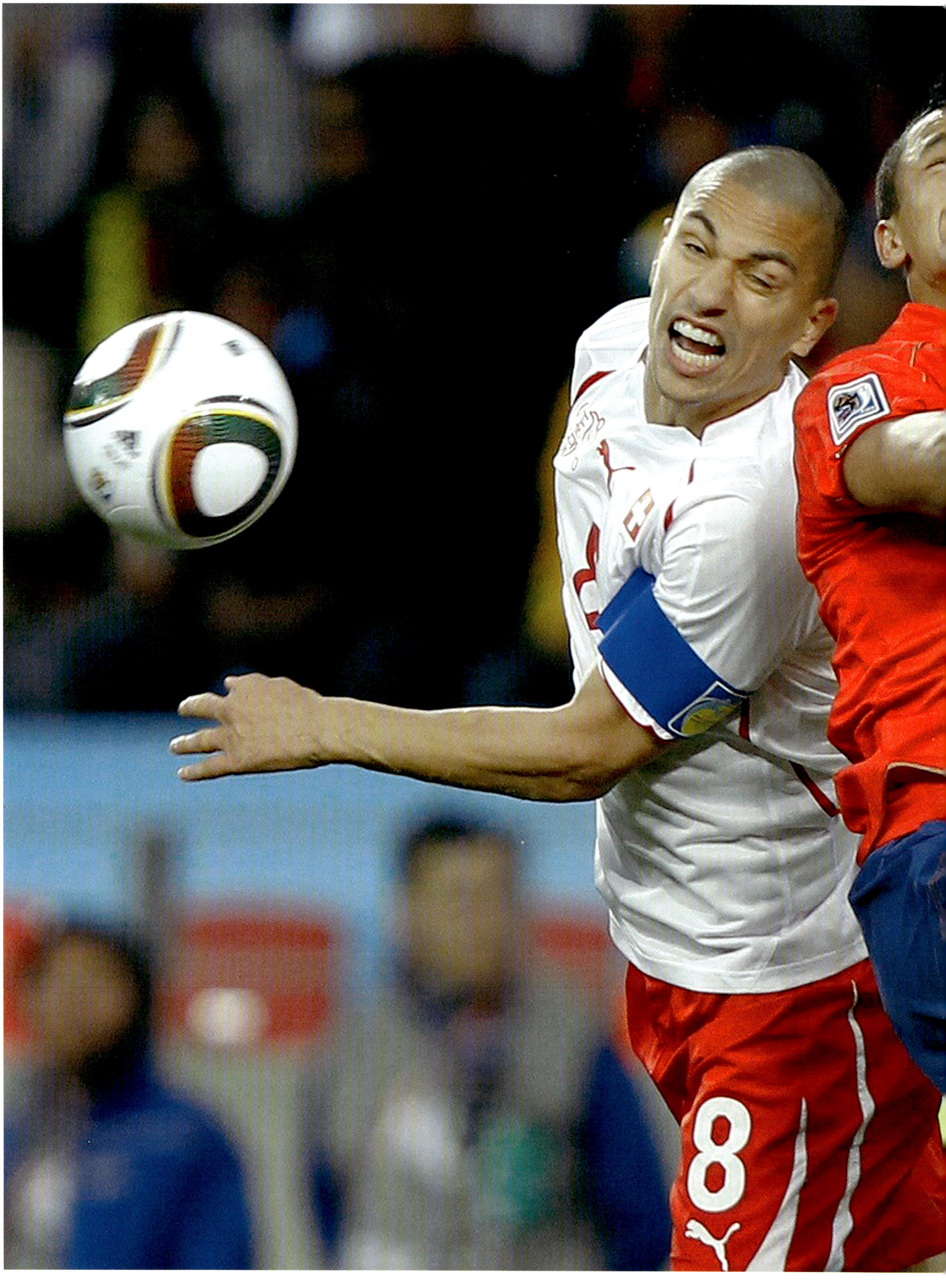

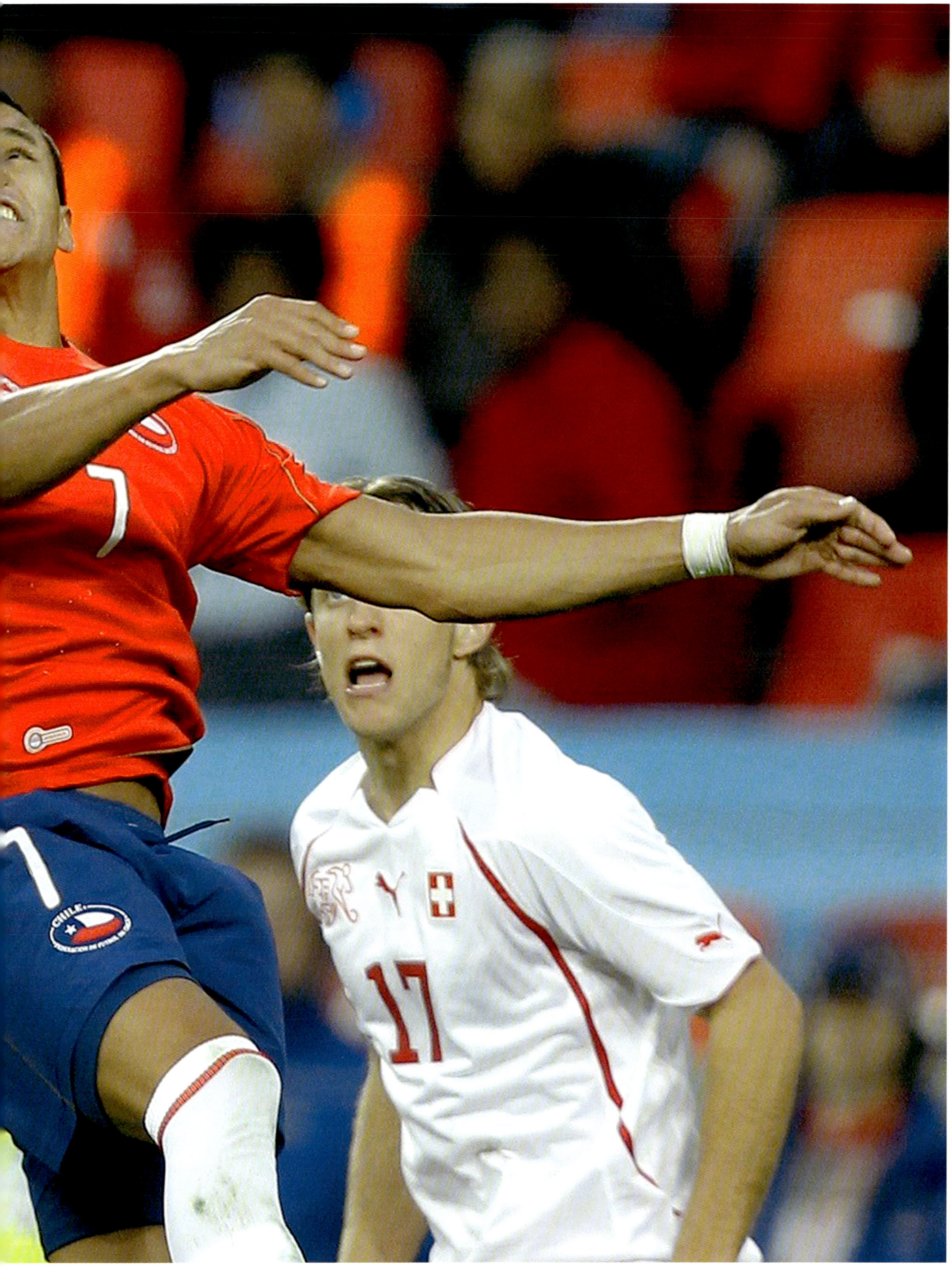
17

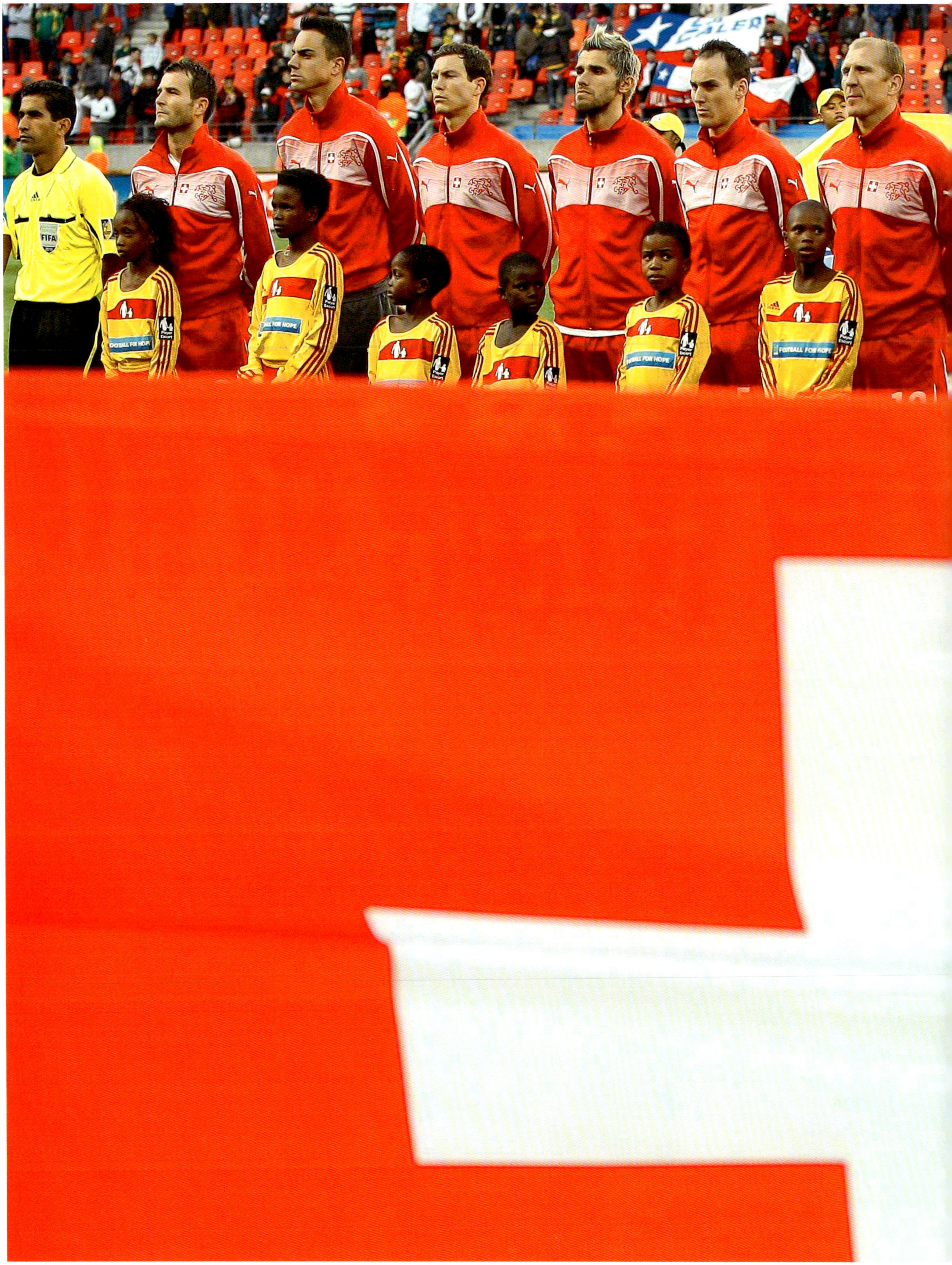
FIFA
FOOTBALL FOR HOPE

29

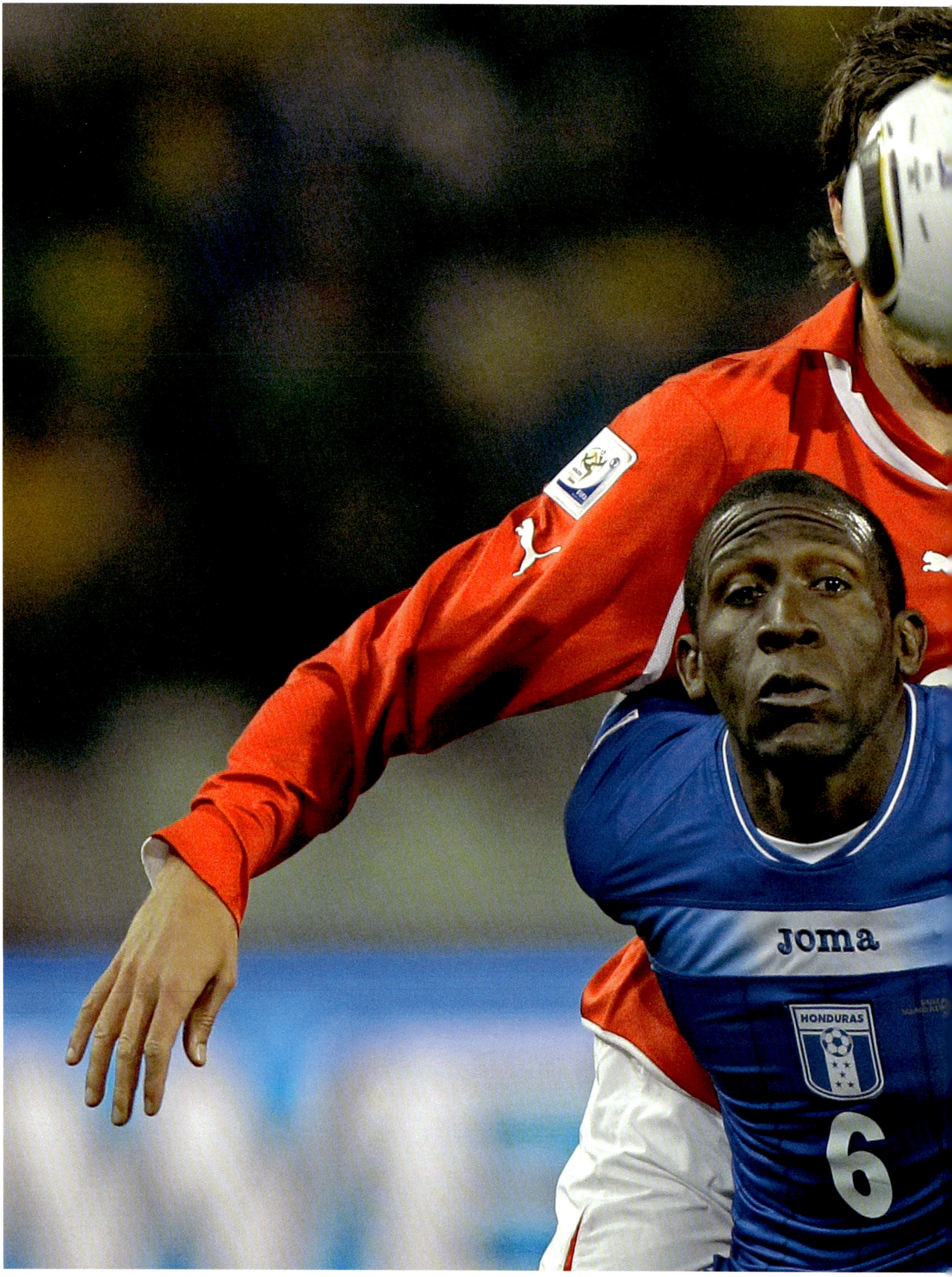
Joma
HONDURAS
6

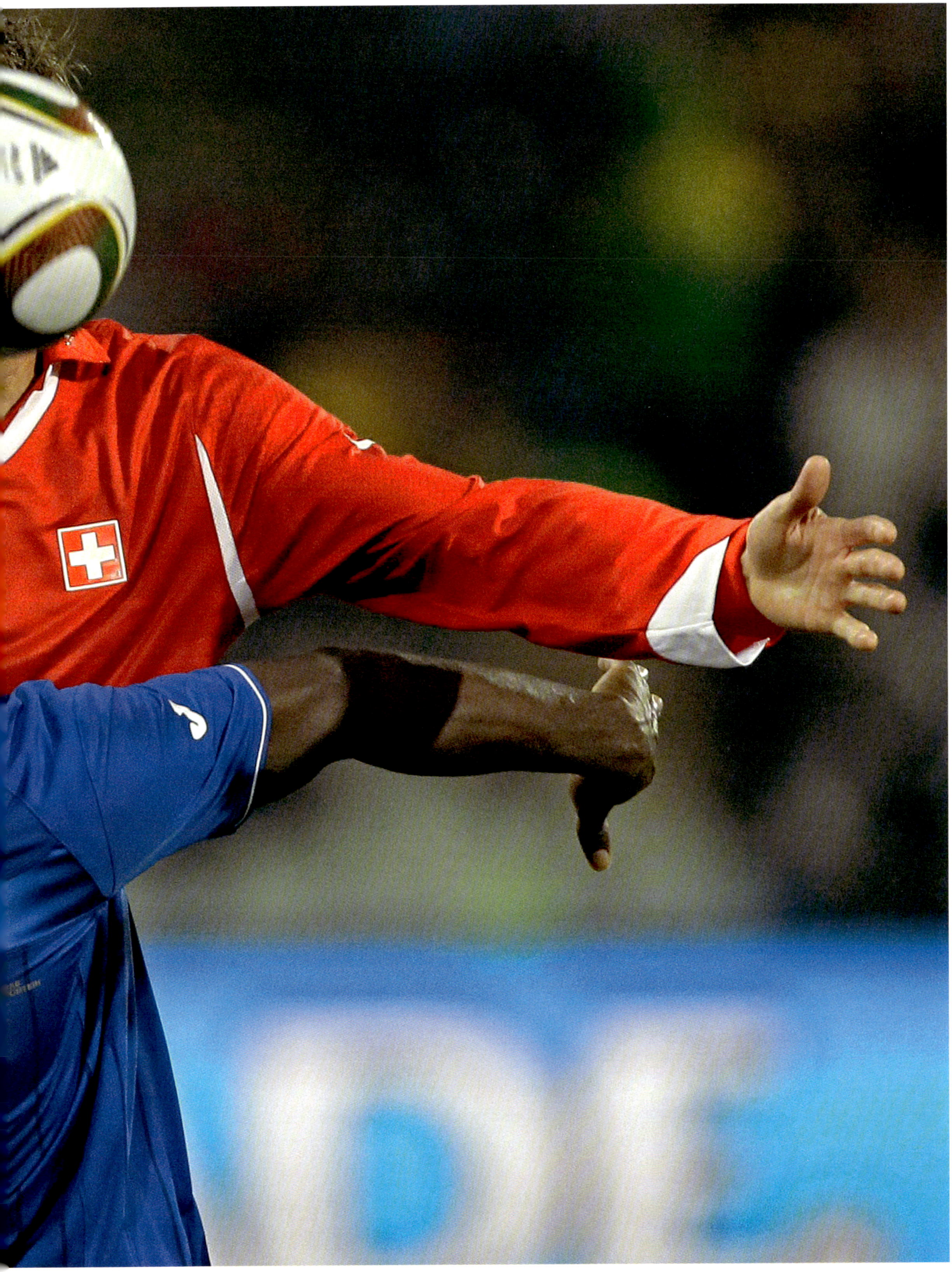

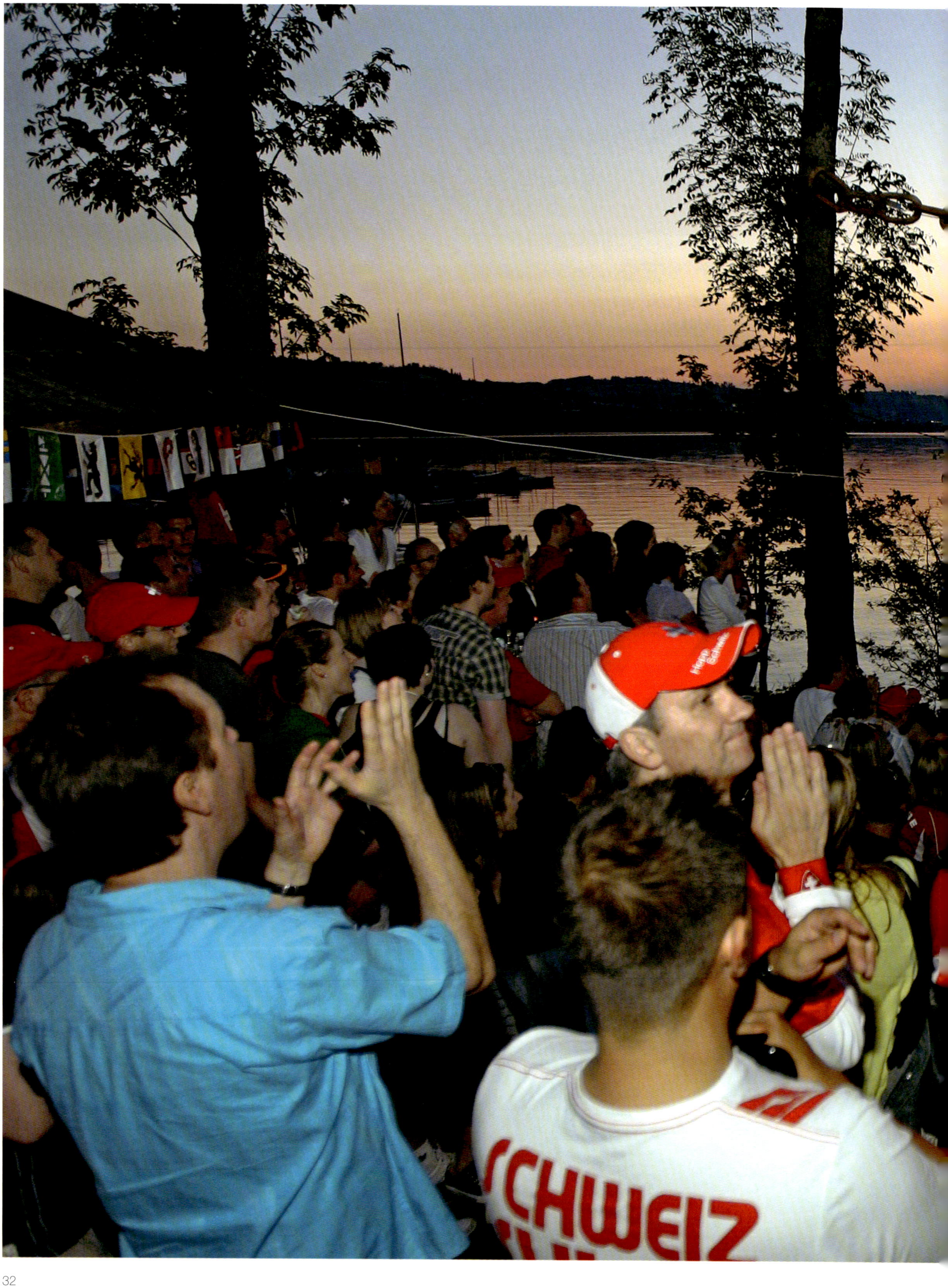

seelandsempach

Am 28. Juni, kurz nach 22 Uhr, waren

Schweizer wieder zu Hause

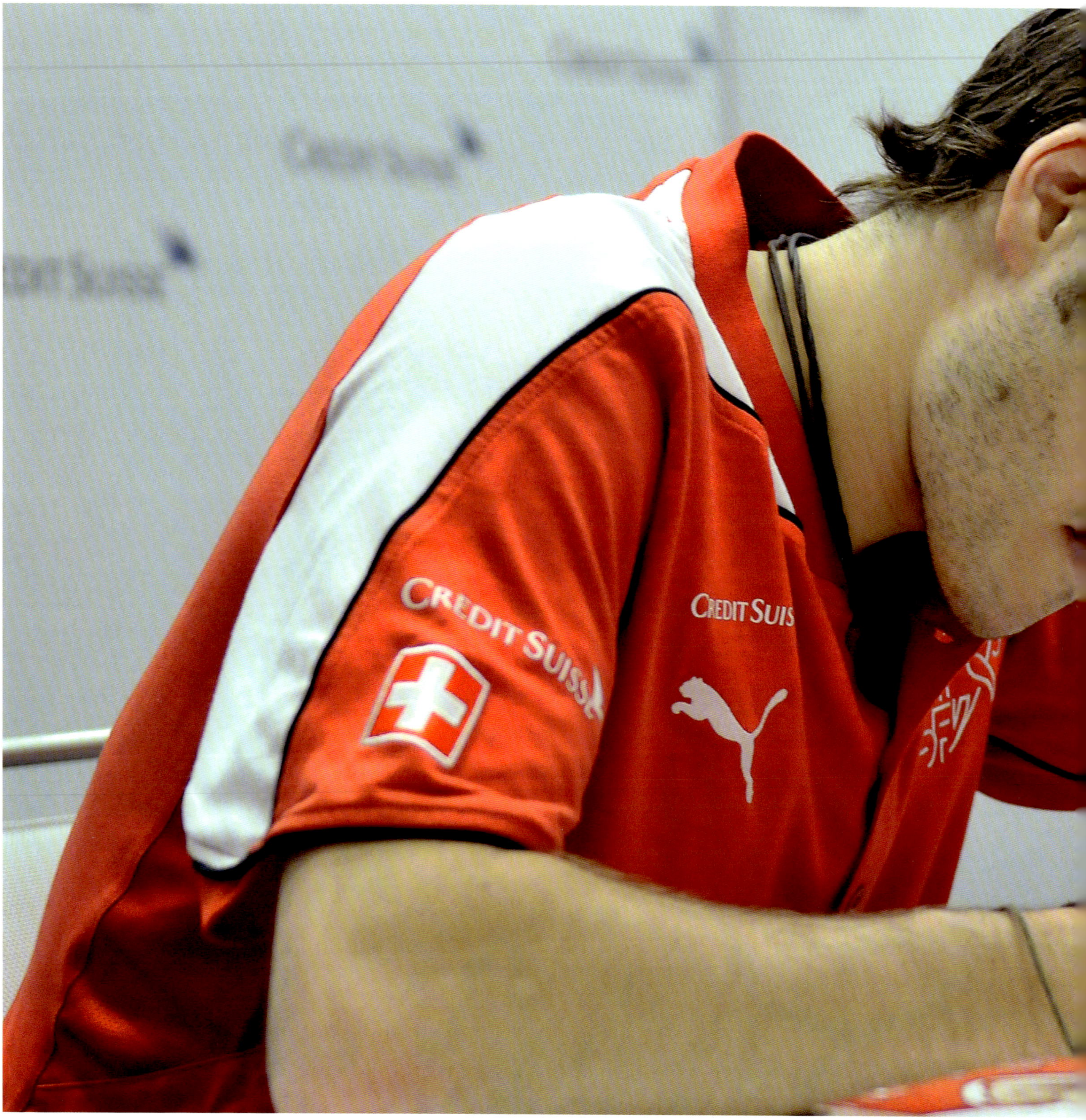
CREDIT SUISSE
CREDIT SUIS

Die Monate nach der Qualifikation

Kapitel 2 – Zwischen dem 0:0 gegen Israel und dem Trainingslager in Crans-Montana

14. Oktober 2009, 21.54 Uhr – die Vor[

Vor jeder Vorbereitung auf einen Grossanlass steht die Qualifikation. Und so sei an dieser Stelle nochmals kurz auf jenen Moment hingewiesen, an dem die Schweizer sich die Teilnahme an der WM 2010 sicherten – an dem quasi offiziell die Arbeit im Hinblick auf die WM-Endrunde beginnen konnte, nachdem die Schweizer schon zuvor (inoffiziell) mögliche Hotels und Trainingsgelände in Südafrika rekognosziert hatten. Es war der 14. Oktober 2009, um 21.54 Uhr, als das 0:0 gegen Israel über die Zeit gebracht und die WM-Qualifikation Tatsache geworden war. Der Jubel der Schweizer unter ihrem Trainer Ottmar Hitzfeld kannte keine Grenzen, selbst das 1:2 gegen Luxemburg war nur noch eine statistische Marginalie. Die Schweizer hatten mit einer bemerkenswerten Willensleistung den Fehlstart korrigiert und sich als Gruppensieger für die WM 2010 qualifiziert.

reitung auf die WM konnte beginnen

Erste Amtshandlung nach dem Israel-S

Nicht immer geht es auf dem höchstgelegenen Fussballplatz der Schweiz so ruhig zu und her wie auf diesem wunderschönen Stimmungsfoto, das die sogenannte «Gspon Arena» inmitten der Walliser Bergwelt zeigt – pardon: die «Ottmar Hitzfeld Gspon Arena», wie der Kunstrasenplatz auf 2000 Meter über Meer seit dem 31. Oktober 2009 offiziell heisst. Und für die Eröffnungsfeier reiste der Schweizer Nationaltrainer gleich persönlich an: im Helikopter. Zahllose Interviews und Erinnerungsfotos später verabschiedete sich der sichtlich beeindruckte Lörracher, der seinerseits ein erklärter Freund der Schweizer Berge ist, wieder. Im Rahmen des Trainingslagers der Schweizer in Crans, am 27. Mai 2010, sorgten die Gsponer wiederum für Schlagzeilen, als sie ein «Bergdorf-WM-Spiel» zwischen der Schweiz und Spanien durchführten und dafür eigens die spanische Fanlegende Manolo aus Valencia einflogen.

piel: Hitzfeld eröffnet die Gspon-Arena

Ottmar Hitzfelds Gedanken von der W

Seit seinem Amtsantritt im August 2008 äussert Nationaltrainer Ottmar Hitzfeld im Schweizer Fussballmagazin «rotweiss» jeden Monat seine Gedanken zu verschiedenen Stichworten. Viele davon haben sich seit der geschafften Qualifikation im Oktober 2010 natürlich um die WM in Südafrika gedreht. Im Zeitraffer blicken wir auszugsweise auf die Aussagen des Schweizer Nationaltrainers in den acht Monaten vor der Weltmeisterschaft zurück:

November 2009

«Die Qualifikation für die WM 2010 in Südafrika hat einen immensen Stellenwert für mich. Der Weg dahin war lang und ganz am Schluss auch voller Leiden. In einem entscheidenden Qualifikationsspiel wie gegen Israel sehnt man den Schlusspfiff herbei und man ist darauf fixiert, dass dem Team nichts mehr passiert. Ich habe oft genug erlebt, dass in den letzten Sekunden der Nachspielzeit noch etwas geschehen kann. Die Spieler standen unter enormem Druck, es ging primär um die Qualifikation – und dieses Ziel haben wir erreicht. Schon am ersten Tag nach dem erreichten Ziel machte ich mir Gedanken darüber, wie die nächsten Wochen und Monate aussehen werden. Ich möchte das Team im spielerischen Bereich weiterentwickeln und mache mir Gedanken hinsichtlich System, Personal und Spielanlage. Die Türe für das definitive WM-Kader wird sehr, sehr lange offen bleiben. Und es hat auch Platz für ‹Shooting stars›, die im Frühjahr 2010 mit überzeugenden Leistungen in ihren Clubs auf sich aufmerksam machen.»

Dezember 2009

«Der Final Draw vom 4. Dezember in Kapstadt war meine erste Gruppenauslosung als Verantwortlicher einer Mannschaft. Wir nahmen nicht nur unsere drei Gegner Spanien, Chile und Honduras zur Kenntnis, ich traf in Südafrika viele alte und neue Bekannte, geschätzte Kollegen wie etwa den spanischen Coach Vicente del Bosque. Und ich stellte im Vorfeld der Auslosung fest, dass niemand die Schweiz in der Gruppe haben wollte. Das ist doch ein grosses Kompliment für ein relativ kleines

M-Qualifikation bis zur Endrunde

Land wie die Schweiz – und eine Verpflichtung zugleich. Meine erste WM wird eine aussergewöhnliche Erfahrung sein und ich freue mich sehr auf das ganz spezielle Ambiente, das in Südafrika herrschen wird. Für den SFV wird die WM nicht nur eine sportliche, sondern eine logistische Herausforderung sein. Auch deshalb werden wir hauptsächlich mit jenen Personen zusammenarbeiten, die schon während der Qualifikationsphase im Einsatz standen. Den Spielern und Offiziellen schicke ich persönliche Glückwünsche für Weihnachten und Neujahr – diesmal natürlich verbunden mit einer besonderen Botschaft für ein gutes Abschneiden in Südafrika 2010.»

Januar 2010
«Die Winterferien verbringe ich wie jedes Jahr in Engelberg. Hierher kam ich schon als Kind mit meinen Eltern, später wurde ich mit meiner Frau Beatrix immer mal wieder eingeladen und 2001 haben wir hier zwei Wohnungen erwerben können. Hier herrschen perfekte Voraussetzungen, um abzuschalten. Die Verhältnisse im südafrikanischen Winter, der während der WM 2010 herrschen wird, sind jedoch nicht mit den Wintern hier in den Alpen zu vergleichen. Wir werden bestimmt gut vorbereitet sein auf die Verhältnisse, die uns im WM-Land erwarten. Die Tage sind eher milder, doch es wird früh dunkel und die Nächte sind lang und kalt. Durch unsere Rekognoszierungsreisen können wir an der WM von den Erfahrungen profitieren, unsere Sportwissenschafter um Dr. Markus Tschopp werden für alle erkannten Besonderheiten entsprechende Lösungsansätze definieren. Das ganz Besondere aber ist: Der FIFA World Cup 2010 findet in Afrika statt. Das wird immer Teil unseres Bewusstseins sein, das gehört zur WM-Planung genauso dazu wie das Studium der Gegner.»

Februar 2010
«Jede Reise nach Südafrika ist für mich immer auch ein Teil zur ständig wachsenden Vorfreude auf den FIFA World Cup 2010. Ob im Dezember vor dem Final Draw in Kapstadt oder nun im Februar in Sun City – die Teilnahmen an den FIFA-

Workshops sind für mich als Trainer eine wichtige Orientierung. Sie vermitteln eine Menge wertvoller Informationen in verdaubaren Portionen, denn eine WM-Endrunde ist derart facettenreich, dass eine grosse Menge an Aspekten besprochen werden muss. Umso wichtiger ist darum, dass die FIFA die Übersicht behält und die WM-Teilnehmer perfekt aufdatiert in Bezug auf Medizin, Sicherheit und Medienarbeit. Die vielen und oft langen Reisen gehören längst zum Beruf der Fussballspieler und -trainer. Darum bin ich sehr froh, dass mir die Fliegerei nichts ausmacht. Im Flugzeug kann ich in der Regel so arbeiten wie in meinem Büro. Ich habe meine Unterlagen bei mir, meinen Laptop auch. Auf langen Flügen bereite ich Teamsitzungen vor, bestimme die DVD-Sequenzen, mit denen ich mein Team vorbereiten will – oder führe Gespräche mit Mitarbeitern. Denn als Coach der Schweizer Nationalmannschaft reise ich selten allein.»

März 2010
«Das Los eines Nationaltrainers ist es, bisweilen für lange Perioden ohne Spiel und Spieler zu sein. Die Phase zwischen dem 1:3 im Testspiel gegen Uruguay am 3. März 2010 und dem WM-Zusammenzug im Trainingslager in Crans-Montana Ende Mai ist eine spezielle. In dieser Zeit gilt es, die potenziellen Kaderspieler in ihren Vereinen zu beobachten und zu verfolgen. Ich werde Spiele im In- und Ausland besuchen, Kontakte per SMS oder Telefon pflegen, nicht nur mit den Spielern, sondern auch mit deren Vereinstrainern, auf deren Unterstützung ich immer zählen darf. Dazu kommt intensives DVD-Studium. Wir haben alle WM-Qualifikationsspiele unserer Gruppengegner Spanien, Chile und Honduras auf Band, die möglichen Kaderspieler beobachten wir separat in ihren Vereinen und auch die WM-Vorbereitungsspiele unserer Widersacher werden eng begleitet. Weil ich meine weitere Zusammenarbeit mit dem SFV schon vor der definitiven WM-Qualifikation für zwei zusätzliche Jahre verlängert habe, werde ich nicht bei jeder Krise eine Club- oder Nationalmannschaft als möglicher neuer Trainer ins Spiel gebracht. Denn alle wissen, dass ich meine Verträge als Spieler und Trainer stets eingehalten habe. Und immer einhalten werde.»

April 2010
«Je näher die WM-Endrunde rückt, desto grösser wird das Interesse an der Schweizer Nationalmannschaft und deren Exponenten. Alle wollen den Trainer und die Spieler für exklusive Interviews treffen, Autogrammstunden buchen oder zu Tagungen und Kaderseminaren einladen. Das hat naturgemäss auch eine grosse Anzahl an Absagen zur Folge. Gerade während des geplanten Trainingslagers in Crans-Montana ist von den Spielern ein hohes Mass an Professionalität gefordert im Umgang mit all diesen Event-Ansprüchen. Wir wollen uns seriös auf eine WM-Endrunde vorbereiten, nicht zuletzt deshalb, um in Südafrika die Erwartungen und Hoffnungen nicht zu enttäuschen. Im Testspiel gegen Uruguay musste ich aus der Verletzungsnot eine Tugend machen und setzte noch ein letztes Mal auf Breite, Talente und Hoffnungsträger. Ich muss aber mit der angezeigten Deutlichkeit darauf hinweisen, dass im Juni die Zeit der Experimente vorbei ist. Denn am FIFA World Cup in Südafrika ist mehr denn je die Erfahrung gefragt.»

Mai 2010
«Die roten und weissen Blutkörperchen sind vor und während der WM 2010 von grosser Bedeutung und in unserer Planung entsprechend zu berücksichtigen. Wir müssen uns auf die Höhenunterschiede in Südafrika genauso einstellen wie auf unsere sportlichen Gegner in der Gruppe. Gegen Spanien spielen wir in Durban auf Meereshöhe, auch gegen Chile in Port Elizabeth, Bloemfontein, wo wir gegen Honduras antreten, liegt auf 1400 Metern über Meer, ein möglicher Achtelfinal in Johannesburg wäre auf 1700 Metern über Meer. Das sind nicht nur grosse sportliche, sondern auch medizinische und leistungsphysiologische Herausforderungen. In Bezug auf die Trainingslehre darf ich auf sehr viel Kompetenz und Erfahrung in meinem Staff zählen. Vereinfacht gesagt: Es ist besser in erhöhter Lage zu trainieren und logieren und sich für sportliche Höchstleistungen auf Meereshöhe zu begeben, als auf Meeresniveau zu leben und für physisch sehr anspruchsvolle Aufgaben in die Höhe zu reisen. Was die Logistik und Infrastruktur betrifft darf ich auf die reiche Erfahrung von SFV-Präsident Peter Gilliéron und

Teammanager Philipp Ebneter zählen. Mit ihren Mitarbeitern tun sie alles, dass wir im Trainingslager und in Südafrika optimale Rahmenbedingungen haben.»

Juni 2010

«Die Schweizer Hymne beim ersten WM-Spiel gegen Spanien am 16. Juni zu hören, ist bestimmt ein fantastischer Moment, ein überwältigendes Gefühl. Ich freue mich auf diesen Augenblick bei jedem Länderspiel, aber in Durban ist es doch etwas ganz Besonderes. Die WM 2010 beginnt – und die Schweiz ist wieder ein Teil davon. Unser Ziel ist die Achtelfinalqualifikation. Dafür braucht es viel Disziplin, grosses Engagement, Leidenschaft und die Bereitschaft eines jeden Spielers, an die persönliche Leistungsgrenze zu gehen und so zu einem grossen Teamwork beizutragen. Ich nominierte für die WM nicht zwingend die besten Einzelspieler, sondern jene, von denen ich überzeugt bin, dass sie am besten harmonieren und der Schweiz den grösstmöglichen Erfolg bringen können. Mein Gefühl war bei der Selektion ein wertvoller Berater, aber oberste Priorität genoss der Verstand. Wir reisen mit einem guten Gefühl nach Südafrika.»

Der erste Test nach der WM-Qualifikat

Genf, 14. November 2010

Das Länderspieljahr 2009 war für die Schweizer ein ausgesprochen erfolgreiches gewesen. Kein einziges Mal musste das Team von Ottmar Hitzfeld als Verlierer vom Platz – nicht in den WM-Qualifikationsspielen, in denen die Ungeschlagenheit seit der Niederlage gegen Luxemburg letztlich den Weg nach Südafrika ebnete, nicht in den Testspielen gegen Bulgarien (1:1) und Italien (0:0). Doch dann passierte es doch noch, im allerletzten Vergleich im Stade de Genève gegen die nicht für die WM qualifizierten Norweger gab es eine 0:1-Niederlage. Der Schweizer Nationaltrainer hatte die erste Spielgelegenheit nach der erfolgreichen Qualifikationsphase genutzt, um weitere WM-Kandidaten kennenzulernen – und so kamen Innenverteidiger Heinz Barmettler vom FC Zürich und der in der Bundesliga nach einer trefferreichen Vorrunde beim 1. FC Nürnberg auftrumpfende Stürmer Albert Bunjaku zu ihren Debüts (Bild rechts mit Schwegler) – und die Degen-Zwillinge zu einem Comeback. Philipp Degens stehen gebliebenes Bein wars denn auch, das einen Foulpenalty und damit die Entscheidung zugunsten der Skandinavier herbeiführen sollte. Danach mühten sich die Schweizer zwar um den Ausgleich, doch sie konnten keine der sich bietenden Chancen nutzen und waren offensiv letztlich in zwei verschiedenen Sturmbesetzungen zu wenig kreativ und effizient.

Schweiz – Norwegen 0:1 (0:0)

Stade de Genève. – 16 000 Zuschauer. – **SR** Whitby (Wales). – **Tor:** 48. Carew (Foulpenalty) 0:1.

Schweiz: Benaglio; Lichtsteiner (46. Philipp Degen), Barmettler, Senderos (46. von Bergen), Ziegler; Inler, Schwegler, Huggel (62. Behrami), Barnetta (61. David Degen); Frei (46. Bunjaku), Derdiyok (46. Streller).

Norwegen: Knudsen; Högli, Höiland, Hangeland, John Arne Riise; Hauger (86. Solli); Huseklepp (40. Moldskred), Skjelbred, Haestad (65. Tettey), Pedersen; Carew (78. Braaten).

Bemerkungen: Schweiz ohne Spycher (verletzt). Nicht eingesetzte Ersatzspieler: Wölfli; Grichting, Fernandes. Debüts von Heinz Barmettler und Albert Bunjaku. 25. Länderspiele von Benaglio und Behrami. Norwegen ohne Brenne, Demidov und Björn Helge Riise (alle krank).

n brachte die einzige Niederlage 2009

Als die Spannung stieg: die Reise zur (

Daran musste sich auch Ottmar Hitzfeld erst einmal gewöhnen: Sommer im Dezember – und das ohne Zeitverschiebung. Aber die Annehmlichkeiten einer schönen Stadt wie Kapstadt und die Sonne am Himmel liess sich durchaus geniessen, als sich die SFV-Delegation anfang Dezember aufmachte, um der Auslosung der WM-Gruppen beizuwohnen. An der Waterfront durfte Hitzfeld sehen, wie weit er von anderen Grossstädten entfernt war in diesem Moment – und er wusste gleichzeitig, dass die WM nun endgültig näher rücken würde. Aber noch hatten er und sein Assistent Michel Pont ein paar Stunden Zeit, bis am 4. Dezember 2009 im International Convention Centre von Kapstadt die Kugeln aus den Töpfen gezogen wurden. In welche Gruppe wohl «Switzerland» zugeteilt werden würde?

uppenauslosung nach Kapstadt

An den Töpfen standen David Beckham, die südafrikanische Rugby-Legende Jon Smits sowie der äthiopische Leichtathlet Haile Gebrselassie und durch das Programm führten der FIFA-Generalsekretär Jérôme Valcke und die Schauspielerin Charleze Theron – und lange mussten sich die Schweizer gedulden, bis sie wussten, in welcher Gruppe sie gegen wen spielen würden an der WM. Dann aber stand fest: Spanien, Chile und Honduras heissen die Gegner in der Gruppe H – alles Nationen mit spanischer Landessprache. «WM olé» titelte danach das Schweizer Fussballmagazin «rotweiss».

RLAND

Sieben Mann umfasste die Delegation des SFV, die am 4. Dezember 2009 der Auslosung der WM-Gruppen beiwohnte. Es waren dies (auf dem Foto von links) Assistenztrainer Michel Pont, Nationaltrainer Ottmar Hitzfeld, der Kommunikationsverantwortliche Marco von Ah, Teammanager Philipp Ebneter, Präsident Peter Gilliéron, der Schweizer Botschafter Rudolph Baerfuss sowie der Delegierte des SFV für die Nationalmannschaft, Peter Stadelmann. Die Reise brachte aber auch jede Menge Kontakte. So besuchten Ebneter und der Koch der Schweizer, Emil Bolli (oben rechts), den Bürgermeister der Provinz, in der sie logieren würden. Kein Wunder war, dass Hitzfeld auf alte Trainerkollegen traf: So nutzte er die Gunst der Stunde zu Gesprächen mit Deutschlands Teamchef Joachim Löw und mit Italiens «mister» Marcello Lippi. Überraschend war, dass Hitzfeld auf der Strasse von einem Fan angesprochen wurde, der just in diesem Moment die Biografie des Lörrachers las.

53

Das Schweizer Kreuz ist zurück: Die n

Oft wird diese Zusammenstellung einer Schweizer Nationalmannschaft nicht mehr zu sehen sein, doch beim Testspiel gegen Uruguay hatte Ottmar Hitzfelds Formation immerhin die angenehme Begleiterscheinung, die neuen Trikots für die WM 2010 präsentieren zu dürfen. Nicht nur der Kragen feierte bei der Kreation des Schweizer Ausrüsters Puma ein Comeback, sondern auch das Schweizer Kreuz auf der Brust und neu auch in Anlehnung zu den Boxershorts auf dem Hosenbund. Das neue rot-weisse (oder wahlweise auch weiss-rote) Outfit steht übrigens auch Frauen – nicht nur Xenia Tchoumitcheva, dem Tessiner Model mit russischen Wurzeln.

en Trikots der Nationalmannschaft

Experimentierfreudige Annäherung an

St. Gallen, 3. März 2010

Nationaltrainer in einem WM-Jahr zu sein, ist kein leichtes Unterfangen. Die Termine sind stark eingeschränkt und so konnte Ottmar Hitzfeld vor der unmittelbaren WM-Vorbereitung im Mai im Jahr 2010 seine Kandidaten nur ein einziges Mal sichten. Er tat dies am 3. März beim Vergleich gegen Uruguay, den man im Hinblick auf die WM-Spiele gegen Chile und das ebenfalls im südamerikanischen Stil auftretende Honduras bewusst gewählt hatte, mit der durch zahlreiche verletzungsbedingte Abmeldungen gegebenen Experimentierfreude. So kamen Jonathan Rossini, der Basler Youngster Xherdan Shaqiri und Davide Chiumiento zu ihren Länderspielpremieren, wobei man einzig im Fall Shaqiris von einem gelungenen Einstand sprechen konnte.

Die doch reichlich umformierte Schweizer Equipe ging zwar in der AFG Arena durch einen von Gökhan Inler verwandelten Foulpenalty in Führung, doch danach rissen die Lücken in der Schweizer Defensive immer mehr an der Stabilität des Gefüges und die flinken Offensivkräfte Uruguays kamen zu zahlreichen Torchancen. Altmeister Diego Forlan erzielte noch vor der Pause den Ausgleich, nach dem Wechsel traf Luis Suarez mit einem wunderbaren Schuss zum 2:1. Das wars eigentlich, die Schweizer, die weitere sechs Spieler einwechselten, konnten nicht mehr dagegenhalten. Und Hitzfeld zog seine Schlüsse.

Schweiz – Uruguay 1:3 (1:1)

AFG Arena, St. Gallen. – 12 540 Zuschauer. – SR Rizzoli (It). – **Tore:** 29. Inler (Foulpenalty) 1:0. 35. Forlan 1:1. 49. Suarez 1:2. 87. Cavani 1:3.

Schweiz: Wölfli; Lichtsteiner, Rossini (46. von Bergen), Grichting, Ziegler (46. Spycher); Behrami (75. Fernandes), Inler, Schwegler (46. Chiumiento), Shaqiri (46. Barnetta); Streller (46. Bunjaku), Derdiyok.

Uruguay: Muslera; Maximiliano Pereira, Scotti, Godin, Fucile; Perez, Gargano (63. Rios), Alvaro Pereira (72. Rodriguez); Lodeiro (46. Martinez); Forlan (46. Abreu), Suarez (63. Cavani).

Bemerkungen: Schweiz ohne Frei, Benaglio, Nkufo, Huggel und Senderos (alle verletzt); Uruguay ohne Lugano und Caceres (beide verletzt). Nicht eingesetzte Ersatzspieler: Leoni, Padalino. – Verwarnung: 6. Rossini (Foul).

en südamerikanischen Fussball

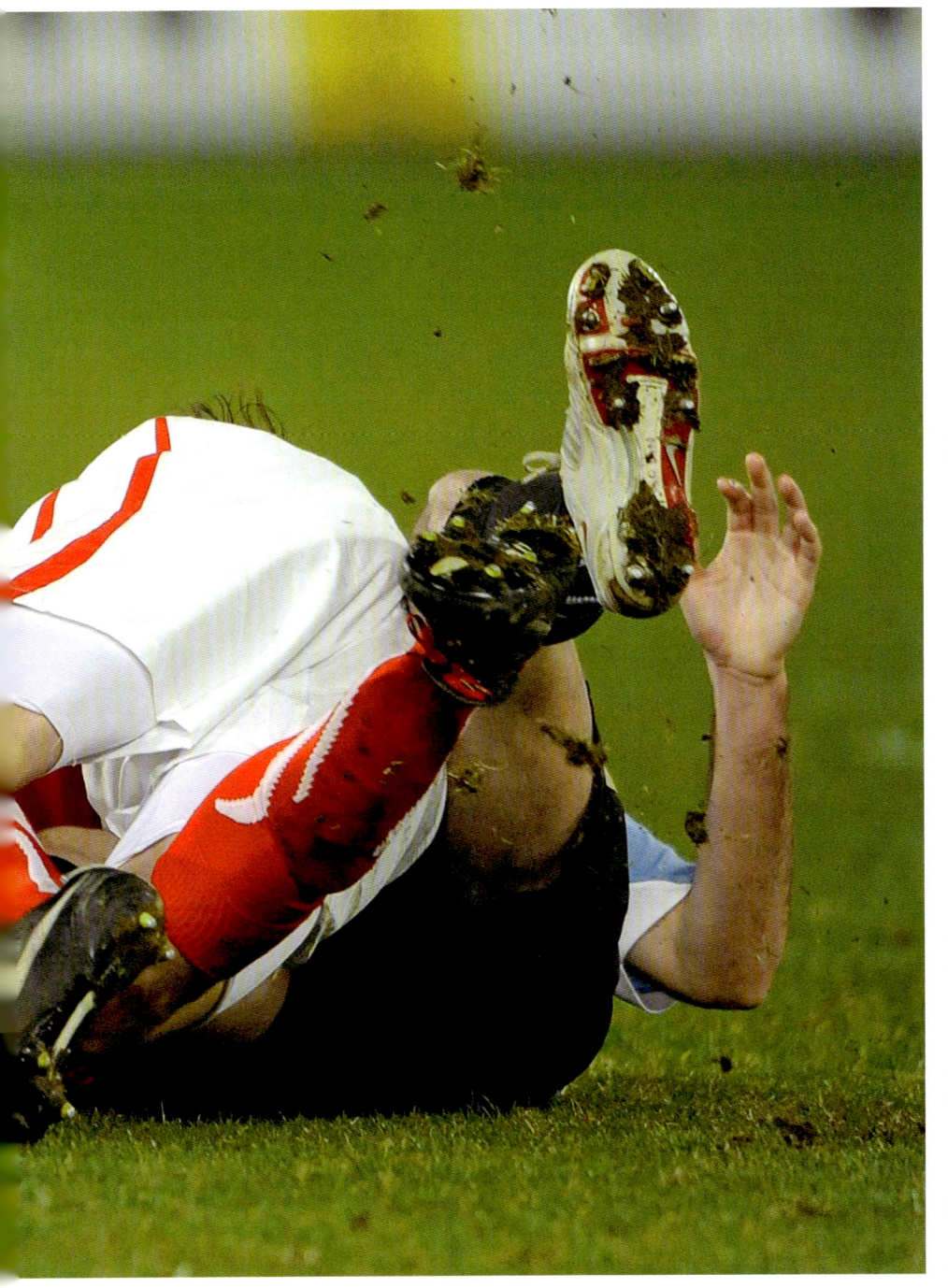

Es ist eine schöne Aufgabe für die Credit Suisse, Hauptsponsor des Schweizerischen Fussballverbands, für die Spiele der Schweizer Nationalmannschaft die sogenannte «Players Escort» zu organisieren. Und so werden jeweils für die Heimspiele Kinder gesucht, die an der Hand der Stars auf den Rasen kommen dürfen (wer zu wem darf, wird ausgelost). Die freudige Erregung ist den Buben und Mädchen jeweils anzusehen, wenn die Kameras während der Nationalhymnen über ihre Köpfe schwenken. Und von aussen wirkt es dann wie ein Wettrennen, wenn das Zeichen zum Rückzug erfolgt.

59

Südafrika–Schweiz und

George Johannes hiess im WM-Jahr 2010 der südafrikanische Botschafter in der Schweiz. Wie er sich als Gast im Land auf das Turnier in seiner Heimat freute, verriet er in einem Interview mit «rotweiss».

Ihre Exzellenz, Botschafter George Johannes, was bedeutet es für Sie, dass das Land, wo Sie im Moment stationiert sind, nach Südafrika reisen darf?
George Johannes: Für mich als Repräsentant Südafrikas wäre es traurig gewesen, wenn sich die Schweiz nicht qualifiziert hätte. Ich habe die entscheidenden Partien sehr intensiv verfolgt, und heute kann ich die Freude der Spieler und der Fans teilen. Ich habe sogleich auch dem Schweizerischen Fussballverband einen Gratulationsbrief geschrieben und alle zu ihrem Erfolg beglückwünscht.

Wie steht es um Ihre persönliche Fussballleidenschaft?
Die ist sehr gross. An der «Highschool» spielte ich für unser Team, und als ich nach London zog, wurde ich ein Supporter von Arsenal. Ich hatte das Glück, eine Saisonkarte zu erhalten, und ich verfolgte die meisten Spiele live im Stadion. Als ich beruflich nach Deutschland zog, entwickelte ich Sympathien für Hertha BSC. Im April 2009 wurde ich als Botschafter in die Schweiz berufen. Fussballerisch habe ich mich hier primär mit der Nationalmannschaft befasst – und ich sage Ihnen: Ich werde an der WM ein Schweizer Trikot tragen. Auch in Südafrika.

Was kann die WM in Südafrika in der Wahrnehmung von «Herrn und Frau Schweizer» verändern?
Ich bin überzeugt, der Fussball wird die beiden Länder näher zusammenbringen, wenngleich viele Leute nicht wissen dürften, dass es zwischen Südafrika und der Schweiz schon seit 1860 wirtschaftliche Verbindungen gibt. Die Schweizer werden ganz andere Perspektiven Südafrikas kennenlernen, sie werden die Leidenschaft der Fussballfans sehen, und alle werden sehen, dass Südafrika ein wettbewerbsfähiges Land auf Weltniveau ist, das weit mehr zu bieten hat als Springböcke und Giraffen. Die Schweizer werden sehen, dass sie von ihren Gastgebern wie Familienmitglieder behandelt werden.

Am 9. März 2010 wurde in einem Coop-Center in Matran eine Ausstellung über Südafrika eröffnet. Als Zeichen

chweiz–Südafrika

...undenheit nahmen auch Südafrikas Botschafter George Johannes und Michel Pont an der Eröffnung teil.

Michael Hauser im Stadion von Kapstadt. Der Präsident des «Swiss Club» fieberte der WM entgegen.

Michael Hauser war im WM-Jahr 2010 Präsident des «Swiss Social & Sports Club» in Kapstadt. Wie er sich auf das Turnier in seinem Gastland freute, verriet er in einem Interview mit «rotweiss».

Michael Hauser, wie erlebten Sie die Zeit der Vorfreude im Hinblick auf den Fussball-Grossanlass?

Michael Hauser: Ich persönlich habe mich natürlich sehr auf die WM gefreut, aber als Präsident des «Swiss Clubs» musste ich auch darauf achten, dass sich gewisse Baustellen noch schliessen liessen. Keine 30 Tage vor dem WM-Start war die Renovation unseres neuen Clubhauses noch nicht fertig. Das alte Haus musste dem Bau des neuen Stadions in Kapstadt weichen; und wir haben das Glück, dass wir von den Behörden ein neues Heim zur Verfügung gestellt bekommen haben. An bester Lage mit Blick auf das Stadion, das man zu Fuss erreichen kann.

Wie muss man sich die Vorbereitungen der «Exil-Schweizer» auf die WM vorstellen?

In Kapstadt leben rund 3000 Schweizerinnen und Schweizer. Und wir hatten natürlich darauf gehofft, dass die Schweiz auch hier spielen würde. Leider fanden die Gruppenspiele alle 700 und mehr Kilometer entfernt von uns statt. Es wird aber auch so genügend Schweizer Anlässe geben; der «Swiss Club» ist nicht der einzige, der etwas tat. Ein Schweizer Weinbauer hat zu WM-Partys eingeladen. Und meine Frau ist Reiseleiterin. Auch sie hatte zu tun.

Wie haben Sie den Schweizer Fans die Bedenken genommen bezüglich der Reiseplanungen?

Wenn es um die Sicherheit geht, ist Kapstadt unbedenklich, was nicht heisst, dass man alle Regeln über Bord werfen sollte. Und man sollte auch wissen, dass 90 Prozent der Menschen in Südafrika absolut friedliebend sind. Ich kann mich noch gut daran erinnern, wie mein Bruder einst vor einer Reise nach Kapstadt Bedenken wegen der Sicherheit hatte – und als er wieder heil zurück in der Schweiz war, musste er als Erstes die Polizei rufen, weil man ihm das Haus ausgeraubt hatte, während er in den Ferien war.

Die Kaderbekanntgabe: Ottmar Hitzfeld

Wer würde dabei sein – und wer nicht? Es gab Spekulationen bezüglich des Schweizer Kaders für die WM 2010. Aber diese hielten sich doch eher in Grenzen, als Ottmar Hitzfeld am 11. Mai 2010 in den Räumlichkeiten der Credit Suisse in Zürich seine Liste veröffentlichte. Zu Diskussionen Anlass gab primär die Nichtberücksichtigung von Valentin Stocker, dem Marco Padalino vorgezogen wurde. Nicht ausgewählt wurden zunächst Ludovic Magnin und Albert Bunjaku, die beide später für die verletzten Christoph Spycher und Marco Streller nachnominiert wurden.

m Fokus der Kameras

Ein erstes Trainingslager in Magglingen

und ein erster unfreiwilliger Verzicht

«WM-Trainingslager 1» hiess das erste offizielle Treffen jener Nationalspieler, deren Meisterschaften schon frühzeitig beendet waren. Und so schufteten unter der Leitung von Assistenztrainer Michel Pont Diego Benaglio, Mario Eggimann, Steve von Bergen, Pirmin Schwegler, Tranquillo Barnetta, Eren Derdiyok, Blaise Nkufo, Valon Behrami und Philippe Senderos in Magglingen an ihrer Fitness. Nicht alle kamen frei von Sorgen in die Schweizer Sportstätte mit dem schönen Blick ins Bieler Seeland. Für die einen war es jedoch eine willkommene Gelegenheit, wenigstens im Training den Rhythmus halten zu können; gemeint ist damit allen voran Philippe Senderos, der auch nach seinem Wechsel von Arsenal zu Everton in der Winterpause 2009/2010 die Spiele zumeist von der Ersatzbank aus gesehen hatte. Andere Spieler hatten Sorgen gesundheitlicher Natur. Barnetta zum Beispiel klagte schon in der Woche vor dem eigentlichen Zusammenzug der WM-Fahrer über Beschwerden an der Hüfte. Und noch schlimmer erwischte es Christoph Spycher. Der Linksverteidiger hatte sich in einem Spiel mit seinem Club Eintracht Frankfurt am 9. April 2010 einen Innenbandanriss im Knie zugezogen. «Ich wusste, dass es eng werden würde», sagte er, aber die Enttäuschung, aus gesundheitlichen Gründen die WM absagen zu müssen, wog dennoch schwer. Spycher erklärte am 18. Mai nicht nur seinen Verzicht auf die WM, sondern auch seinen Rücktritt aus der Nationalmannschaft, für die er letzlich 47 Partien bestritt.

Glückliche Kinder auf der Jagd nach d

Es gehört zur schönen Pflicht der Schweizer Nationalspieler, an bestimmten Tagen in den Räumlichkeiten der Credit Suisse den Fans für Autogrammwünsche zur Verfügung zu stehen. Und so gab es am 21. Mai 2010 vor zahlreichen Filialen, verteilt über das ganze Land, plötzlich Schlange stehende Menschen aller Altersstufen zu sehen, die geduldig auf eine Unterschrift der WM-Fahrer warteten. Zu kurz kam niemand – und wer in die Gesichter der Kinder schaute, der stellte fest, dass Yakin&Co. nach wie vor zu den beliebtesten Sportlern im Land gehören.

Autogrammen der Nationalspieler

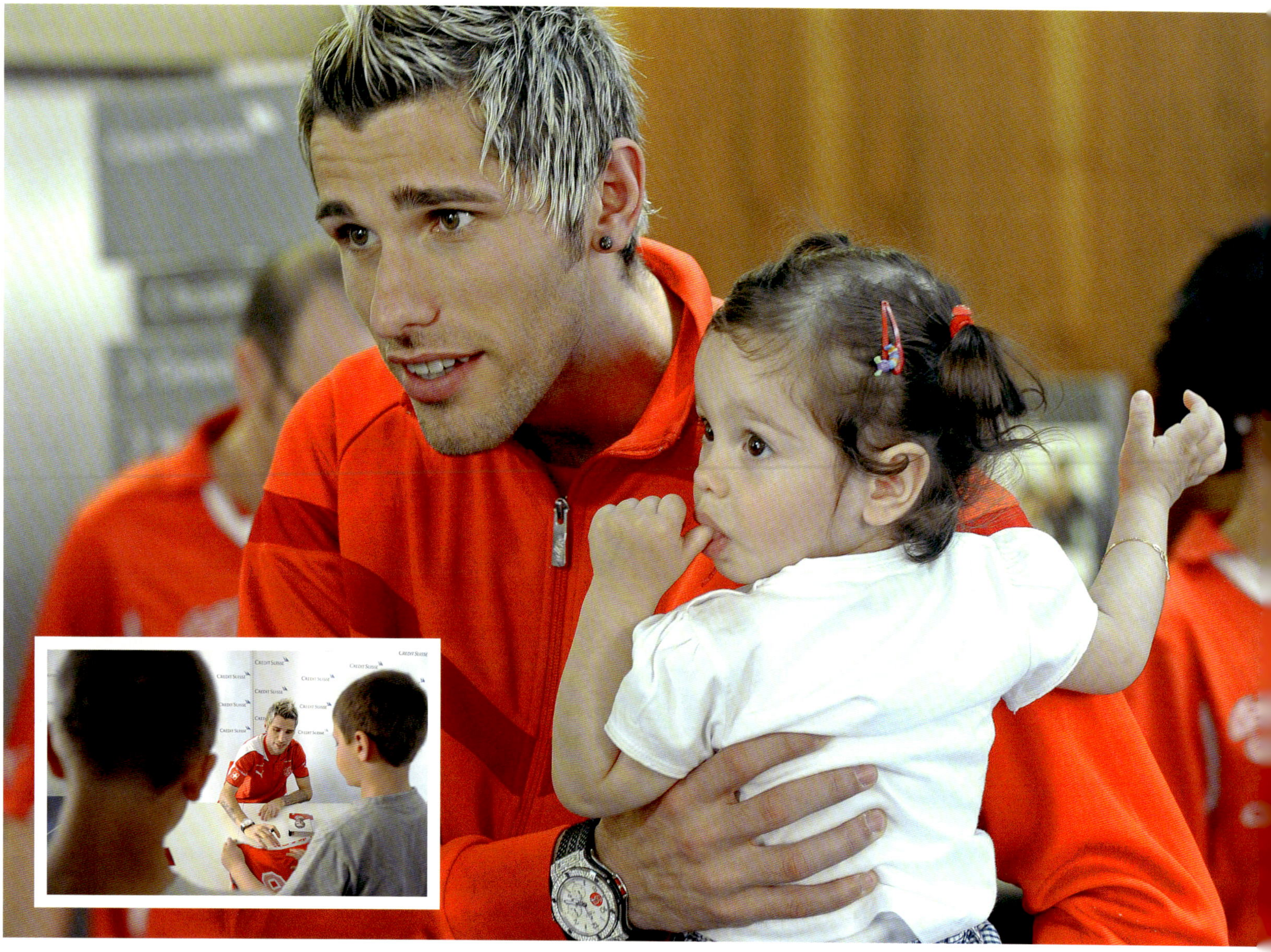

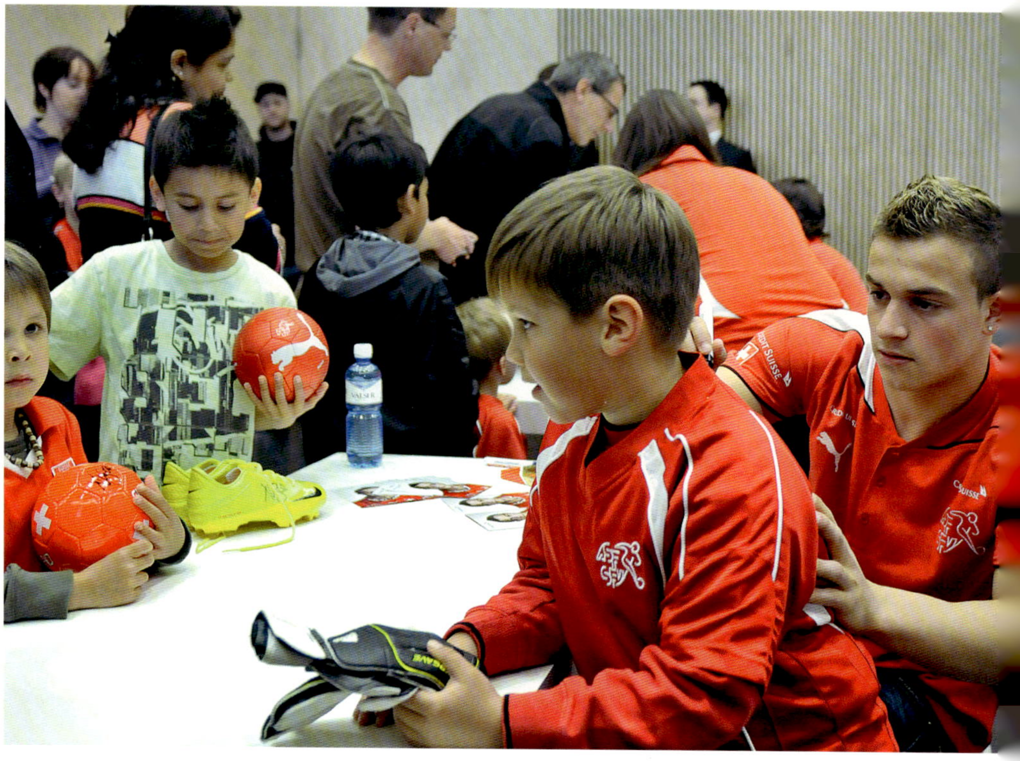

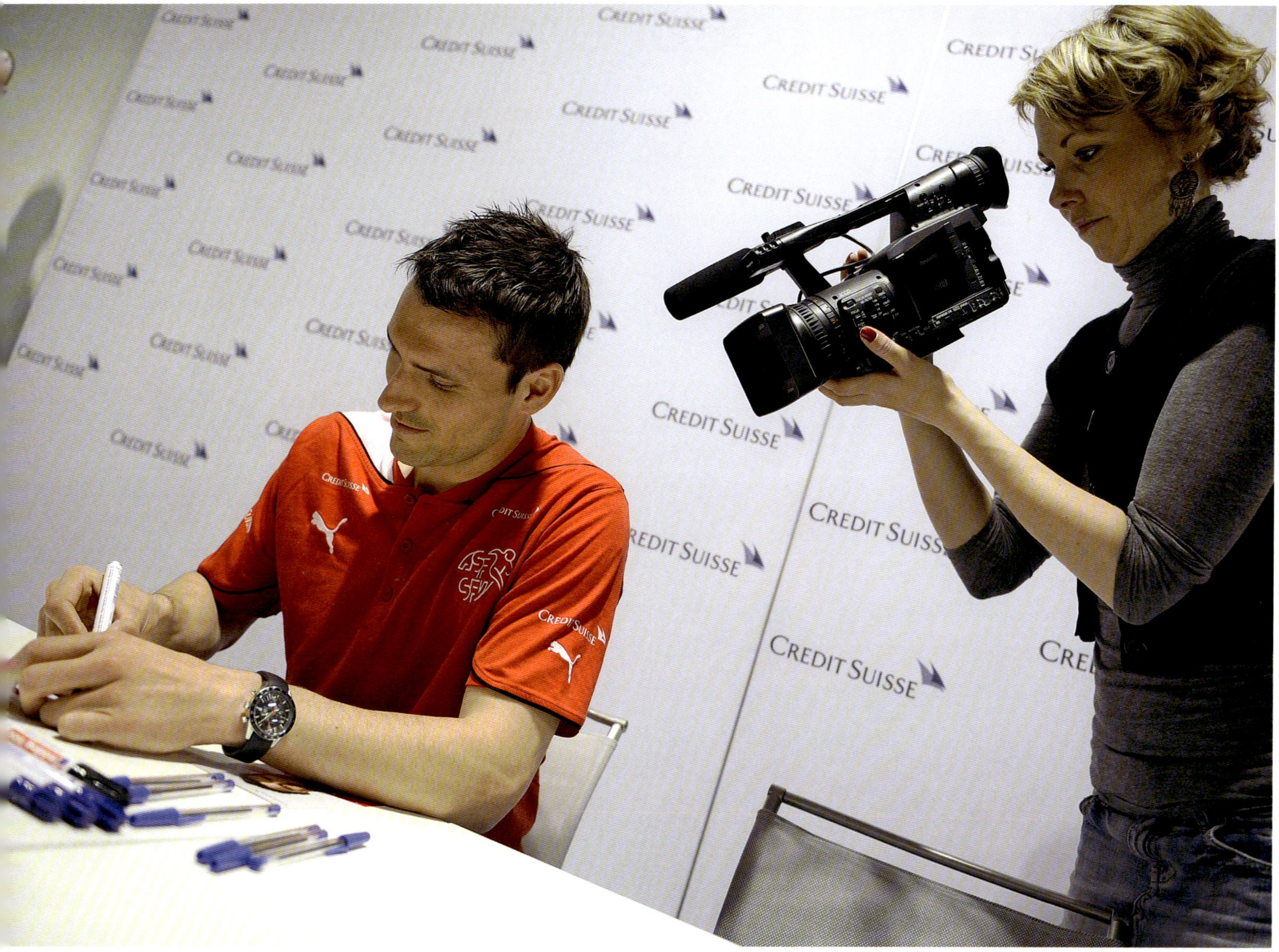
CREDIT SUISSE

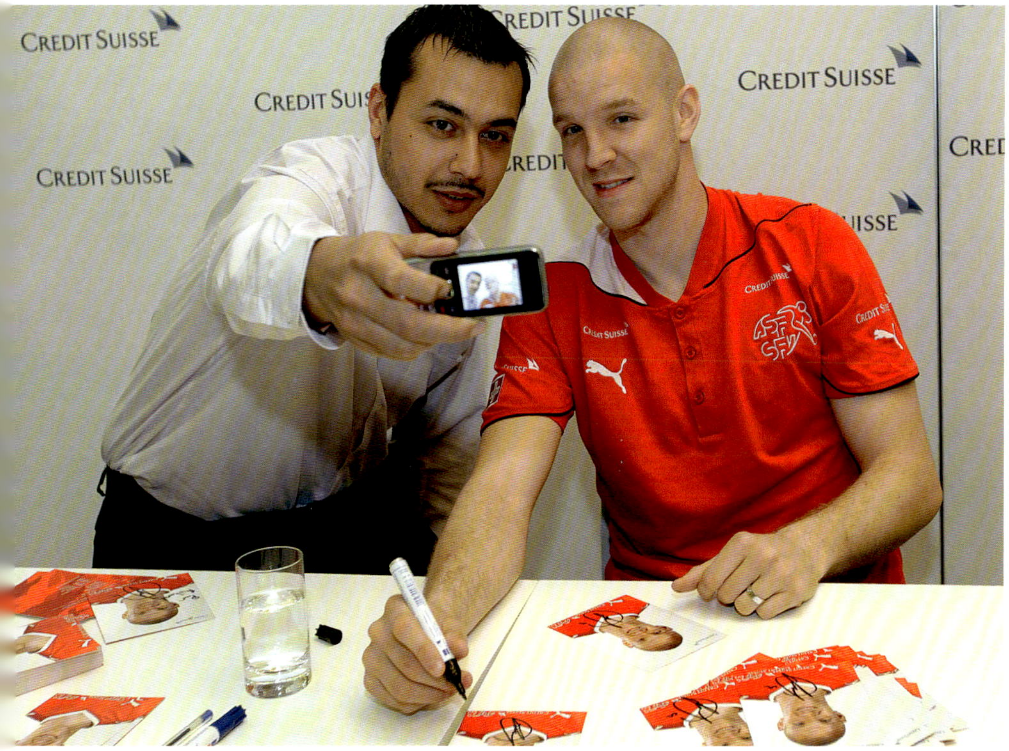
CREDIT SUISSE

In lockerer Atmosphäre: der Auftritt an

er Nacht des Schweizer Fussballs

Alle Jahre wieder versammelt sich das «Who is who» der Schweizer Fussballszene im Kursaal-Casino zu Bern zur Nacht des Schweizer Fussballs. Dann sitzen jeweils die Nationalspieler in Hemd und Krawatte in der ersten Reihe und lauschen den Worten der Moderation, die im 2010 wiederum Melanie Winiger und Rainer Salzgeber übernommen hatten. Im Mittelpunkt standen neben einem südafrikanisch angehauchten Essen die insgesamt acht Ehrungen. Den wichtigsten Titel sicherte sich Benjamin Huggel vom FC Basel. Er wurde von Fans und Fachleuten zum «Credit Suisse Player of the Year» gewählt und krönte eine exzellente Saison mit dem Doublegewinn des FCB mit einer hohen persönlichen Auszeichnung. Zum besten Fussballer der Axpo Super League wurde der scheidende YB-Stürmer Seydou Doumbia gewählt. Der Ivorer holte diese Auszeichnung zum zweiten Mal in Serie – was bei 30 geschossenen Toren nicht gross überraschte. Auch der sensationelle Triumph der U17 mit dem WM-Titelgewinn in Nigeria fand Unterschlupf in den Ehrungen: Dany Ryser wurde für seine Verdienste um die letztjährige U17-Auswahl zum «Trainer des Jahres» gewählt. In der Kategorie «Bester Schiedsrichter» betrat Massimo Busacca zum sechsten Mal in Serie die Bühne. Der Tessiner war kurz zuvor zum weltbesten Referee des Jahres 2009 ernannt worden. «Youngster of the Year» wurde der 18-jährige Xherdan Shaqiri vom FCB, beste Schweizer Fussballerin Caroline Abbé von Yverdon Féminin, und Christian Ianu sichert sich den Titel des «Fairplayers des Jahres».

Eine bundesrätliche Aufmunterung und

Am Tag nach der «Nacht des Schweizer Fussballs», am 25. Mai 2010, wurde die Schweizer WM-Delegation vom ranghöchsten Schweizer Sportler, Bundesrat Ueli Maurer, empfangen. Es gab Worte des Aufmunterns und dazu die scheinbar obligate «Notration» als militärisches Nahrungspräsent an die Spieler, die sich ihrerseits mit einem Trikot für den Magistraten ausgerüstet hatten für den letzten «gesellschaftlichen» Termin – bevor noch am gleichen Tag endlich die Arbeit auf dem Rasen beginnen konnte. Standardsituationen abseits des Fussballplatzes hatten die Nationalspieler und ihr Trainer nun zur Genüge hinter sich gebracht.

eine Notration als Präsent

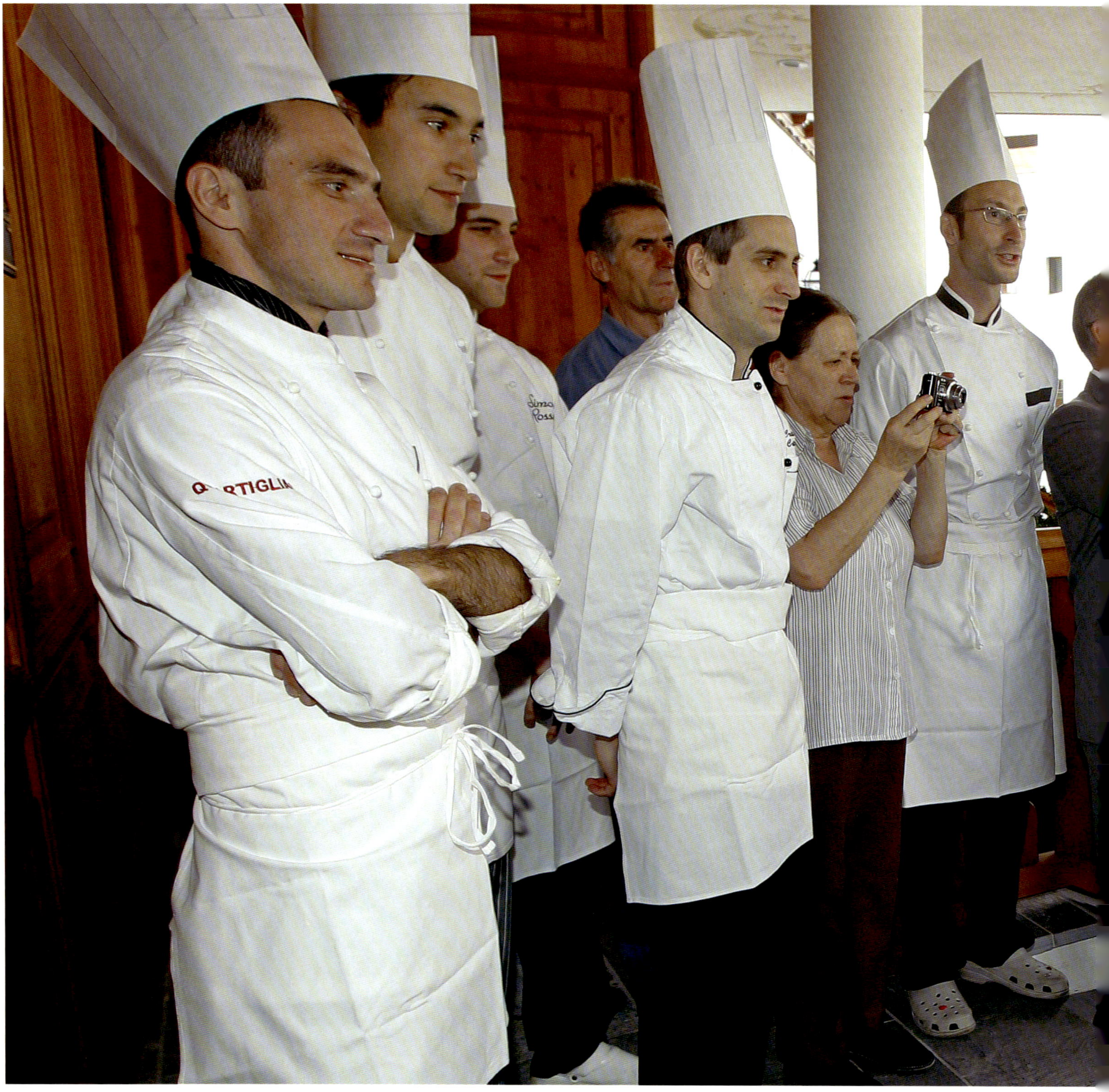

Das Leben vor der WM

Kapitel 3 – Die Schweizer in den Camps von Crans-Montana und im Emerald Resort

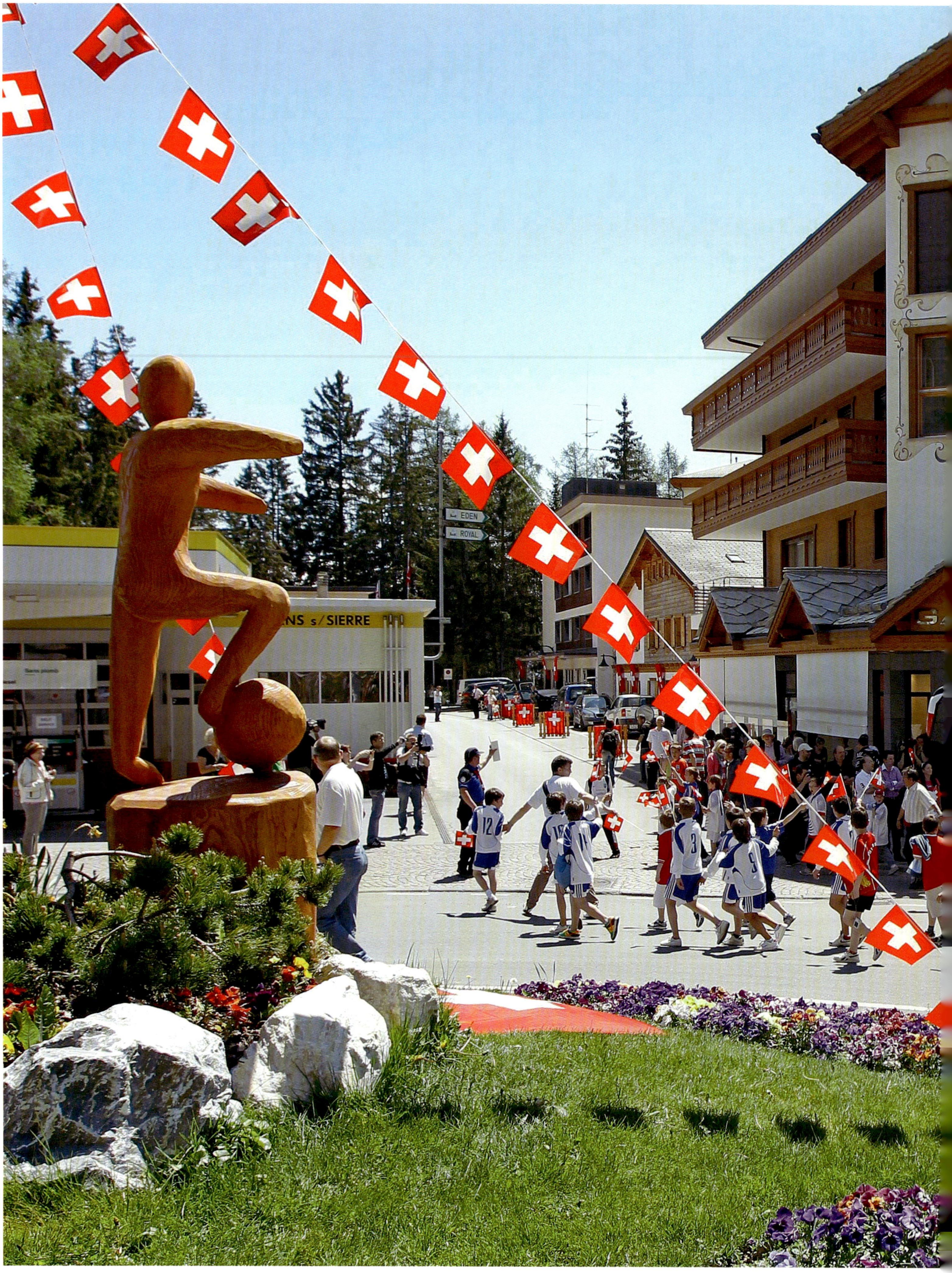
EDEN
ROYAL
s/SIERRE

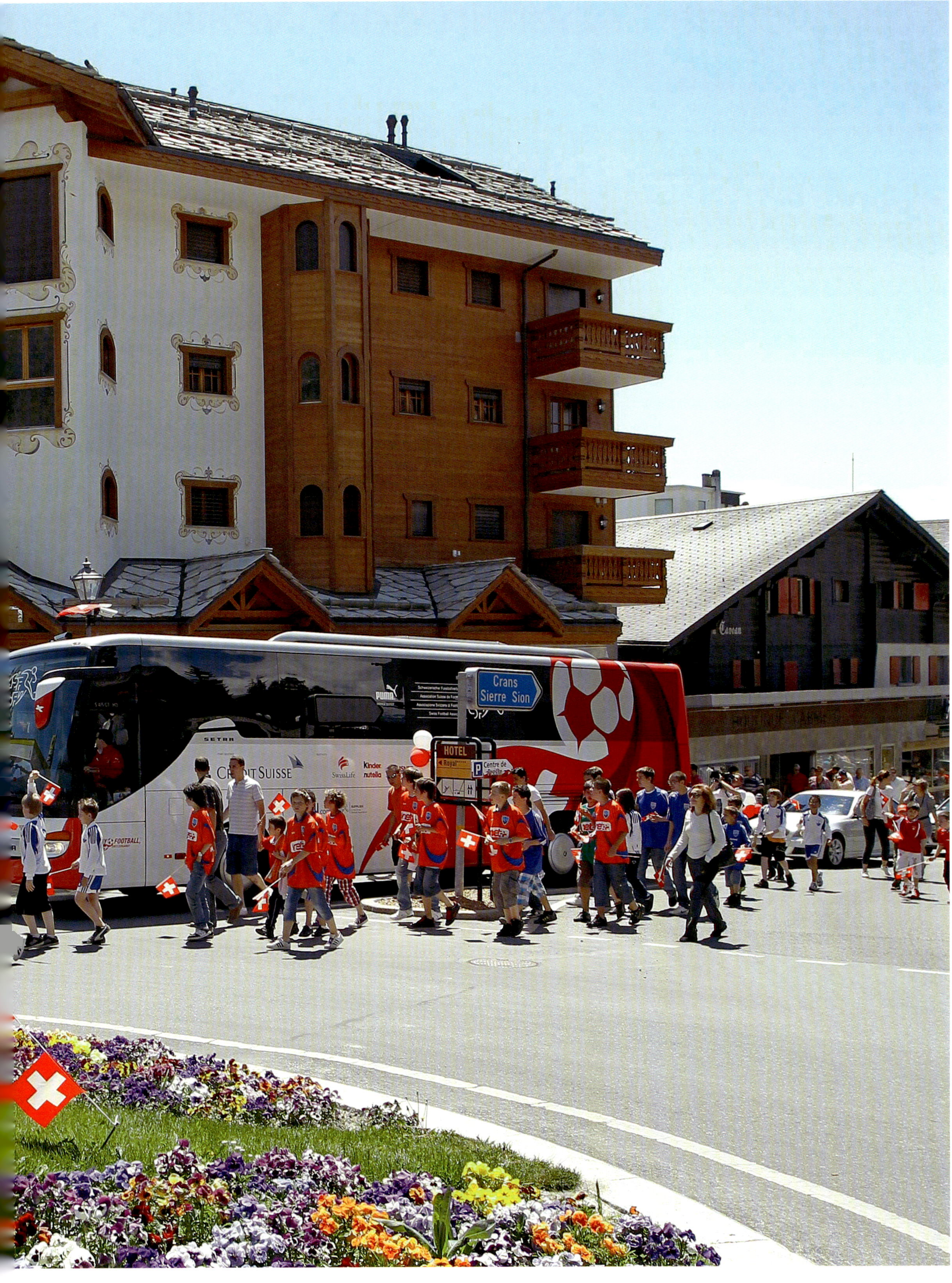
Crans
Sierre Sion
HOTEL
Royal
SwissLife
kinder
nutella

Königliches Leben in den Walliser Berg

Wer nach einigen Kurven auf dem Weg vom Tal in Sierre die Gemeinde Lens erreicht, der hat nicht nur einige Höhenmeter hinter sich, sein Blick wird das Wahrzeichen der Ortschaft nicht verfehlen können. Der Christ-Roi thront hoch über dem Dorf auf der Anhebung Colline du Châtelard, eine 1935 erbaute, mit Sockel rund 30 Meter hohe Königsstatue, die die Hand zum Schutz über das Wallis hält. Und vom 25. Mai bis zum 4. Juni 2010 auch ein wenig über die Schweizer Fussballer, die auf dem wunderbar hergerichteten Rasen des örtlichen Drittligavereins schwitzten und übten – auf einem Platz, der ebenfalls in stark erhöhter Lage von weit her zu sehen ist und selbstredend «Stade du Christ-Roi» heisst.

n: Trainings am Fusse des Christ-Roi

Hier in Lens (das nicht wie die französische Stadt, sondern spitzer, fast wie Leins, ausgesprochen wird), im benachbarten Crans-Montana, noch einmal 300 Höhenmeter weiter den kurvenreichen Strassen entlang und unten in Sierre bereiteten sich die 23 auserwählten Schweizer Fussballer auf die WM vor. Und sie wurden hier herzlichst empfangen. Dominique Fumeaux, Direktor von Crans-Montana Tourismus, liess mit seinem Team und zahllosen Helferinnen und Helfern in den benachbarten Ortschaften nichts unversucht, um den Aufenthalt der Fussballer und des begleitenden Staffs und der zahlreichen Medienvertreter so angenehm wie möglich zu gestalten.

Und am offiziellen Abend, am Mittwoch des 26. Mai 2010, überbrachte SFV-Medienchef Marco von Ah auch die höchste Anerkennung von Nationaltrainer Ottmar Hitzfeld. «Er ist ein Trainer, der in seiner Karriere schon an vielen Orten dieser Welt gewesen ist, aber ihn beeindruckt, wie die Menschen die Nationalmannschaft mit offenen Herzen und grosser Wärme empfangen haben. Sie haben sich dieses Kompliment wirklich verdient», sagte von Ah. Später am Abend kam Assistenztrainer Michel Pont noch auf ein Gläschen Rotwein vorbei und begrüsste die anwesenden Altinternationalen Yvan Quentin, Jean-Paul Brigger, Serge Trinchero und Dominique Cina. Bei Paella, Raclette und chilenischem Wein stimmte sich die Gesellschaft auf die bevorstehende WM ein.

Dabei war es ein harter Tag gewesen, der mit einem Trainingsunfall begann. Marco Streller, der Schweizer Stürmer, zog sich beim Schusstraining einen Muskelfaserriss im linken Oberschenkel zu und musste das Camp in Crans-Montana anderntags verlassen. «Es war ein Genickschlag und es passt zu den vielen Aufs und Abs, die ich in meiner Karriere erleben musste. Es tut weh, das es wieder mich getroffen hat, aber es bringt auch nichts, mit dem Schicksal zu hadern.» Schon 2004 hatte sich Marco Streller in der Vorbereitung auf die EURO das Wadenbein gebrochen und musste Forfait geben, 2008 an der EURO im eigenen Land konnte er wegen Leistenbeschwerden nur eine Partie bestreiten. Und nun musste er Forfait geben und seinen Platz Albert Bunjaku überlassen, den Ottmar Hitzfeld nachnominierte.

81

«Ich hatte meine beste Saison hinter mir und hätte der Schweiz in Südafrika gerne den wahren Marco Streller gezeigt», sagte der enttäuschte Stürmer.

Ansonsten waren es kleinere Blessuren, mit denen sich die medizinische Abteilung des SFV jeweils auseinanderzusetzen hatte. Captain Alex Frei trug weiter eine Manschette an der Hand, doch Misstritte auf dem Rasen in Lens gab es weiter keine. Der Platz glich einem Teppich und wurde nach den ersten Einheiten sogar noch nachjustiert. Statt der geforderten 2,8 mm Schnitthöhe wurde die Spielfläche mit einem eigens herbeigeschafften Spezialrasenmäher vom Golfplatz in Crans-sur-Sierre auf 2,5 mm gestutzt. Dazu wurde das Grün noch intensiver bewässert. Es gab kaum ein Problem, auf das die lokalen Organisatoren im Wallis nicht eine kurzfristige und flexible Antwort gefunden hätten.

1500 Besucher säumten den Trainingsplatz von Lens am Abend des 26. Mai 2010, als die Spieler mit dem Car aus dem Hotel Royal in Crans die knapp zehnminütige Fahrt hinter sich gebracht haben und die fein herausgeputzte Arena betraten. Als Erstes schnallte sich jeder Spieler den Pulsmesser um die Brust, die Frequenzen wurden danach von den Analysten genauestens – nötigenfalls sogar live mit dem Laptop in den Händen vom Mittelkreis aus – verfolgt. Es ging auch darum, die Belastungen der Spieler auf ungewohnter Höhe und die Anpassungsfähigkeit des Organismus an die speziellen Bedingungen, die dann auch in Südafrika herrschen sollten, laufend zu überprüfen und die nötigen Schlüsse daraus zu ziehen. Ein Trainingslager vor einer WM ist heute längst nicht mehr nur eine technisch-taktische Einstimmung auf einige Spiele, sondern ein wissenschaftlich begleitetes Unterfangen, in dem den kleinsten Details Beachtung geschenkt wird, um dann bei der Endrunde an den entscheidenden Tagen die maximale Leistungsfähigkeit abrufen zu können. Und so nahmen die Tage in der Höhe der Walliser Berge ihren Lauf – und die Mischung aus herzhafter Gastfreundschaft, offener Begeisterung und akribischer Arbeit sollte jene Voraussetzungen schaffen, die für eine erfolgreiche WM unabdingbar sind.

83

Den Schweizer WM-Fahrern ganz nah

Der erste Trainingstag in den Walliser Bergen gehörte nicht nur den 23 aufgebotenen Spielern der A-Nationalmannschaft, sondern auch rund 50 Kindern, die von SFV-Hauptsponsor Credit Suisse die einmalige Chance erhielten, einen Nachmittag mit den Schweizer WM-Fahrern zu trainieren. Und so gehörten die staunenden Augen im «Stade du Christ-Roi» in Lens nicht ausschliesslich dem Ball, wie etwa bei Joshua, der sich von Eren Derdiyok helfen lässt. Andere wiederum führten den Ball direkt vor den Füssen von Nationaltrainer Ottmar Hitzfeld vorbei, damit dieser rechtzeitig auf die frühen Künste aufmerksam werde. Einer wie Dylan, stilgerecht mit Armbändern mit dem Schweizer Kreuz ausgerüstet, zeigt, wie man auch dann den Ball sauber führen kann, wenn dieser beinahe von den Füssen bis zu den Knien reicht…

das Kindertraining im Camp

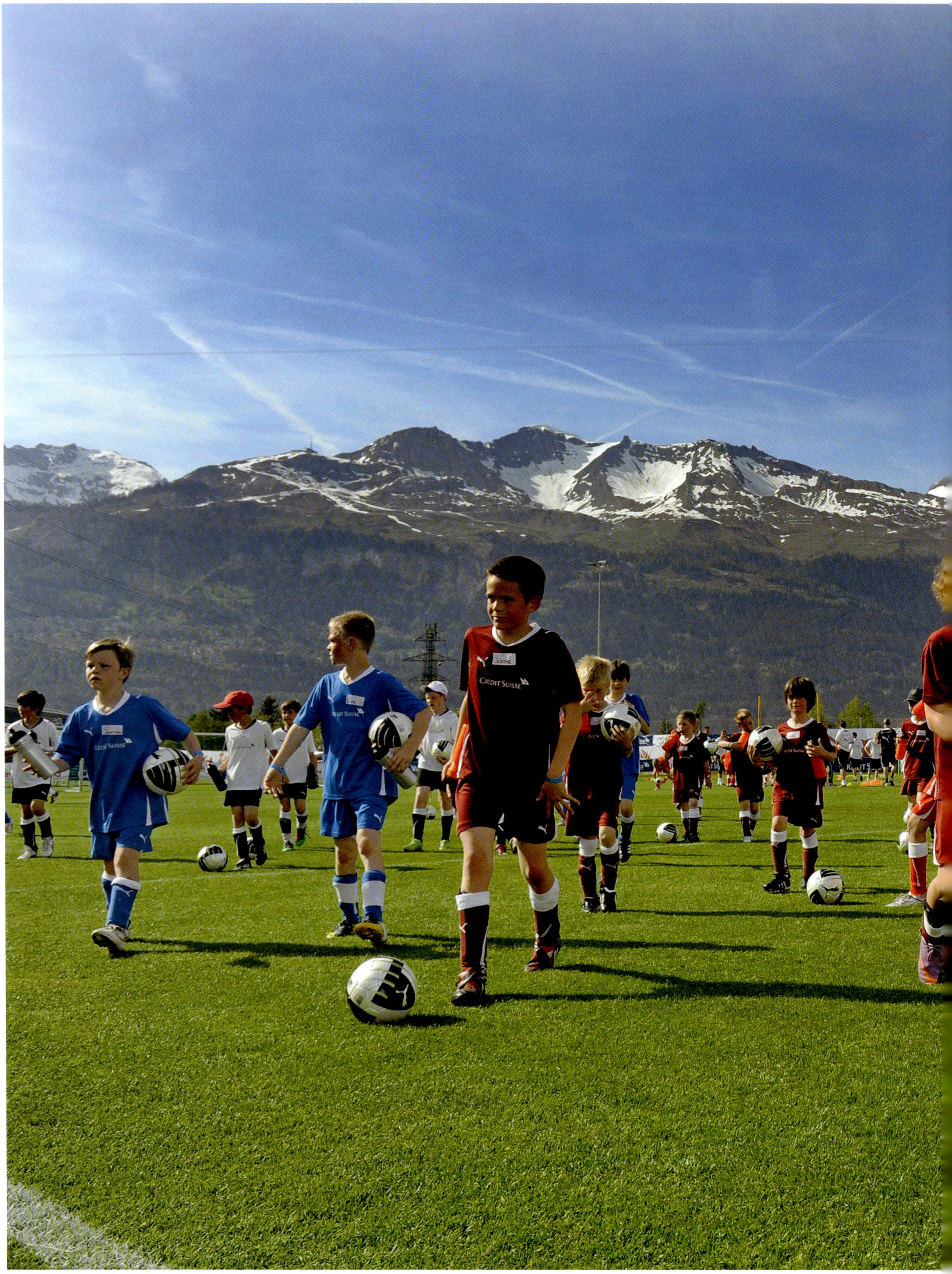
CREDIT SUISSE

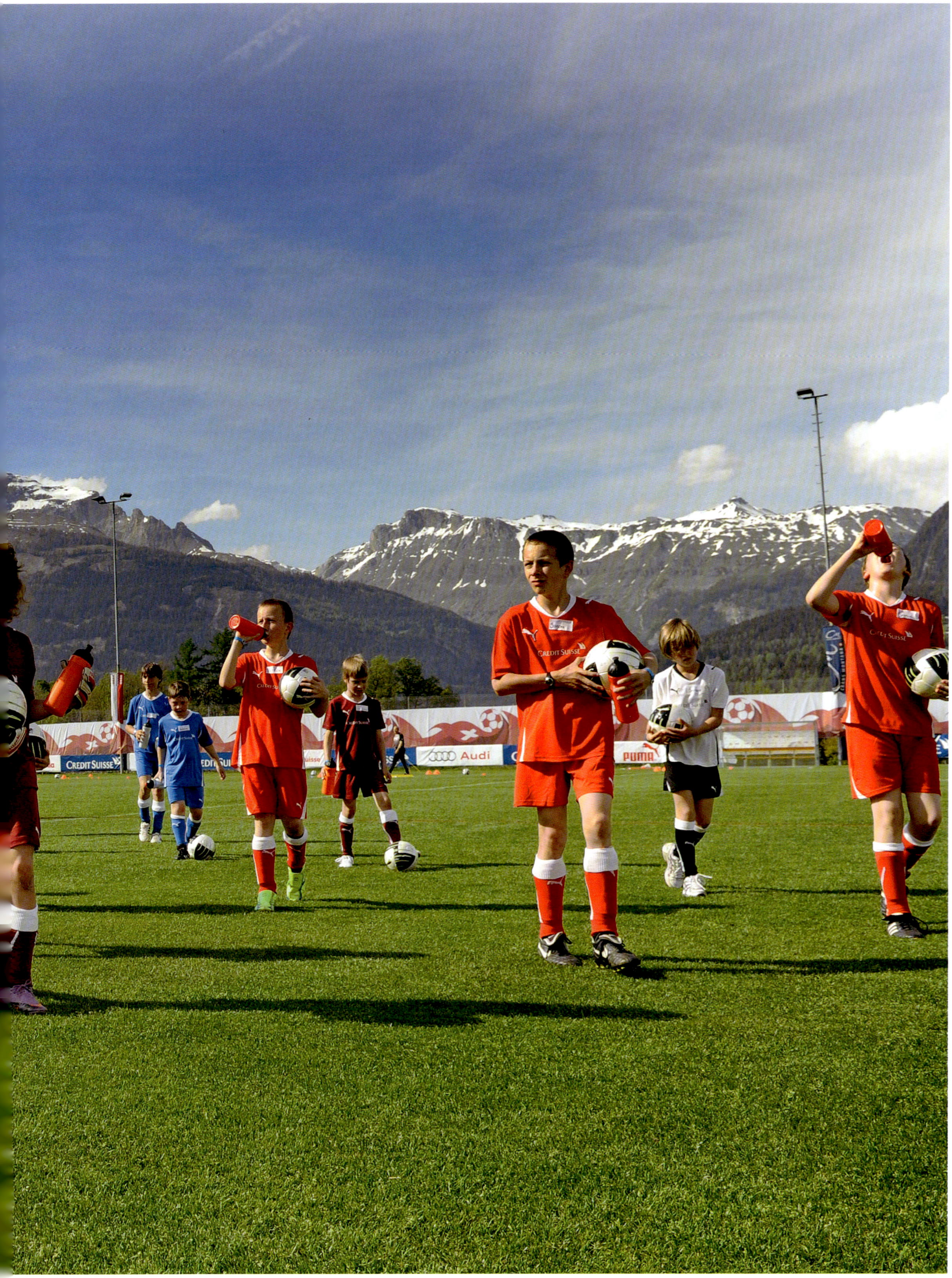
CREDIT SUISSE
Audi
PUMA

Die Schweizer Torhüter und ihre ganz

Die schwerfällige, hölzerne Trainingsmauer, das war gestern. Heute heissen die fiktiven Gegenspieler «Air-Body», haben ein rotes Ventil und lassen sich durchaus attackieren, ohne sich selbst in Verletzungsgefahr zu bringen. Der Schweizer Torhütertrainer Willi Weber, ein Pionier seines Faches und seit Ottmar Hitzfelds Amtsübernahme auch für die Feinabstimmung bei den Nationalkeepern zuständig, setzte die schwarz-weissen Gummipuppen beim Spezialtraining in Lens immer mal wieder ein. Und ab und zu kam es zu ganz speziellen Begegnungen zwischen den künstlichen Trainingspartnern und den Schweizer WM-Schlüssmännern Diego Benaglio, Marco Wölfli und Johnny Leoni.

eziellen Trainingspartner

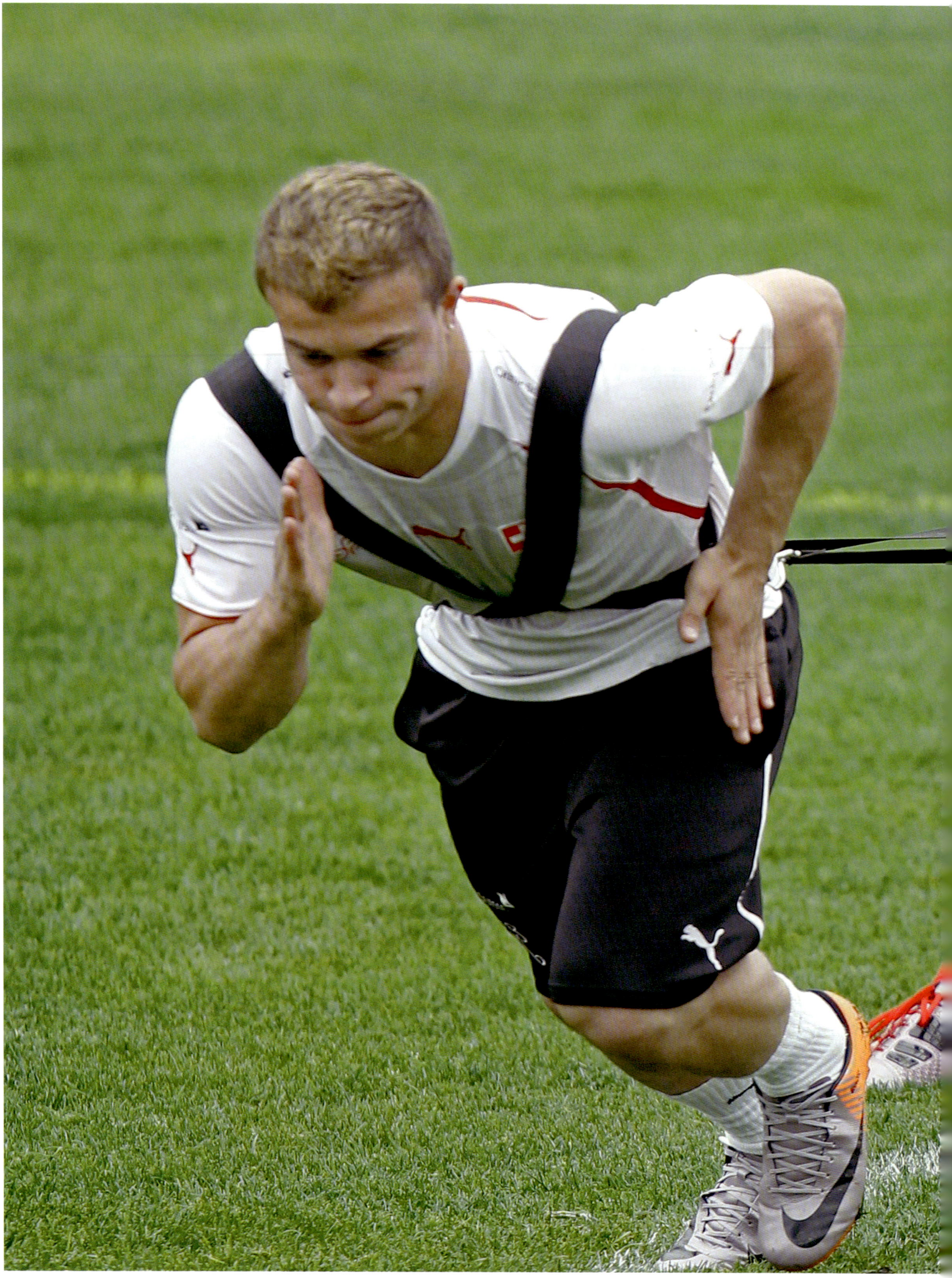

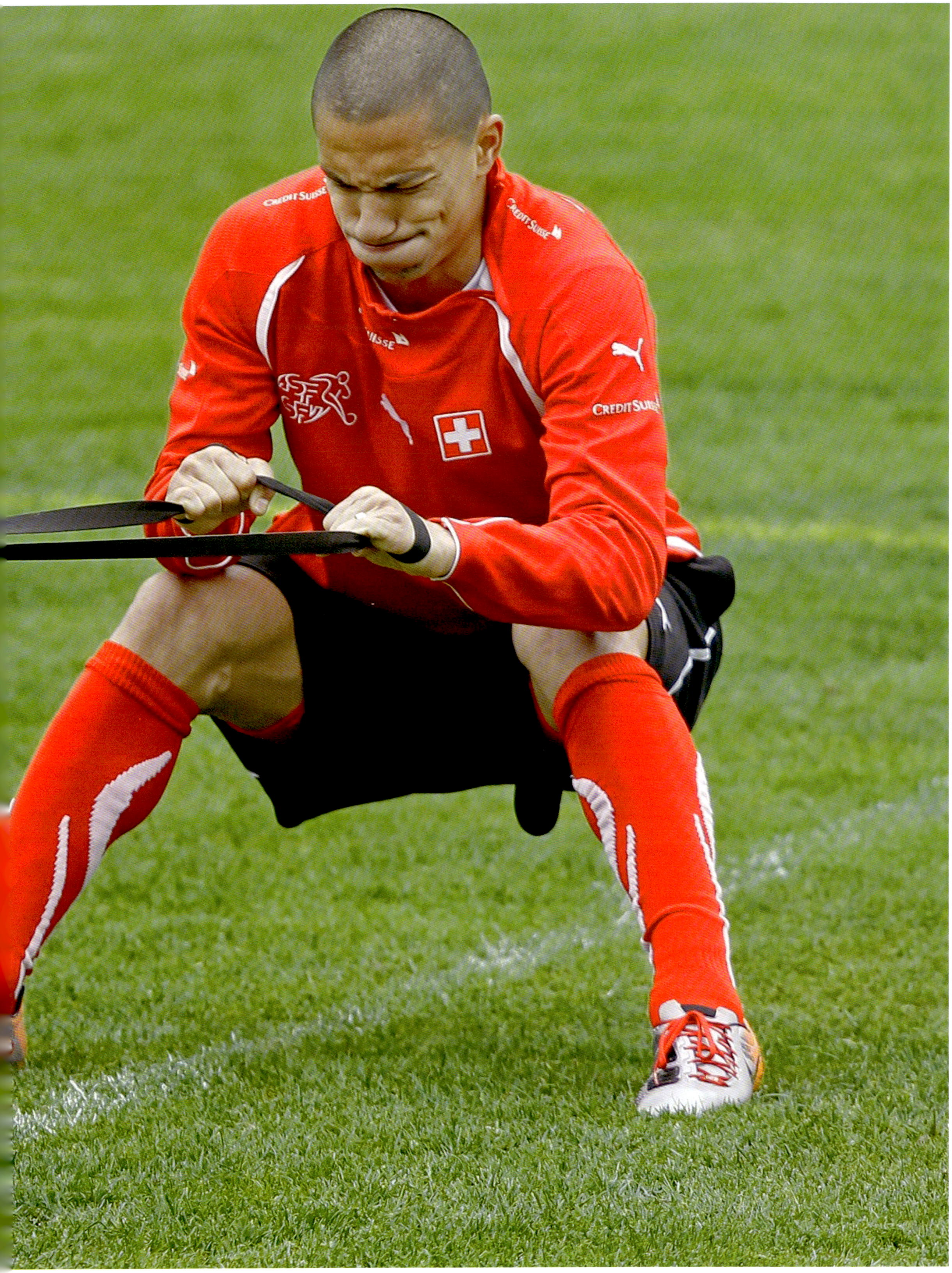
CREDIT SUISSE
CREDIT SUISSE
CREDIT SUISSE

Vorbereitung auf die WM: die Schweiz

Für die Hälfte aller Teams dauert eine Fussball-WM auf dem Rasen letztlich nur drei Mal 90 Minuten – aber natürlich gehen alle in der Hoffnung an den Start, so lange wie möglich im Turnier zu bleiben. Und um die Ziele an einer Weltmeisterschaft zu erreichen, wird jeweils der Vorbereitung ein Stellenwert zugemessen, der alles übertrifft, was im Fussball sonst üblich ist. Monate im Voraus, teils schon vor der geschafften Qualifikation, sehen sich die Verantwortlichen nach idealen Plätzen um, an denen sich fern des Trubels ideale Gelände und Hotels befinden.

Speziell an der WM 2010 war, dass sich fünf der 13 Spielorte in höheren Lagen (über 1300 m. ü.M.) befanden. Was also lag näher, als sich einen schönen Ort in den Alpen auszusuchen, um so die körperlichen Anstrengungen in der Höhe zu simulieren? Einige Teams verzichteten zwar bewusst auf eine solche Vorbereitung und blieben zu Hause wie etwa Argentinien und Chile, aber letztlich suchten sich 19 WM-Teilnehmer für die Wochen vor dem Turnier eine Destination im Herzen Europas. Und so kam es wieder zu Szenen wie an der EM 2008, als plötzlich kleine Dörfer ganz im Zeichen fremder Fussballer standen: Neustift im Stubaital (Ö) hatte seine Südkoreaner, Schruns-Tschagguns (Ö) die Spanier, und in Hermagor freute man sich über den Besuch aus Honduras. Auf den ersten Blick überraschend war allenfalls, dass sich Deutschland nicht in den deutschen Alpen, sondern im italienischen Eppan aufhielt, aber es ist nun mal so, dass Jogi Löw und sein Team in der Heimat keine Ruhe vor der WM gefunden hätten.

Sechs Teams hielten sich vor der Reise nach Südafrika auch in der Schweiz auf: Natürlich die Rot-Weissen selbst, die in Crans-Montana logierten (vom 25. Mai bis zum 4. Juni) – ebenso wie die Algerier, deren Aufenthalt (13.–27. Mai) sich noch zwei Tage mit dem der Schweizer kreuzte. Die Stars der Elfenbeinküste zogen sich nach Saanenmöser ins Simmental zurück, wo sie mit ihrem Trainer Sven-Göran Eriksson die Vorbereitungen aufnahmen – besucht beim Training in Montreux von Christian Gross. Bleiben noch die Griechen, die in Bad Ragaz weilten, und die Japaner, die auf 1800 Meter über Meer in Saas Fee die WM angingen. Zu erwähnen sind auch die Nordkoreaner, die sich nach langem Hin und Her für einen Aufenthalt in Anzère entschieden.

WM-Vorbereitung in den Alpen

Schweiz: Griechenland (Bad Ragaz), Japan (Saas Fee), Elfenbeinküste (Saanenmöser), Algerien und die Schweiz (beide Crans-Montana), Nordkorea (Anzère).
Frankreich: Paraguay (Evian), Frankreich (Tignes).
Italien: Deutschland (Eppan) und Italien (Sestriere).
Österreich: Neuseeland (St. Lamprecht und Bad Waltersdorf), Kamerun (Lienz/Klagenfurt), England (Irding), Slowakei (Bad Kleinkirchheim), Honduras (Hermagor), Serbien (Leogang), Holland (Seefeld), Südkorea (Neustift im Stubaital), Spanien (Schruns-Tschagguns).

s ideales Land fürs Höhenlager

Dunkle Wolken über der Nationalmann

Mit einer unliebsamen Überraschung endete das vorletzte Testspiel vor der WM in Südafrika. Statt in Sion mit einem Sieg gegen Costa Rica Selbstvertrauen zu tanken, mussten die Schweizer nach dem Spiel um Worte ringen, um die 0:1-Niederlage gegen die Mittelamerikaner zu erklären. Zu viel war in den 94 Minuten im Wallis Stückwerk geblieben, und zu wenig war von dem zu erkennen, wie die Schweizer an einem Grossanlass gegen die besten Teams der Welt würden bestehen wollen.

Ottmar Hitzfeld hatte seine Mannschaft nahezu in Bestbesetzung auf den Platz schicken können; einzig Valon Behrami, der wegen einer Knieblessur auf der Tribüne sass, verpasste den Termin. Und die Schweizer erwischten auch den besseren Start, der zwingend mit einem Penaltypfiff hätte belohnt werden sollen, als Blaise Nkufo im Strafraum umgerissen wurde. Doch die Gastgeber hielten das Tempo nicht lange hoch, und so fanden die Costa Ricaner, die sich knapp nicht für die WM hatten qualifizieren können, von Minute zu Minute besser ins Spiel.

Dass sie am Ende sogar als Sieger den Platz verliessen, hatte zwei Schweizer Gründe: Erstens hatte die Abwehr wiederum einen grossen Aussetzer, als Steve von Bergen, Philippe Senderos und Reto Ziegler den einzigen Stürmer des Gegners, Winston Parks, nicht am erfolgreichen Durchmarsch hindern konnten. Und zweitens fehlte Hitzfelds Team neuerlich die Durchschlagskraft in der Offensive. Das 0:1 gegen Costa Rica war die dritte Niederlage in Serie – und die Schweizer hatten in diesen Partien nur ein einziges Tor erzielt. Jenes zum 1:0 gegen Uruguay (Endstand 1:3) durch Gökhan Inler auf Penalty.

Die Rot-Weissen stemmten sich sehr wohl gegen die Niederlage vor immerhin 12 000 Zuschauern. Aber weder agierten Mittelfeld und Angriff druckvoll genug, um den Gegner zu Fehlern zu zwingen, noch verlieh die Abwehr dem Gefüge jene Stabilität, die es für ein gesteigertes Risiko im Spiel braucht. Ab Ende gab es Pfiffe – und die Einsicht, noch weit von dem entfernt zu sein, was man WM-Form nennt.

Schweiz–Costa Rica 0:1 (0:0)

Stade de Tourillon, Sion. – 12 000 Zuschauer. – SR Buttimer (Irl). – Tor: 57. Parks 0:1.

Schweiz: Benaglio; Lichtsteiner, Senderos, Grichting (46. von Bergen), Ziegler; Barnetta (76. Bunjaku), Inler (61. Schwegler), Huggel (61. Fernandes), Padalino (64. Shaqiri); Frei, Nkufo (64. Derdiyok).

Costa Rica: Navas; Myrie, Sequeira, Segares, Diaz; Azofeifa; Ruiz (91. Mena), Barrantes (84. Paniagua), Hernandez (78. Guzman), Bolanos; Parks (81. Urena).

Bemerkungen: Schweiz ohne Behrami, Eggimann und Yakin (alle geschont). – Verwarnungen: 76. von Bergen (Foul), 83. Diaz (Foul), 87. Fernandes (Foul), 90. Azofeifa (Foul).

haft in Sion – 0:1 gegen Costa Rica

Der bestandene Härtetest gegen den

Die Kulisse stimmte im Stade de Genève – und die Schweizer WM-Fahrer trübten mit einer guten Leistung die angenehme Stimmung im Publikum nicht. Gökhan Inler brachte die Schweizer gegen den Weltmeister von 2006 nach zehn Minuten und mit einer feinen Einzelleistung in Führung, doch schon kurze Zeit später, führte eine Fehlerkette nach einem Freistoss aus dem Mittelfeld zum Ausgleich der Italiener. Quagliarella gewann das Kopfballduell gegen Senderos und gab dem Ball eine Flugbahn, die auch Torhüter Diego Benaglio keine Abwehrchance eröffnete. So stands schon nach einer Viertelstunde 1:1, und da dies in Testspielen kein untypisches Resultat ist, hielt es bis zum Ende stand.
Die Schweizer waren engagiert und konzentriert, sichtlich bemüht, den etwas durchzogenen Eindruck aus dem Test vier Tage zuvor gegen Costa Rica zu korrigieren. Und auch wenn die Italiener, die 48 Stunden zuvor gegen Mexiko 1:2 unterlegen waren, nicht mit ihren besten Kräften aufliefen, so war es doch beruhigend zu konstatieren, dass die Schweizer auf höchstem Niveau mithalten konnten. Da in der zweiten Hälfte der eine oder andere Zweikampf doch mit der nötigen Konsequenz bestritten wurde, war es für Ottmar Hitzfelds Spieler ein guter Härtetest im Hinblick auf den WM-Auftakt gegen Spanien. Gelson Fernandes spielte für Tranquillo Barnetta auf der linken Mittelfeldseite, es war ein Signal an den Ostschweizer, dass er sich weiter steigern muss, um an der WM seinen angestammten Platz einnehmen zu können.

Schweiz – Italien 1:1 (1:1)

5. Juni 2010. – Stade de Genève. – 30 000 Zuschauer. – SR Piccirillo (Fr). – **Tore:** 10. Inler 1:0. 14. Quagliarella 1:1.

Schweiz: Benaglio (46. Wölfli); Lichtsteiner, Senderos, Grichting, Ziegler (81. Magnin); Behrami (58. Barnetta), Inler, Huggel, Fernandes (88. Shaqiri); Frei (75. Yakin), Nkufo (68. Derdiyok).

Italien: Marchetti; Maggio, Bocchetti, Chiellini, Zambrotta (81. Criscito); Gattuso (86. Iaquinta), Palombo (88. De Rossi); Cossu, Montolivo, Quagliarella (66. Di Natale); Pazzini (77. Gilardino).

Bemerkungen: Schweiz komplett; Italien ohne Camoranesi und Pirlo (beide verletzt). – Verwarnungen: 60. Bocchetti (Foul), 78. Gattuso (Foul), 86. Magnin (Foul), 88. Chiellini (Foul).

eltmeister: Schweiz–Italien 1:1

Das letzte Training im Letzigrund mit e

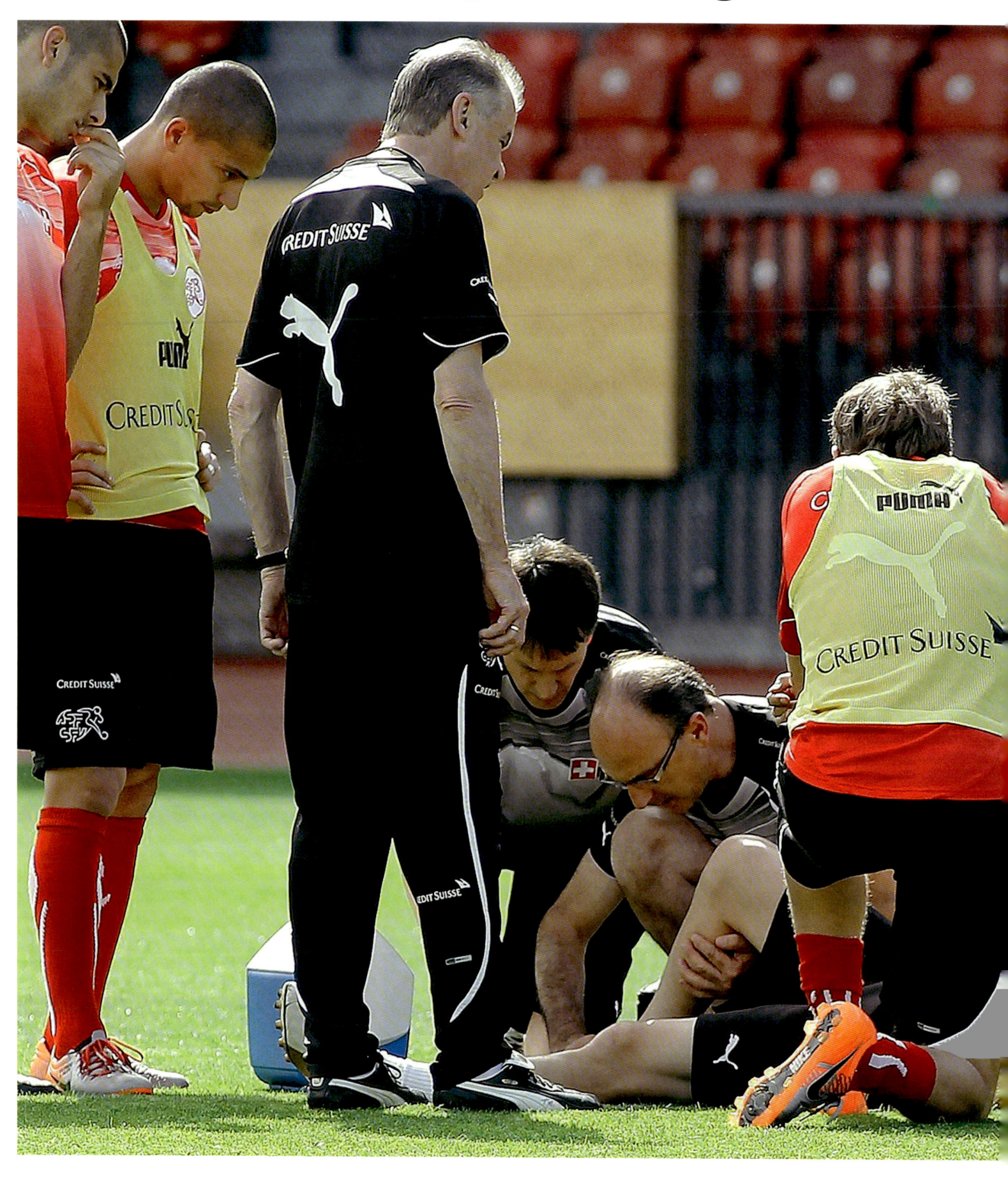

er grossen Schrecksekunde

Ein letztes Mal auf Schweizer Rasen trainieren vor den eigenen Fans, die den Weg ins immer noch provisorisch gestützte Stadion Letzigrund gefunden haben. Wem der Weg ins Camp von Crans-Montana und die Reise nach Südafrika zu lang gewesen war, der hatte in Zürich die Gelegenheit, sich über den Formstand der 23 Schweizer WM-Fahrer ins Bild zu setzen. Viele Stangen und Hütchen prägten das Bild auf dem satten Grün, die Spieler waren koordinativ gefordert und brachten nach zwei Freitagen ihre Beine noch einmal kräftig in Schwung. Rund 1000 Fans machten es sich im weiten Rund in einem Sektor auf der Gegentribüne bequem, schwenkten die Fahnen, hoben die Arme und applaudierten – bis es plötzlich ganz still wurde, auf und neben dem Platz. Alex Frei ging in einen Zweikampf mit Steve von Bergen und setzte dabei seinen Fuss so unglücklich ein, dass er sich den Knöchel verstauchte und einen Bluterguss im Sprunggelenk erlitt. Noch vor dem Abflug abends um viertel vor elf ab Zürich-Kloten war klar, dass der Schweizer Captain rund um einen Grossanlass wieder Pech haben sollte. Die Physiotherapeuten taten ihr Bestes, aber fürs erste WM-Spiel gegen Spanien sollte es nicht reichen. Trotz dem Zwischenfall gaben die Fans der Schweizer WM-Delegation einen stimmungsvollen und warmen Abschiedsgruss mit in den südafrikanischen Winter. Nach eineinhalb Stunden Training ging es endgültig los mit der Schweizer WM.

Die Verabschiedung des Teams in Züri

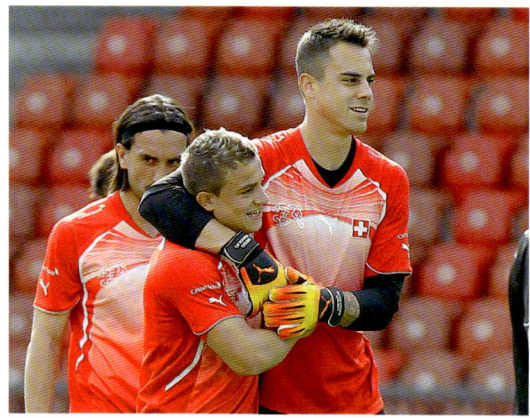

Als das letzte Training vor dem Abflug vorbei war, verabschiedeten sich auch die Spieler winkend von ihren Fans und posierten nochmals mit Vertretern von Sponsoren wie hier von Swiss Life. Überreicht erhielt die Mannschaft eine riesige Glückwunschkarte – und die verfehlte im ersten WM-Spiel ihre Wirkung nicht.

– eine Woche vor dem Spanien-Spiel

Am 10. Juni hatten die Schweizer süda

Flugreisen können ganz schön anstrengend sein. Und das sah man den Mitgliedern der Schweizer Delegation auch an, als sie am 10. Juni 2010 nach einem problemlosen Flug in Johannesburg landeten. Auch Alex Frei, der am Fuss verletzte Captain, war mit von der Partie, und noch im Flieger hatten die Physios mit den therapeutischen Massnahmen begonnen. Auf dem langen Flug wurde den Fussballern das Tragen des Verbandsanzugs erlassen. Sie durften es sich im Trainingsanzug bequem machen – und vom Rollfeld aus ging es unter strengen Sicherheitsmassnahmen per Bus zum Emerald Resort, wo sich die Schweizer für die WM eingemietet hatten.

kanischen Boden unter den Füssen

Auf ins Quartier – mit neugierigen Blic

Kontraste gibt es viele in Vanderbijlpark, dort, wo sich die Schweizer Fussballer nach ihrer Ankunft am Vormittag des 10. Juni 2010 auf ihre WM-Spiele in Südafrika vorbereiteten. Mit neugierigen Blicken waren sie im speziell beschrifteten Bus vom Flughafen in ihr Quartier gefahren – und dieses hielt, was schon sein Name versprach: Das Emerald Resort & Casino ist eine Idylle, in schönster landschaftlicher Umgebung platziert, mit Wasser, Tierpark und viel afrikanischem Flair. Nichts zu sehen ist hier davon, dass ein paar Kilometer weiter die Kamine der Schwerindustrie im sogenannten Vaal-Dreieck rauchen. Und noch einige Autominuten weiter, 60 Kilometer südlich, pulsiert die Grossstadt Johannesburg mit ihren Townships und ihren total fast vier Millionen Einwohnern.

Im Emerald Resort hatte die Schweiz den Hauptkomplex gemietet, das Hotel mit seinen 77 Zimmern und den nötigen Nebenräumlichkeiten. Angegliedert wurde das Medienzentrum, das in Zusammenarbeit mit der SRG SSR idée suisse auch den Schweizer Fernseh- und Radiostationen als Ausgangspunkt für die aufwendigen Übertragungen aus Südafrika diente. Rund 40 Medienschaffende aus der Schweiz haben sich neben den Radio- und Fernsehleuten in einem Nebenkomplex eingemietet und brachten täglich die nicht zu unterschätzenden Wege zum Medienzentrum und zum Trainingsplatz in Vaal (in rund zehn Kilometer Entfernung) hinter sich. Diejenigen, die sich nur ein Velo mieten wollten, fanden schnell heraus, dass dies ziemlich anstrengend wird mit den Tagen.

Wenn die Schweizer nicht auf Inlandflügen unterwegs waren zu ihren Spielen in Durban, Port Elizabeth und Bloemfontein, nutzten sie die Möglichkeiten des Komplexes. Ein Wasserpark (bei allerdings kühlen Bedingungen), mehrere gute Restaurants (ein Steakhouse, ein italienisches Lokal und eines mit afrikanischen Spezialitäten) und Spielmöglichkeiten sorgten für etwas Abwechslung im grossen Resort, ansonsten waren die nach den Wünschen der Schweizer eingerichteten Einzelzimmer der Hauptaufenthaltsort der Spieler.

n dem Emerald Resort entgegen

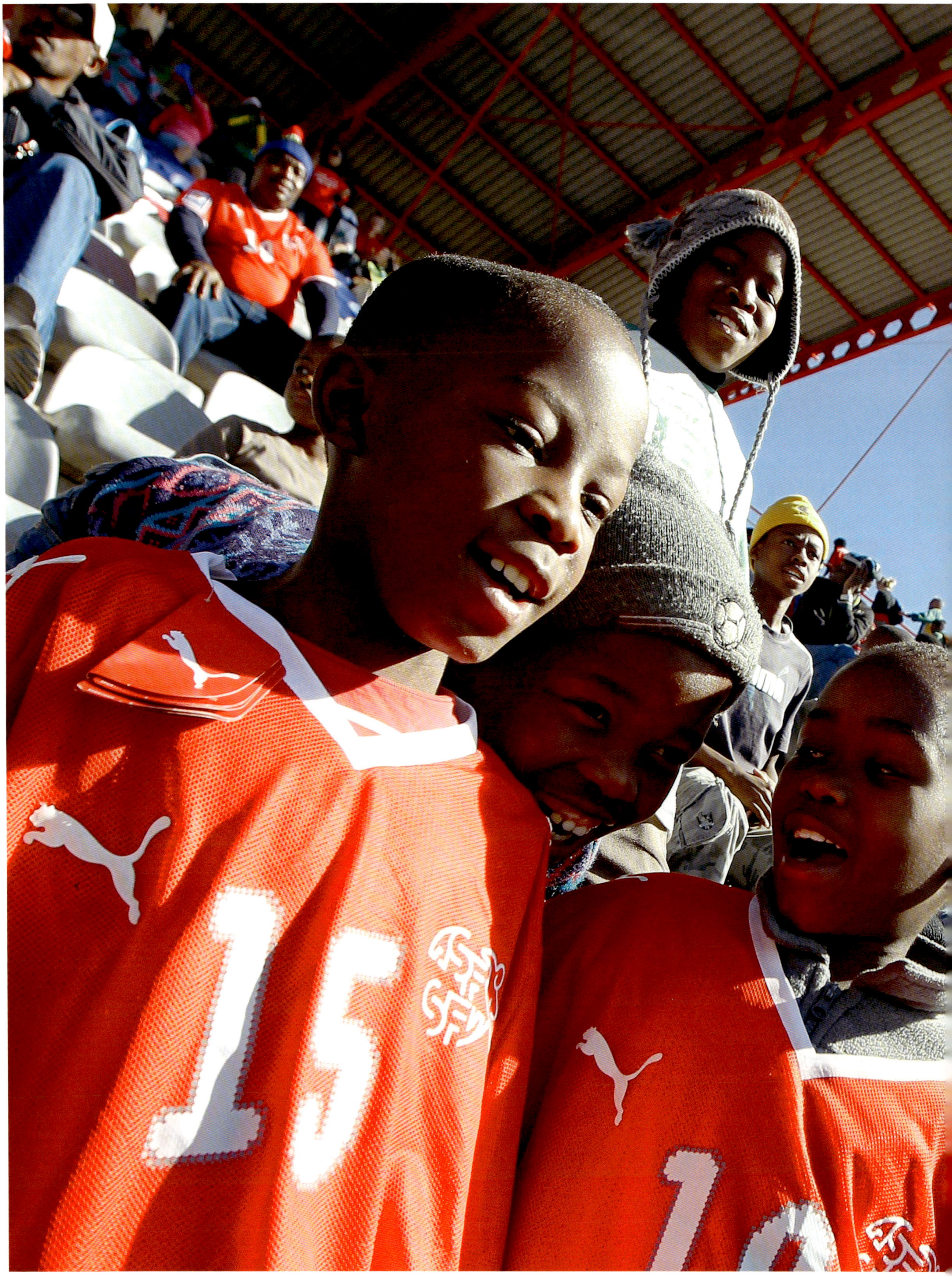
15

107

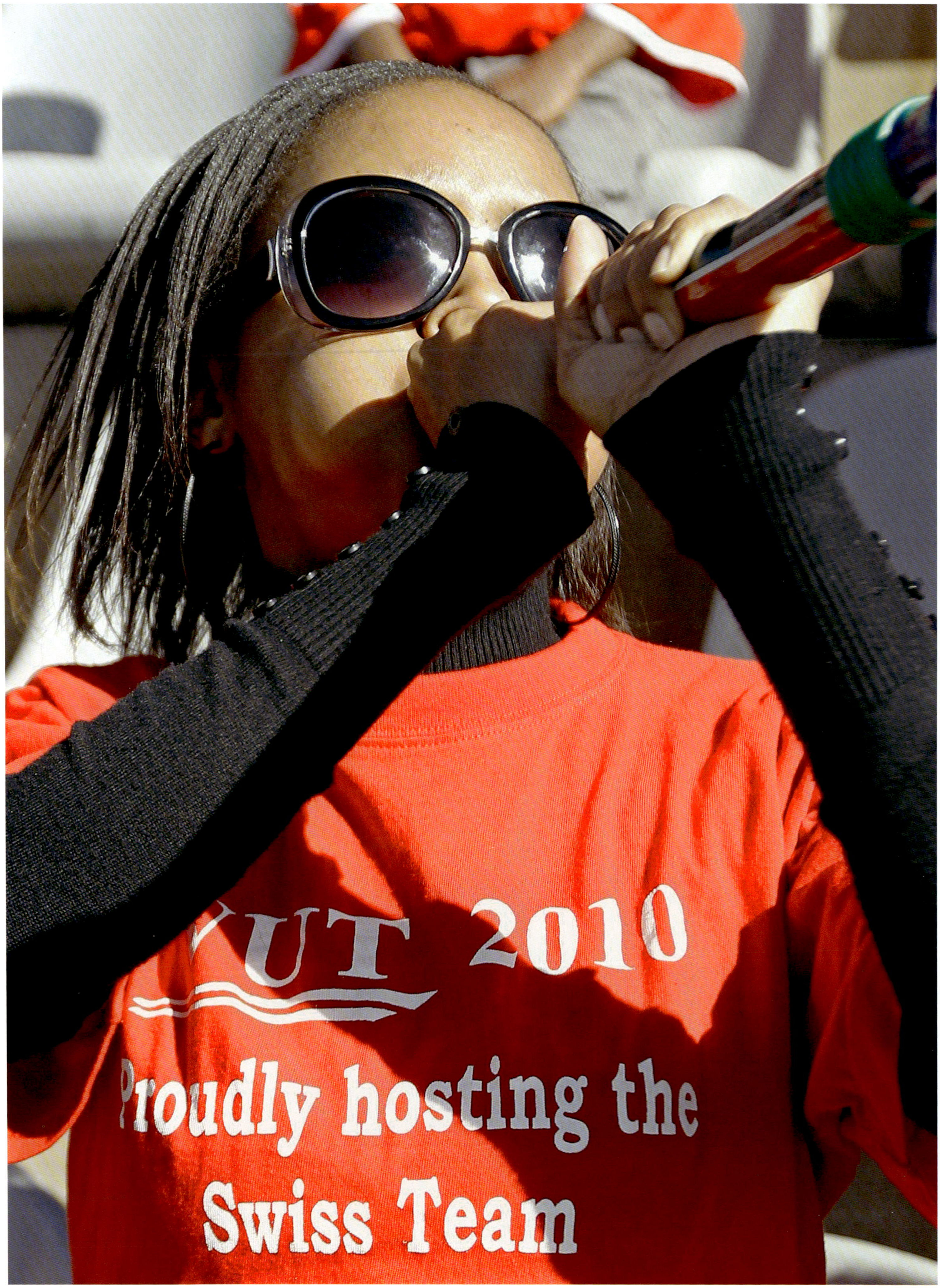
VUT 2010
Proudly hosting the
Swiss Team

Nur ein Ort im Emerald Resort war für die Schweizer tabu: das benachbarte Casino. Tagsüber waren die Temperaturen in Vanderbijlpark jeweils recht angenehm und erreichten schon mal 20 Grad – trotz des Winters auf 1468 Metern Meereshöhe. Nachts jedoch wurde es bitterkalt, ein Schweizer Journalist, der sich in seinem Zimmer mit Wärmedecken behelfen musste, sprach von einem Rekord von minus 8 Grad, eine Temperatur, wie sie in der Umgebung seit 1994 nicht mehr gemessen worden war.

Ansonsten jedoch fiel der Empfang der Schweizer Fussballer in Vanderbijlpark ausgesprochen warmherzig aus. Schon beim ersten Training sorgten einige Hundert südafrikanische Fussballfans für ungewohnt ausgelassene Stimmung neben dem bestens hergerichteten Platz. Im Gegensatz zu anderen Nationaltrainern begrüsste der Schweizer Coach Ottmar Hitzfeld den herzlichen und mitunter lautstarken Support: «Ich finde es generell schön, wie wir unterstützt werden. Im Vorfeld der WM wurde sehr viel Negatives über Südafrika berichtet. Wir wollen mit unseren öffentlichen Trainings der Bevölkerung zeigen, dass es uns hier sehr gut geht, dass wir uns wohl fühlen. Man muss offen und dankbar sein, denn wir sind auch als eine Art Botschafter hier.»

Ein Blick ins Hotel des Emerald Resorts

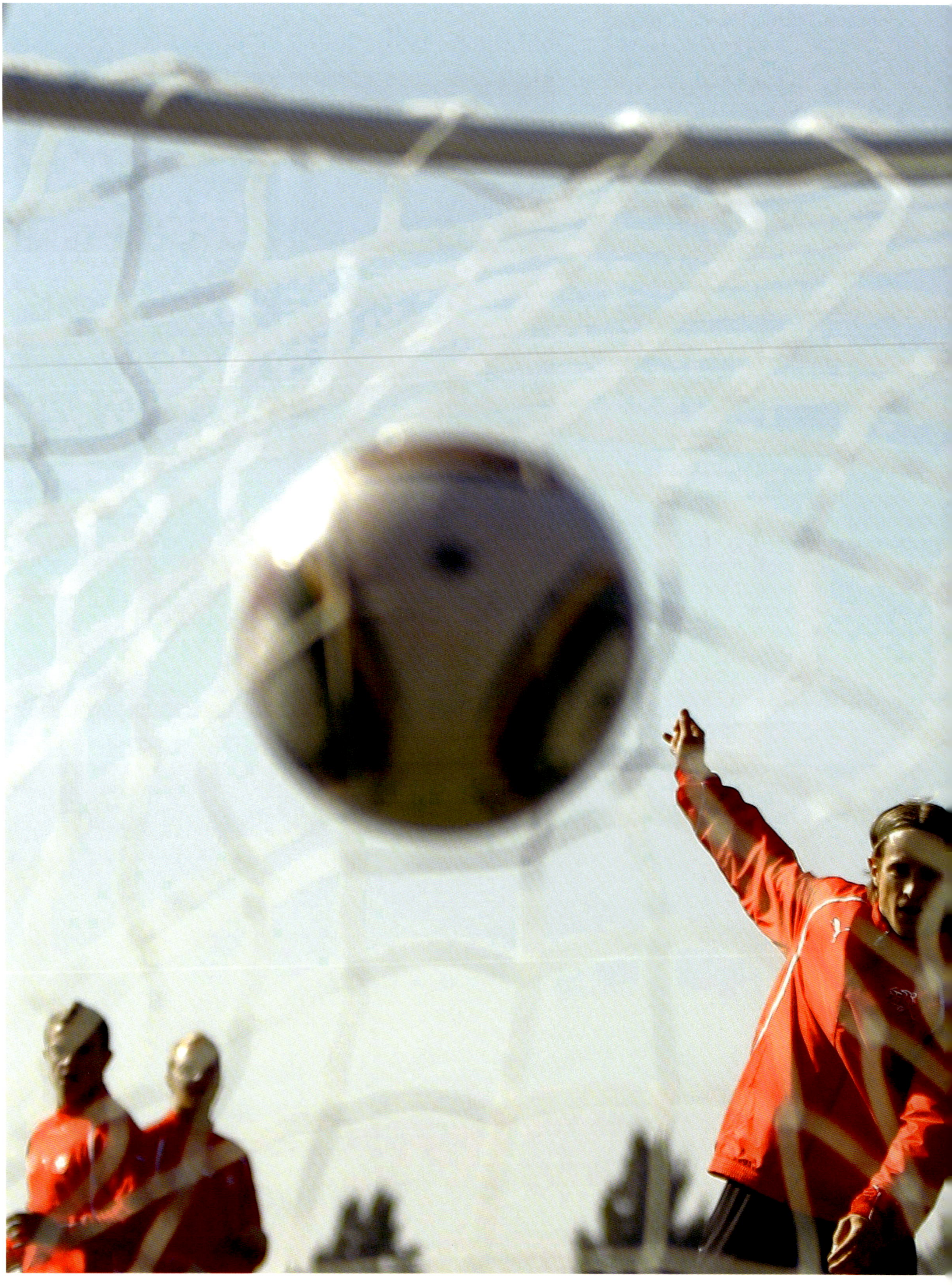

111

Im Rampenlicht der Medien: die täglic

Pressekonferenzen in Südafrika

Je grösser der Anlass, desto breiter das Interesse – dieser Grundsatz gilt natürlich auch für eine Fussball-WM. Natürlich besitzt die Schweiz keine Presselandschaft wie England, Deutschland, Brasilien oder Italien, wo jedes Komma auf die Goldwaage gelegt wird – aber wer an einer WM teilnimmt, ist automatisch auch Teil der weltweiten Berichterstattung. Die Technik macht es heute zudem möglich, dass die Bilder live auch via Internet jedermann zugänglich gemacht werden können. Und so verfolgten die Fans in der Heimat jeweils gespannt, was die vom SFV aufgebotenen Gesprächspartner vom Podium aus in die Mikrofone sprachen. Nicht jeder Spieler brachte der Rolle des Mediensprechers gleich viel Interesse entgegen; Alex Frei etwa geriet sogar in die Schlagzeilen, weil er nichts sagte.

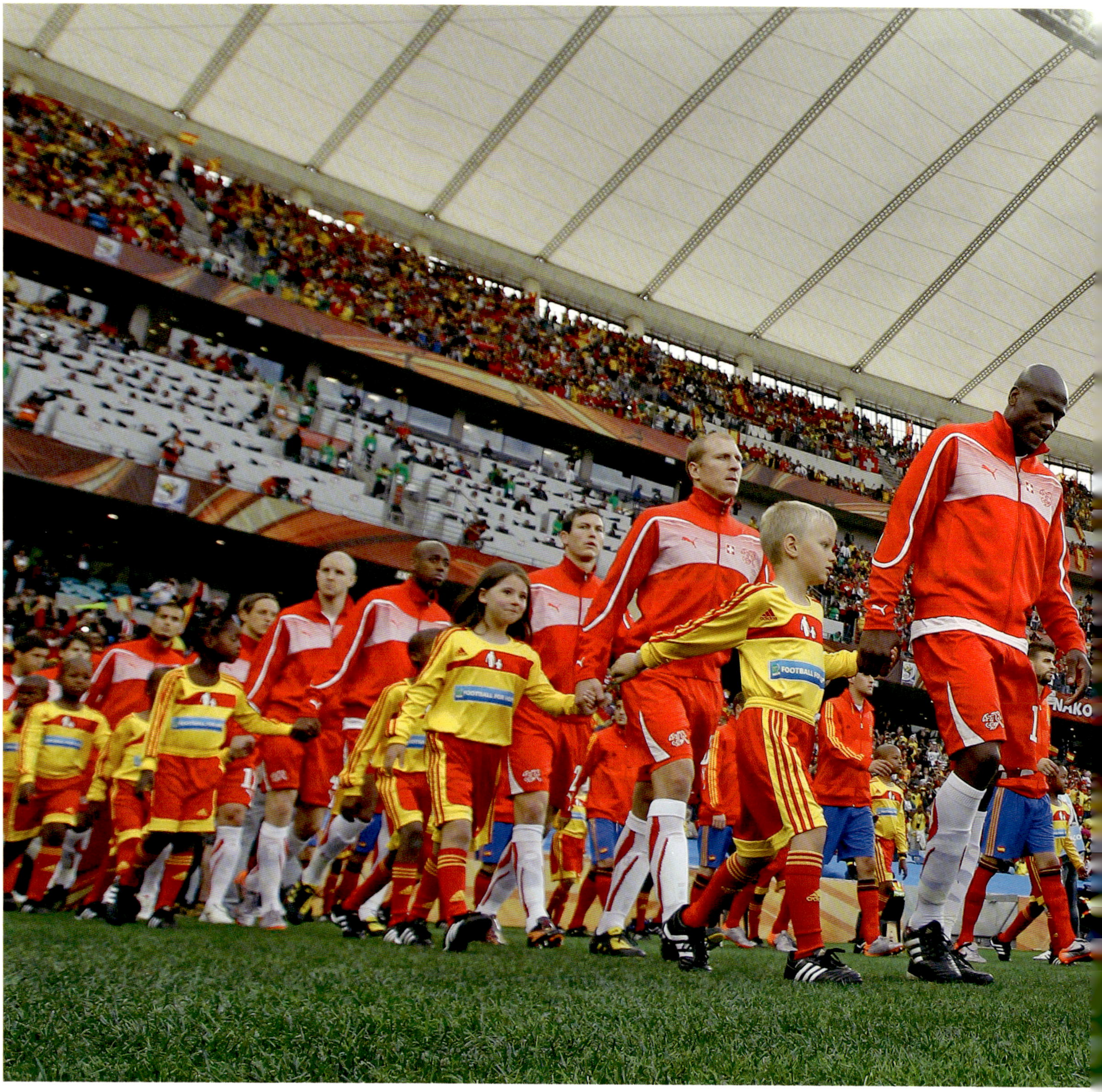

Vom Coup zum K.o.

Kapitel 4 – Die Spiele der Schweizer an der WM 2010 in Südafrika

2010 FIFA WORLD CUP SOU

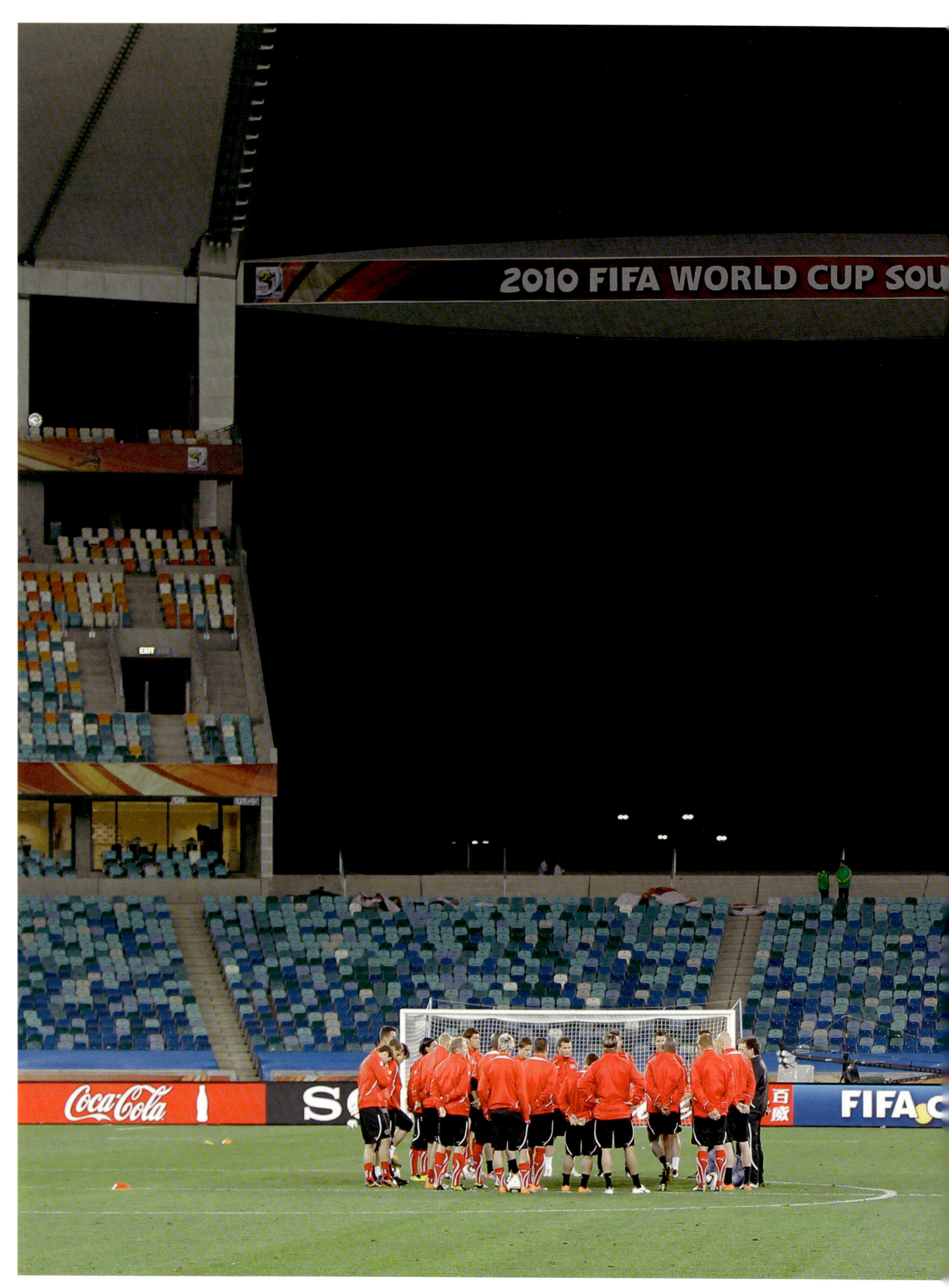

Nur wenig deutete am Abend des 15. Juni 2010 darauf hin, was sich im Startspiel der Schweizer gegen Spanien im Stadion von Durban abspielen sollte. Die Rot-Weissen hinterliessen beim Abschlusstraining einen überaus konzentrierten Eindruck, als Trainer Ottmar Hitzfeld sie im Moses-Mabhida-Stadion auf die Aufgabe gegen den Europameister einstimmte – aber dass ein Sieg gegen die Iberer folgen sollte? Daran hatten nicht einmal die kühnsten Optimisten zu glauben gewagt.

Eine Sternstunde zum Auftakt – die Sc

Durban, 16. Juni 2010, 16.00 Uhr

Spanien–Schweiz 0:1 (0:0)
Fünf Minuten Nachspielzeit, das können im Fussball unendlich lange Sekunden sein. Noch einmal bangen, noch einen letzten Freistoss schadlos überstehen und dann auch noch einen Eckball. Noch ein paar zusätzliche Sekunden dauert es, dann pfeift Howard Webb aus England ab. Das Spiel ist zu Ende, die Sensation perfekt. Die Schweiz schlägt Spanien in ihrem ersten Spiel an der WM-Endrunde 2010 in Durban mit 1:0. Ein Sieg gegen den amtierenden Europameister, gegen eines der stärksten Teams im Weltfussball dieser Zeit, mit Ausnahmespielern wie Xavi, Iniesta, Villa, Torres.

«Wir haben die Spanier aus dem Konzept gebracht», sagte eine halbe Stunde nach dem erlösenden Schlusspfiff der Schweizer Nationaltrainer Ottmar Hitzfeld. Wochenlang hatte er sein Team auf diese erste Aufgabe eingestimmt, mit eiserner Disziplin und grosser Hartnäckigkeit die Konzentration der Spieler aufgebaut, sich selbst bis in die letzte Faser seiner Mission verschrieben und den Gegner so detailiert analysiert, dass die Schweizer wussten, wie sie dem übermächtig scheinenden Widersacher am ehesten das Leben schwer machen könnten.

Es war eine hochgradig defensive Taktik, die Hitzfeld wählte, das Zentrum sollte mit allen Mitteln zugestellt werden, die «rote Zone», wie sie der Schweizer Trainer später nannte, jenes Areal zwischen gegnerischer Verteidigungs- und Mittelfeldlinie, in die die spanischen Ballkünstler mit ihrem blitzschnellen Kurzpassspiel einzudringen versuchen und in dem jeder taktische Defensivfehler bestraft wird. Und so arbeiteten die Schweizer akribisch an der Zerstörung des gegnerischen Aufbaus, zwangen die Spanier auf die Flügel, dort wo sie sich nicht ganz so wohl fühlten und Flanken schlagen mussten, bei denen die Schweizer Abwehr und ihr Torhüter Diego Benaglio eher die Optionen hatten, auf selber Höhe mitzuwirken.

Das ging auf, natürlich auch mit dem «nötigen Schlachtenglück», wie Hitzfeld erkannte. Es gab einige bange Momente

...weiz besiegt Spanien mit 1:0

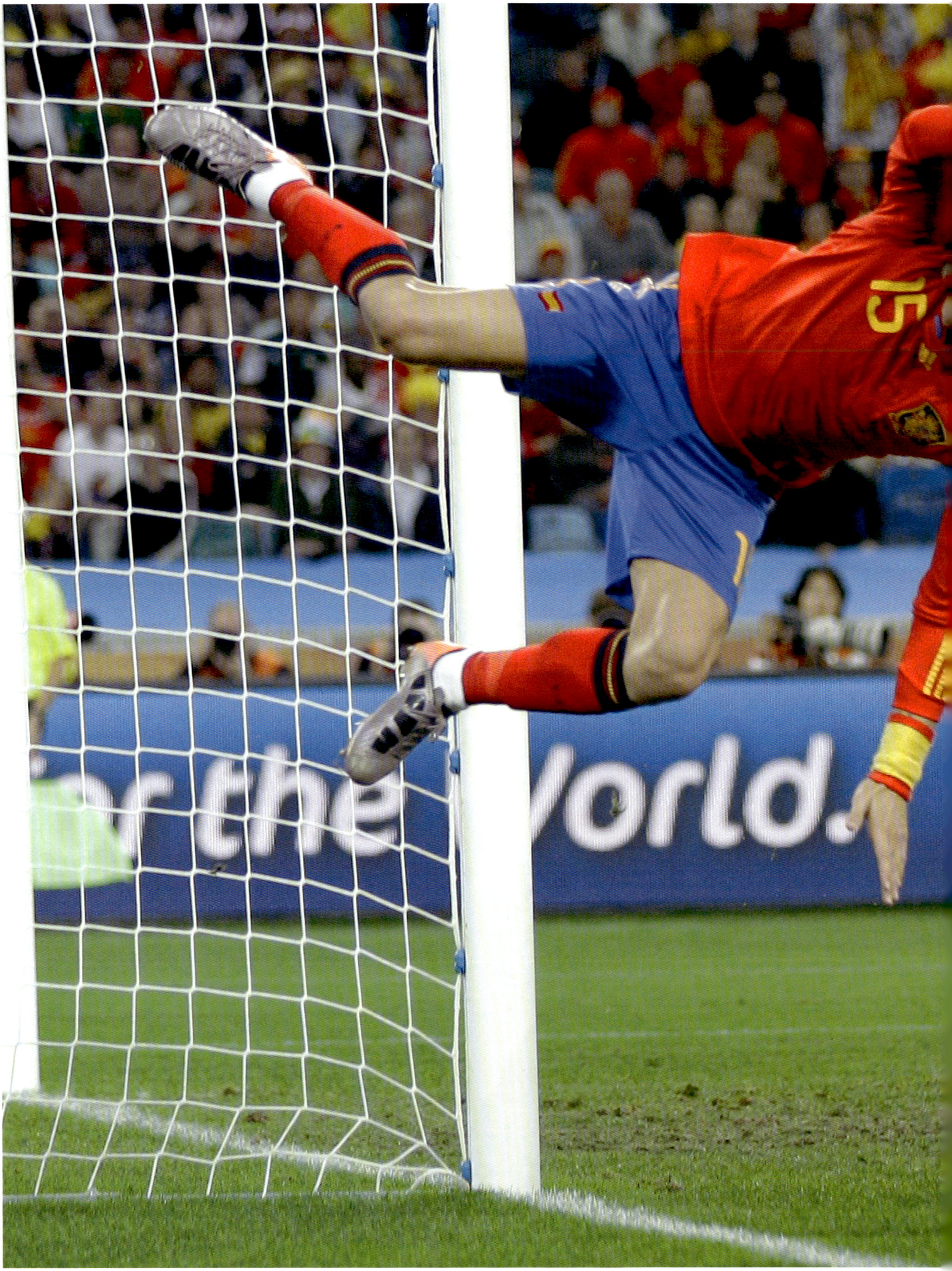
15
orld.

zu überstehen, aber Benaglio, der Schweizer Torhüter, war stark an jenem Nachmittag im Moses-Mabhida-Stadion, dieser wohl schönsten WM-Arena mit dem einzigartigen Bogen über dem Spielfeld, der den Weg vom gespaltenen zum vereinten Südafrika symbolisieren soll.
Benaglio stoppte die spanischen Angreifer mit gutem Herauslaufen, Hitzfeld attestierte seinem Keeper später eine «Weltklasse-Leistung in 1:1-Situationen». Auch die Innenverteidigung spielte solid, allen voran Stéphane Grichting, der aufräumte, als gäbe es nichts Einfacheres in dieser Fussballwelt, der sich in jeden Zweikampf warf, oft hart am Limit, und auch Glück hatte, als er mit seinem Zupfer gegen Andres Iniesta an der Strafraumgrenze nach einer halben Stunde als hinterster Mann nicht mehr als die Gelbe Karte sah.

«Ottmar Hitzfeld attestierte seinem Goalie Diego Benaglio im Spiel gegen Spanien eine ‹Weltklasse-Leistung in 1:1-Situationen›».

Zu jenem Zeitpunkt humpelte sein Abwehrpartner Philippe Senderos schon über den Platz, ein «Sliding Tackling» und ein Zusammenstoss mit Verteidigungskollege Stephan Lichtsteiner hatte seinen rechten Fuss so stark in Mitleidenschaft gezogen, dass es einige Minuten später für den Genfer nicht mehr weiterging. Senderos' Verstauchung im Fussgelenk sollte sich am Tag darauf als so stark herausstellen, dass an weitere WM-Spiele nicht mehr zu denken war. Steve von Bergen kam für ihn ins Spiel, und nach kleineren Anlaufschwierigkeiten fand auch er sich immer besser zurecht im engmaschigen Schweizer Abwehrnetz.
Die Schweizer, die den Spaniern eine Halbzeit lang alle Spielanteile überliessen (67% Ballbesitz waren es am Ende für die Iberer), überstanden die ersten 45 Minuten schadlos. Und das war letztlich die Basis, um in der zweiten Spielhälfte auch eigene Akzente zu setzen. Es lief die 52. Minute – und es sollte eine historische werden im Schweizer Fussball. Blaise Nkufo konnte den Ball mit dem Kopf zu Eren Derdiyok weiterleiten, der diesen gut 25 Meter vor dem Tor übernahm und die Szene später so beschrieb: «Zunächst konnte ich den Ball gut mitnehmen, dann aber legte ich

ihn mir eine Spur zu weit vor. Ich sah, dass Goalie Iker Casillas herausstürmte und ich sah im Augenwinkel auch, dass Gelson Fernandes links von mir mitlief. Ich versuchte irgendwie den Ball in die linke Richtung zu spitzeln, das gelang mir, ehe ich durch das Eingreifen von Casillas kräftig durch die Luft flog.» Hätte es kein Tor gegeben, es hätte Elfmeter geben müssen für diese rustikale Aktion Casillas', auch Piqué, der noch klären wollte, hätte mit seinem Handspiel einen Penalty verursacht, doch das war alles nicht mehr von Bedeutung, nachdem Gelson Fernandes den Ball im Tor untergebracht hatte. Es war das 1:0 für die Schweizer, es war jener «Lucky Punch», der dem Spiel letztlich die unerwartete Richtung verlieh.

Die Spanier erhöhten nach dem Rückstand den Druck; die eingewechselten Fernando Torres in der Spitze und Jesus Navas am rechten, offensiven Flügel brachten noch einmal viel Schwung. Doch noch immer rannten sie sich in der dichten Schweizer Defensive fest, sie verloren nach und nach ihr Konzept des schnellen Passspiels, sie mussten schiessen, flanken und sich auf Standardsituationen verlassen. Die Eckbälle hatten immer ihre Gefährlichkeit, meist landete der Ball im Rückraum bei Xabi Alonso, den man dort wirken liess und der auf diese Weise auch die grösste Ausgleichschance hatte (70.). Nach einem weiteren Corner kam er aus 16 Metern zum Schuss, doch stand ihm die Querlatte vor dem Glück. Mit den Minuten wuchs neben der Verzweiflung der Spanier auch die Gewissheit der Schweizer, dass sie an diesem Abend etwas Grosses vollbringen können. Sie steigerten noch einmal den Einsatz, sie kämpften leidenschaftlich – und kamen noch zu zwei ausgezeichneten Chancen. Eren Derdiyok setzte nach 74 Minuten zu einem grossartigen Sololauf an, umdribbelte alle Spanier und entschied sich, wenige Meter und alleine vor Iker Casillas, zu einem Schuss mit dem rechten Aussenrist, der nur am Pfosten landete. «Es wäre die Krönung gewesen», sagte Derdiyok nach der Partie. So bildete dann der Schlusspfiff die Krönung eines grossartigen Schweizer Fussballabends. Es war nach all den vielen Länderspieljahren, die 18 Partien gegen Spanien beinhalteten, der erste Sieg gegen die Iberer überhaupt. Und das in einem ausgesprochen delikaten Moment und gegen ein Spanien, das in den letzten Jahren eine unheimliche Serie hinlegen konnte. Es war der sportlich bedeutendste Sieg der Schweizer Länderspielgeschichte überhaupt (vgl. Kasten).

Der bedeutendste Sieg in der Geschichte des SFV

Es gibt in der Schweizer Länderspielgeschichte einige historische Momente und ein paar wenige Siege, die über allen anderen stehen. Der erste Länderspielsieg am 5. April 1908 auf dem Basler Landhof gegen Deutschland war sicher einer davon, noch wertvoller, weil unerwartet und auch von politischer Brisanz, war jedoch der 4:2-Erfolg bei der WM 1938 gegen das Grossdeutschland der Hitlerzeit. Das Team war mit einigen Spielern österreichischer Herkunft ergänzt worden und galt als beste Auswahl jener Tage, doch die Schweizer errangen im Wiederholungsspiel in Paris (die erste Partie war 1:1 ausgegangen) einen 4:2-Erfolg.

Bemerkenswert waren auch die beiden Siege gegen Italien an der WM 1954 im eigenen Land und natürlich das 4:1 der Schweizer an der WM 1994 in den USA gegen Rumänien, als die Rot-Weissen ihren ersten Sieg an einer WM-Endrunde seit 40 Jahren feiern konnten. Unvergessen bleiben auch der 2:1-Erfolg in der WM-Qualifikation am 30. Mai 1981 in Basel gegen England und das 1:0 gegen Italien (Torschütze am 1. Mai 1993 im Berner Wankdorf war Marc Hottiger) in der letzlich erfolgreichen WM-Qualifikation 1994.

Aber bei allem Respekt vor den Erfolgen vergangener Zeiten: Der 1:0-Sieg an der WM 2010 gegen Spanien ist in der Länderspielgeschichte der Schweiz der sportlich bedeutsamste Erfolg überhaupt. An einer WM-Endrunde errungen, gegen einen Gegner, der zu den besten Teams im Weltfussball zählt, der über eine Jahrhundertspielergeneration verfügt und als einer der ganz grossen Favoriten auf den Titel zur Endrunde in Südafrika angetreten ist.

2000 mitgereiste Schweizer Fans feierten in Durban eine lange, geschichtsträchtige Fussballnacht.

«Wir sind sehr stolz, den Europameister geschlagen zu haben. Wir haben mit unserem ganzen Herzen und unserer Seele gekämpft», fasste Captain Gökhan Inler den historischen Moment zusammen. Und Ottmar Hitzfeld sprach vom «schönen Gefühl, den unerwarteten drei Punkten und der grossen Befriedigung». Die rund 2000 Schweizer Fans, die im Stadion tatsächlich für einige Momente den Vuvuzela-Grundton zu überstimmen vermochten, feierten in Durban eine lange, geschichtsträchtige Fussballnacht.

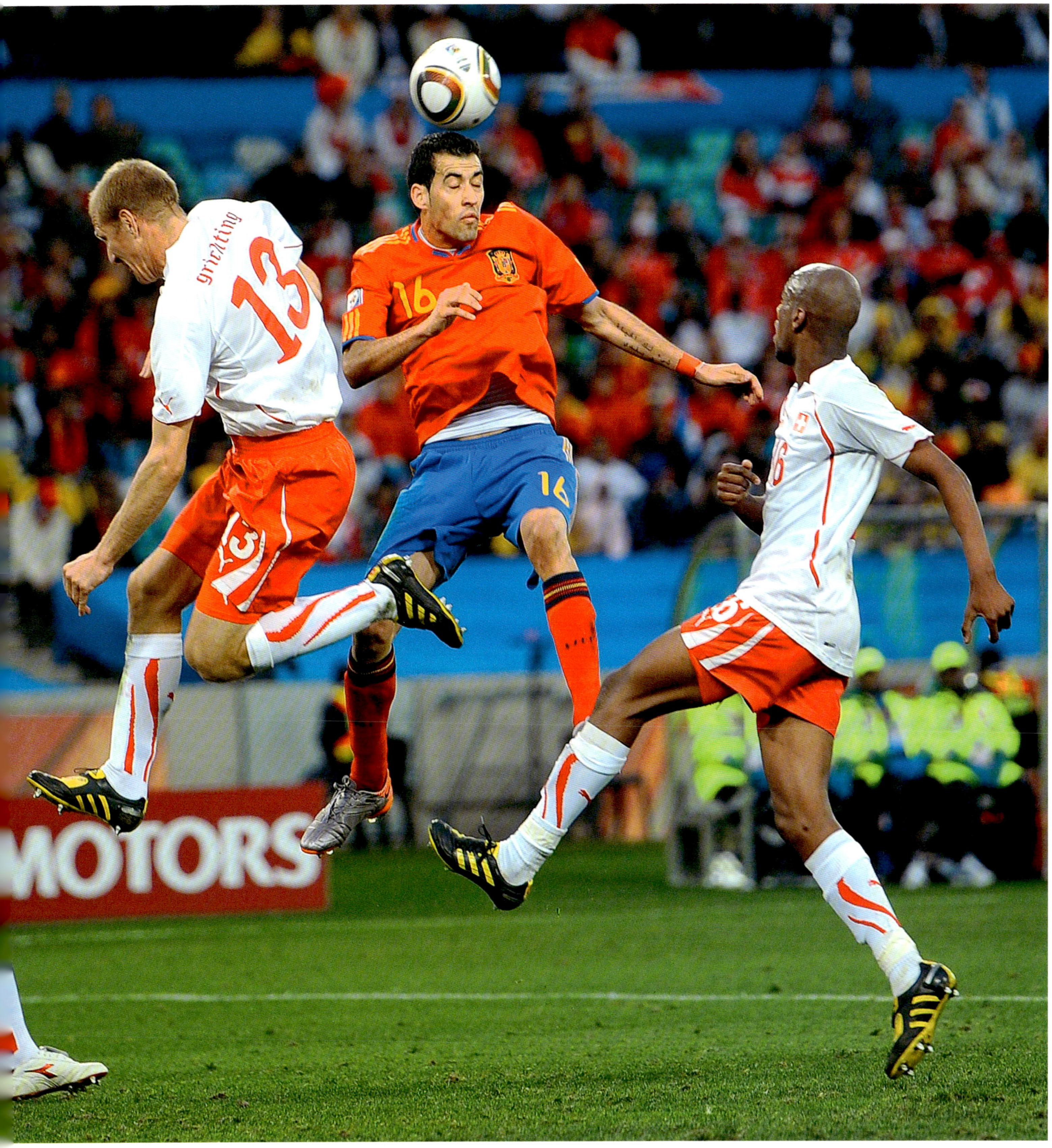
grichting
13
16
16
MOTORS

Eren Derdiyok – ein Stürmer für die gr

...sen Momente

Da war er also wieder, Eren Derdiyok, der Stürmer aus dem Basler Schützenmatte-Quartier, der einst im Schweizer Cup in einem Spiel gegen den FC Basel mit dem BSC Old Boys als 18-Jähriger das einzige Tor des Unterklassigen erzielen konnte. Einige Monate später war er selbst Spieler des FCB und wurde nach vielen Toren in der U21 in die erste Mannschaft von Christian Gross befördert. Der Aufstieg sollte sich unaufhaltsam fortsetzen – und Eren Derdiyok bewies, dass er stets dann ins Rampenlicht rücken kann, wenn die Bühne optimal hergerichtet ist.

Am 6. Februar 2008 machte er sein allererstes Länderspiel für die Schweiz, Schauplatz war das Londoner Wembley-Stadion, die Schweizer unterlagen mit 1:2, doch Derdiyok traf gleich bei seinem Debüt und reihte sich so in die kurze Liste von Schweizer Fussballern ein, die in dieser ehrwürdigen Fussballarena treffen konnten: Karl Odermatt war einer von ihnen, 1971 vor 100 000 Zuschauern beim 1:1, Joko Pfister bei der 1:2-Niederlage 1980, später auch Adrian Knup 1995 bei einem Testspiel und Kubilay Türkyilmaz bei der Eröffnung der EM 1996.

> «Am 6. Februar 2008 machte Derdiyok sein erstes Länderspiel für die Schweiz und traf im Wembleystadion».

Derdiyok traf im Herbst 2008 für den FC Basel beim 1:1 in der Champions League im Camp Nou gegen den FC Barcelona – und als er im Sommer 2009 zu Bayer Leverkusen wechselte, lieferte er, mit dem zu Beginn niemand als Stammspieler gerechnet hatte, mit vielen Toren Argumente für eine starke Saison. Nun also war Derdiyok in Abwesenheit der verletzten Stürmer Marco Streller und Alex Frei auch beim historischen 1:0-Auftaktsieg gegen Spanien an der WM 2010 in der Verfassung, die ihm Entscheidendes gelingen liess. Zwar für einmal nicht als Torschütze, aber mit der kraftvollen Vorbereitung für das goldene Tor Gelson Fernandes' in Durban. Hätte er einige Tage später seine grosse Ausgleichschance zum 1:1 gegen Chile verwerten können, er hätte einen weiteren grossen Moment zählen dürfen.

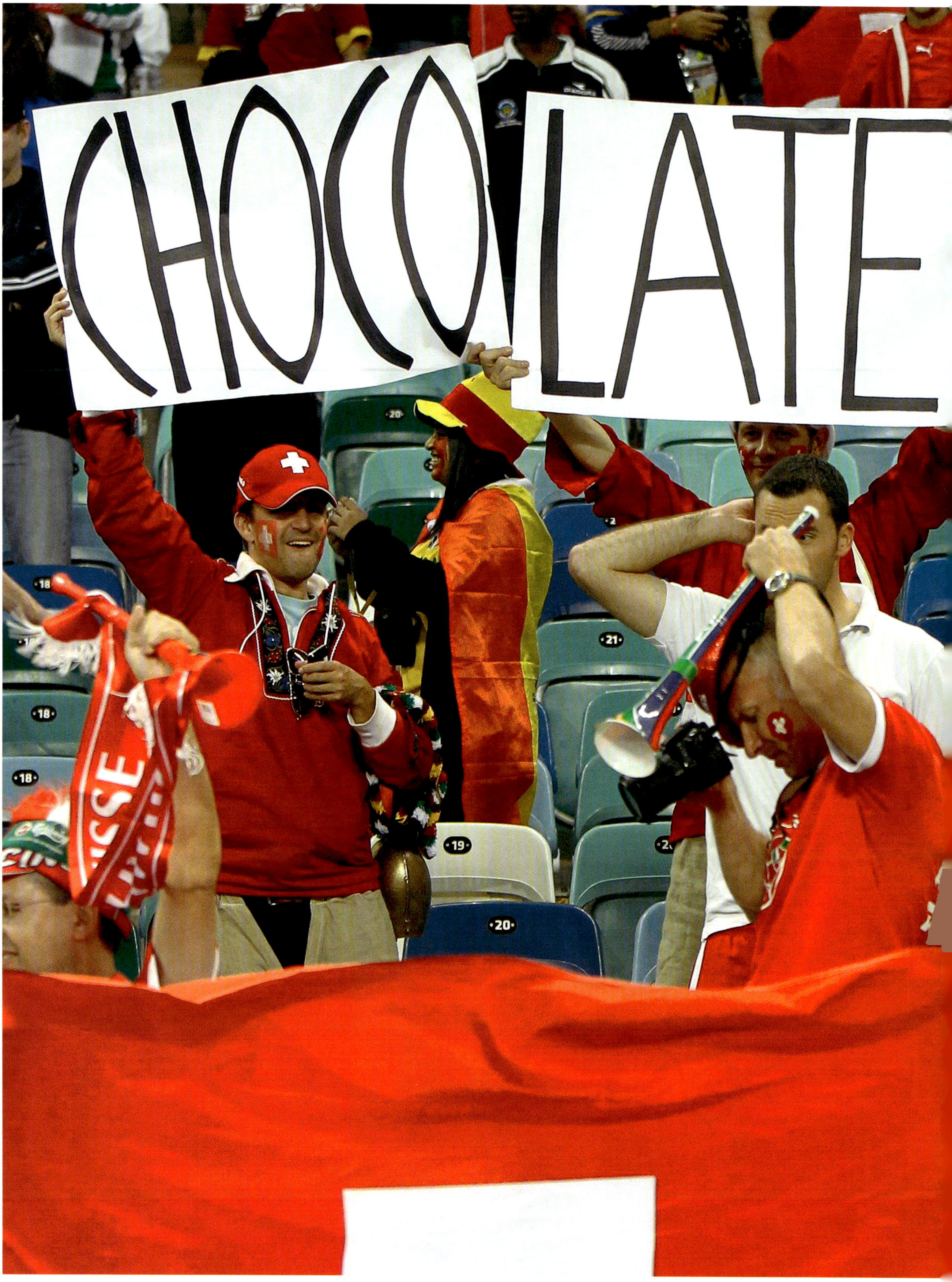
CHOCO
LATE

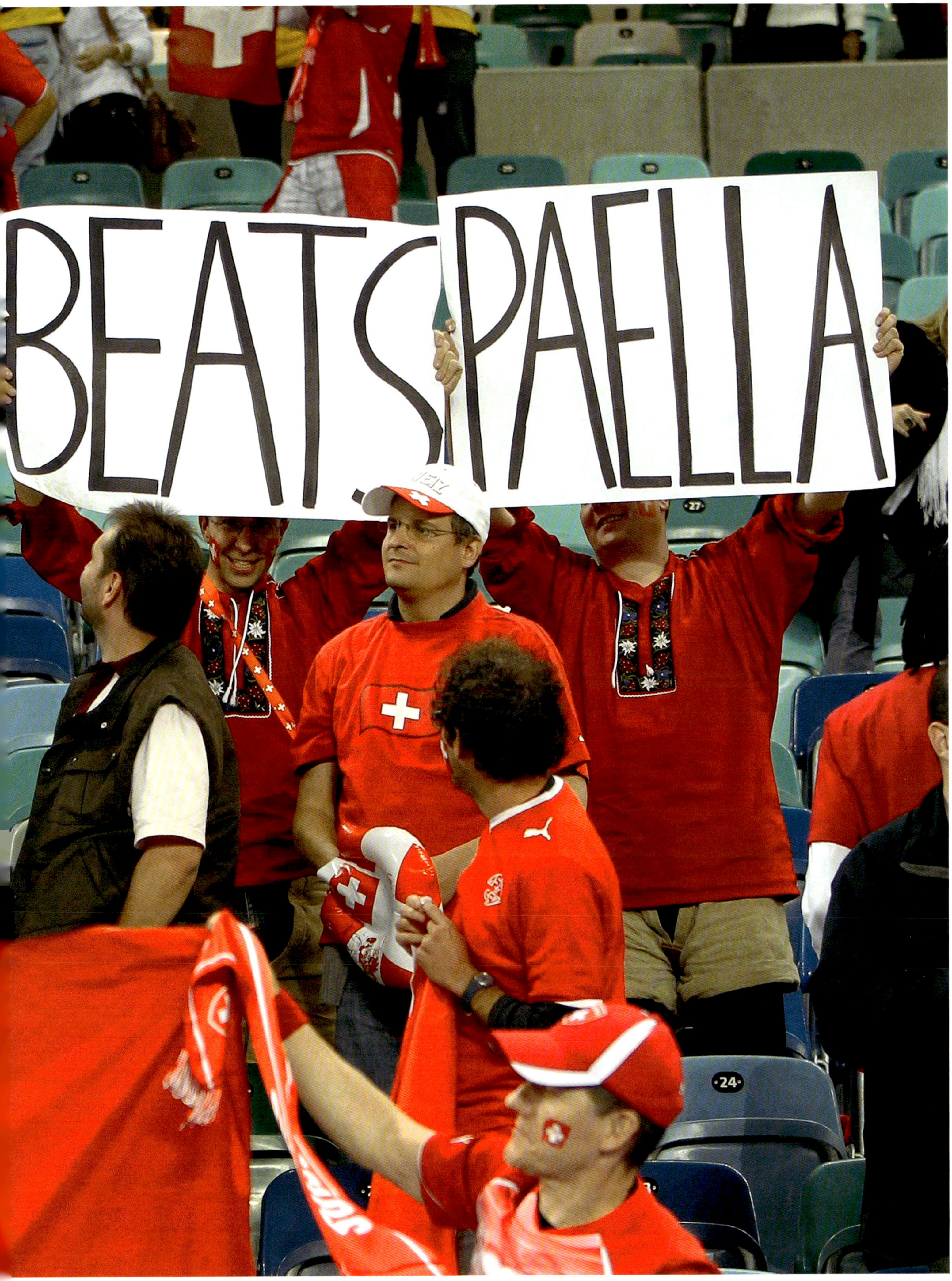
BEATS
PAELLA
24
27

Spanien–Schweiz 0:1 (0:0)

Aufstellung Schweiz: Diego Benaglio; Stéphane Grichting, Philippe Senderos, Stephan Lichtsteiner, Reto Ziegler; Benjamin Huggel, Gökhan Inler; Gelson Fernandes, Tranquillo Barnetta; Eren Derdiyok, Blaise Nkufo.

Aufstellung Spanien: Iker Casillas; Sergio Ramos, Gerard Piqué, Carles Puyol, Joan Capdevila; Busquets, Xabi Alonso; David Silva, Xavi Hernandez, Andres Iniesta; David Villa.

Stadion.
Durban Stadium.
62 453 Zuschauer.

Schiedsrichter.
Howard Webb (England).

Tor.
52. Gelson Fernandes 0:1. Die Schweizer kommen zu einem ihrer raren Konter. Nkufo lanciert Eren Derdiyok, der mit dem Ball in den Strafraum eindringt und kurz vor Casillas Eingreifen noch nach links legen kann. Dann schafft Gelson Fernandes im zweiten Anlauf aus kurzer Distanz den Siegtreffer.

Einwechslungen.
Schweiz: 36. von Bergen für Senderos. 79. Yakin für Derdiyok. 92. Eggimann für Barnetta.
Spanien: 61. Torres für Busquets. 61. Navas für Silva. 77. Pedro für Iniesta.

Bemerkungen.
Schweiz ohne Frei und Behrami (Trainingsrückstand nach Verletzungen). Fünf Minuten Nachspielzeit in der zweiten Halbzeit. 36. Senderos und 77. Iniesta verletzungsbedingt ausgeschieden. – Verwarnungen: 30. Grichting, 73. Ziegler (beide Foul), 91. Benaglio (Zeitspiel), 92. Yakin (Foul).

Spanien		Schweiz
0	Gelbe Karten	4
0	Rote Karten	0
8	Schüsse aufs Tor	3
16	Fehlschüsse	5
8	Begangene Fouls	21
12	Eckstösse	3
2	Abseits	1
42'39''	Ballbesitz in Zeit	25'22''
63%	Ballbesitz in Prozent	37%

Man of the match.
Gelson Fernandes (Schweiz). Er war mit 12 244 Metern auch der beste Läufer auf dem Platz.

Ottmar Hitzfeld, Trainer Schweiz

«Ja, wir haben heute Geschichte geschrieben. Es sind drei unerwartete Punkte gegen den Topfavoriten, die wir natürlich gerne annehmen. Vor allem, weil wir eine sehr gute Leistung gezeigt haben. Wir waren perfekt organisiert, aber man braucht in einem solchen Spiel auch das nötige Schlachtenglück.»

Vicente del Bosque, Trainer Spanien

«Das war eine Überraschung. Es war nicht unser Tag. Uns hat auf den letzten Metern die Präzision gefehlt, obwohl wir dominiert haben. Aber wir haben diese Weltmeisterschaft selbstverständlich noch nicht aufgegeben. Jetzt ist es unsere Aufgabe, die nächsten beiden Spiele gegen Honduras und gegen Chile zu gewinnen und damit noch in die nächste Runde einzuziehen.»

Gelson Fernandes

«Ein Traum ist in Erfüllung gegangen. Wir haben sehr solidarisch gespielt. Jetzt gilt es, auf dem Boden zu bleiben. Heute Abend können wir uns freuen, aber bereits morgen geht die Arbeit weiter.»

Diego Benaglio

«Ottmar Hitzfeld hat uns gesagt, dass wir keinen Druck hätten, dass wir nicht der Favorit seien. Das war gut für uns. Am Ende ging unsere Rechnung auf. Wir hatten in ein paar Szenen Glück, aber wir hätten auch das zweite Tor erzielen können. Die Mannschaft glaubte an sich, das hat man von Beginn weg gesehen.»

Stephan Lichtsteiner

«Es war ein nahezu perfektes Spiel. Natürlich gab es zwei, drei Situationen, die wir besser hätten lösen können, aber alles in allem haben wir eine hervorragende Partie gezeigt. Wir haben auch probiert zu spielen und konnten immer wieder gefährliche Konter fahren. Es ist ein Traum, aber dieser soll nun weitergehen. Dafür müssen wir auf dem Boden bleiben und das Vertrauen aus diesem Spiel mitnehmen. Auch gegen Chile wollen wir gewinnen.»

0:1 gegen Chile – ein Spiel, in dem die

...hweizer fast nur untendurch mussten

Port Elizabeth, 21. Juni 2010, 16.00 Uhr

Chile–Schweiz 1:0 (0:0)

«Der Trainer muss sich vor einem Spiel entscheiden, die Analyse aber passiert nach dem Spiel», sagte Ottmar Hitzfeld nach dem zweiten WM-Gruppenspiel der Schweizer gegen Chile, das mit 0:1 verloren ging.

In den Tagen nach dem historischen Erfolg gegen Spanien war spekuliert worden, wie sich der Coach in zwei Personalfragen entscheiden würde. Sollte der Schweizer Nationaltrainer die fünf Tage zuvor nach ihren Verletzungspausen noch nicht wieder eingesetzten Alex Frei, er immerhin der Captain des Teams, und Valon Behrami wieder in die Startformation beordern und Eren Derdiyok und Tranquillo Barnetta ablösen, die ihre Aufgaben zur grossen Zufriedenheit erfüllt hatten? Oder sollte Hitzfeld, der erfolgreiche Mannschaften nicht gerne umstellt, an der Spanien-Formation festhalten?

Er liess die Karten bis zuletzt zugedeckt, spielte mit den Varianten und sagte am Tag vor der Partie sogar, dass es durchaus möglich sei, dass er «mit einem, zwei oder gar drei Stürmern» antreten würde. «Hitzfeld schockt Frei», titelte der Blick noch am Spieltag in grossen Lettern, andere wussten aus bestens informierten Tessiner Quellen, dass Behrami sicher nicht von Anfang an auflaufen werde. Letztlich aber entschied sich Hitzfeld zur Reintergration beider Spieler …

Alex Frei begann als hängende Spitze hinter Blaise Nkufo, Valon Behrami im rechten Couloir. Und genau dort, wenige Meter vor den Augen von Hitzfeld und der Schweizer Bank, sollte sich jene Szene abspielen, die das Spiel gegen Chile komplett auf den Kopf stellte: Behrami ruderte kräftig mit den Armen, als er sich von Arturo Vidal lösen und den Ball verteidigen wollte. «Ich berührte ihn mit der Hand, das war klar», sagte er später, doch niemals hätte er damit gerechnet, was dann passierte. Vidal liess sich – «unfair und theatralisch», wie Hitzfeld später monierte – fallen und das Schiedsrichtergespann, Ref Khalil Al Ghamdi aus Saudi-Arabien und sein eifriger Assistent Hassan Kamranifar aus dem

Iran, entschied sich dafür, die Szene als Tätlichkeit zu werten. Die Rote Karte gegen Behrami brachte Hitzfeld so sehr auf, dass er sich nach der Partie zu einer Aussage gezwungen sah, die für ihn doch eher untypisch ist: «Es gibt Schiedsrichter, die pfeifen auf dem Fussballplatz – und es gibt Schiedsrichter, die pfeifen am Strand.» Captain Gökhan Inler merkte an: «Ich respektiere jedes Land und jeden Schiedsrichter, aber dieses Mal ist es etwas schwieriger.» Ein Zeichen der Überforderung des Schiedsrichters war auch seine Hemmschwelle bei der Verteilung von Karten: Neun Gelbe und eine Rote in einem sehr fair geführten Spiel waren eindeutig zu viel.

«Es gibt Schiedsrichter, die pfeifen auf dem Fussballplatz, und solche, die pfeifen am Strand.»

Mit dem Platzverweis sorgte Behrami – bittere Ironie des Schicksals von Hitzfelds Personalentscheidungen – gleichzeitig dafür, dass auch Alex Freis Minuten auf dem Feld gezählt waren. Denn auf die Position des rechten Aufbauers, die er für die ersten Augenblicke in Unterzahl von Behrami übernahm, gehört der Captain definitiv nicht. Noch vor der Pause ersetzte Tranquillo Barnetta seinen Kollegen, der damit unfreiwillig ein weiteres Kapitel seiner nun schon langen Reihe von Unglücksfällen an fussballerischen Grossanlässen schreiben musste. Wortlos ging der Basler Stürmer nach der Partie denn auch an den wartenden Journalisten vorbei. Die «starke Enttäuschung», die Hitzfeld nach der Niederlage in der Schweizer Kabine ausgemacht hatte, ist bei einem stark erfolgsorientierten Spieler wie Frei immer besonders ausgeprägt.

Der Platzverweis änderte das Verhalten der Schweizer nicht unbedingt; aber es machte die von Anfang an ähnlich dem Spiel gegen Spanien gewählte, defensive Grundhaltung nicht einfacher. Zu zehnt die Räume zuzustellen, war gegen die wendigen und offensiv kreativen Chilenen noch eine Spur intensiver als in Vollbesitz der Kräfte. Und die Unterzahl raubte den Schweizern auch jegliche Aussicht, offensive Entlastungen zu schaffen. Zu sehr war man mit der Arbeit am eigenen Strafraum beschäftigt, und Blaise Nkufo führte als

133

alleinige Spitze ein einsames und aussichtsloses Leben. Am Ende mussten die Schweizer nüchtern konstatieren, dass sie nicht ein einziges Mal aufs gegnerische Tor schiessen konnten. Immerhin fünf Versuche gingen in Richtung des Abschlussziels.

Die Chilenen hatten viele Chancen, eine «doppelte» zwar nur vor dem Platzverweis, als Arturo Vidal und danach Carlos Carmona mit ihren Distanzschüssen am Schweizer Torhüter Diego Benaglio scheiterten. Eine weitere folgte vor der Pause, als der sichtlich an mangelnder Spielpraxis leidende Humberto Suazo einen Kopfball nicht optimal platzieren konnte. Doch nach der Pause häuften sich die Szenen im Schweizer Strafraum; bedingt auch durch Fehler in der Defensive. Insgesamt war doch festzustellen, dass die Schweizer mit einem Mann weniger kämpferisch zwar alles versuchten, dass ihnen in den Zweikämpfen, im Defensivverhalten und auch bei der offensiven Entlastung aber doch jene Intensität abging, die ihr Spiel noch gegen Spanien geprägt hatte. Vieles davon war natürlich der personellen Unterzahl geschuldet, aber Hitzfeld musste nach dem Schlusspfiff auch anmerken, dass «unser Passspiel zu fehlerhaft war».

> **«Den Schweizern fehlte im Spiel gegen Chile in Unterzahl die offensive Entlastung.»**

Schon gegen Honduras hatten die Chilenen ihre deutliche Überlegenheit nur in einen einzigen Treffer ummünzen können, nun schienen sie sich mit den fortschreitenden Minuten auch gegen zehn Schweizer immer schwerer zu tun. Der WM-Rekord der Rot-Weissen war nach 67 weiteren Minuten ohne Gegentor schon erreicht (vgl. separaten Artikel auf Seite 138), als ein umstrittener Treffer doch noch die Entscheidung zugunsten der Südamerikaner bringen sollte. Esteban Paredes lief sich in die Tiefe frei und stand bei Ballabgabe, so zeigte es die imaginäre Linie am Fernsehen, vermutlich hauchdünn im Offside. Er überspielte Benaglio, der aus dem Tor gelaufen war und hob den Ball von rechts geschickt über alle Schweizer Defensivspieler hinweg zum Kollegen Mark Gonzalez, der freistehend einköpfeln konnte. Das war das 0:1 – es war letztlich eine verdiente Führung. Das fand auch Chiles Trainer Marcelo Bielsa, der den Eindruck gewonnen hatte, «wir sind die ganz Zeit über in Ballbesitz gewesen».

Die Schweizer waren trotz dem Rückschlag noch zu einer Reaktion fähig. Sie versuchten sich jetzt auch in der gegnerischen Platzhälfte, doch natürlich war es unter den Umständen nicht möglich, eine längere Druckphase aufrechtzuerhalten. Eine ganz grosse Ausgleichsmöglichkeit gab es noch: Es waren schon fast 90 Minuten gespielt, als der eingewechselte zweite Stürmer Albert Bunjaku den Ball Eren Derdiyok auflegte, der aus zwölf Metern relativ freistehend zum Abschluss kam, aber knapp am linken Pfosten vorbei schoss.

Es war eine Chance, die sich der Skorer in aller Regel nicht entgehen lässt. «Ich war etwas überrascht, dass der Ball noch zu mir kam und ich hatte einen schlechten Stand. Ich überlegte zudem, ob ich den Ball noch annehmen soll oder nicht. Das war alles etwas zu viel, ich hätte kaltblütig den ersten Gedanken ausführen müssen», sagte Derdiyok, dem es leidtat, der Mannschaft nicht noch den erhofften «Lucky Punch» gebracht zu haben, so wie ihm das in der Vorbereitung des goldenen Treffers gegen Spanien noch gelungen war.

Auch Ottmar Hitzfeld hatte angesichts der guten Position Derdiyoks schon zum Jubel angesetzt, rutschte beinahe aus – und bekam gerade noch mit den Händen die seitliche Stange der Trainerbank zu fassen, bevor er enttäuscht in die Knie sank.

Er wusste in jenem Moment, dass «dieses 1:1 ein Riesenschritt in Richtung Achtelfinals» gewesen wäre – auch der zugegebenermassen hohe Lohn für eine kämpferische Leistung in Unterzahl. Aber es sollte nicht sein an jenem Abend im Nelson Mandela Bay Stadion von Port Elizabeth, wo nach einem wunderbaren Sonnentag auffrischender Wind für kühle Bedingungen gesorgt hat.

Die Schweizer zogen sich wie nach der Partie gegen Spanien noch am Spielabend in ihr Camp nach Vanderbijlpark zurück und schüttelten die Niederlage aus den Beinen und den Köpfen. Denn noch hatten sie nach zwei von drei Gruppenspielen alle Optionen, die Achtelfinals doch noch zu erreichen – Mit einem Zwei-Tore-Erfolg gegen Honduras.

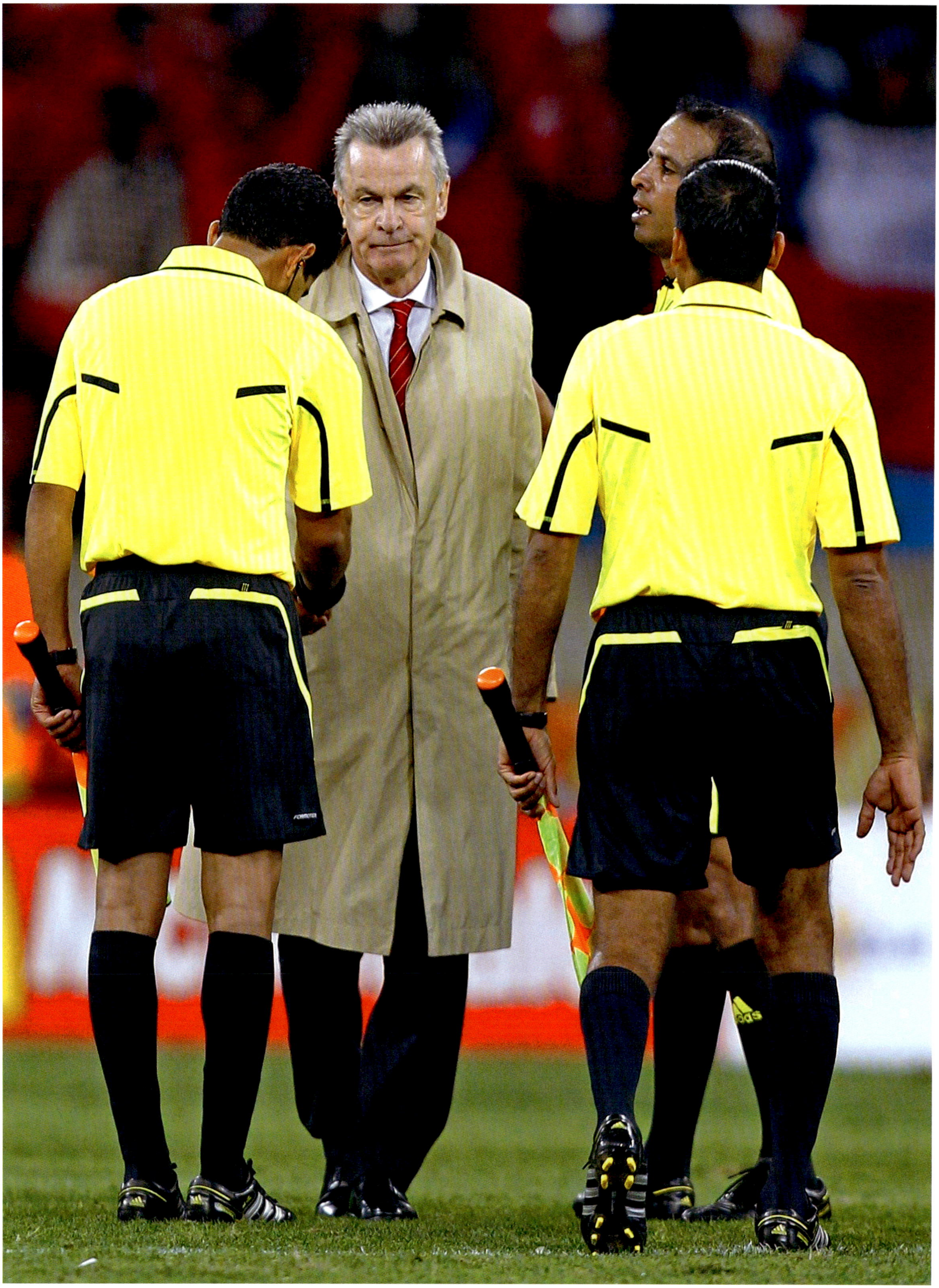

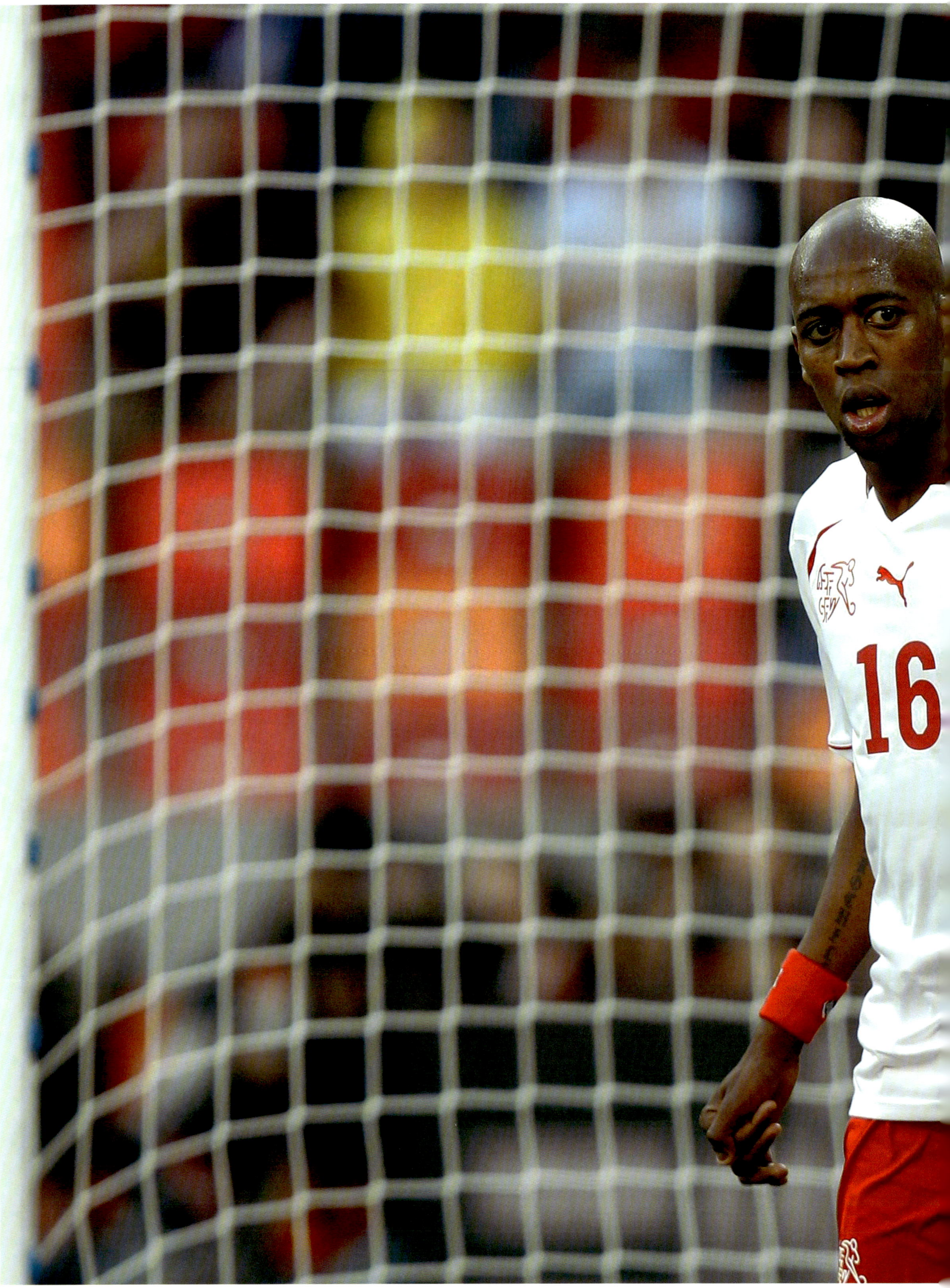

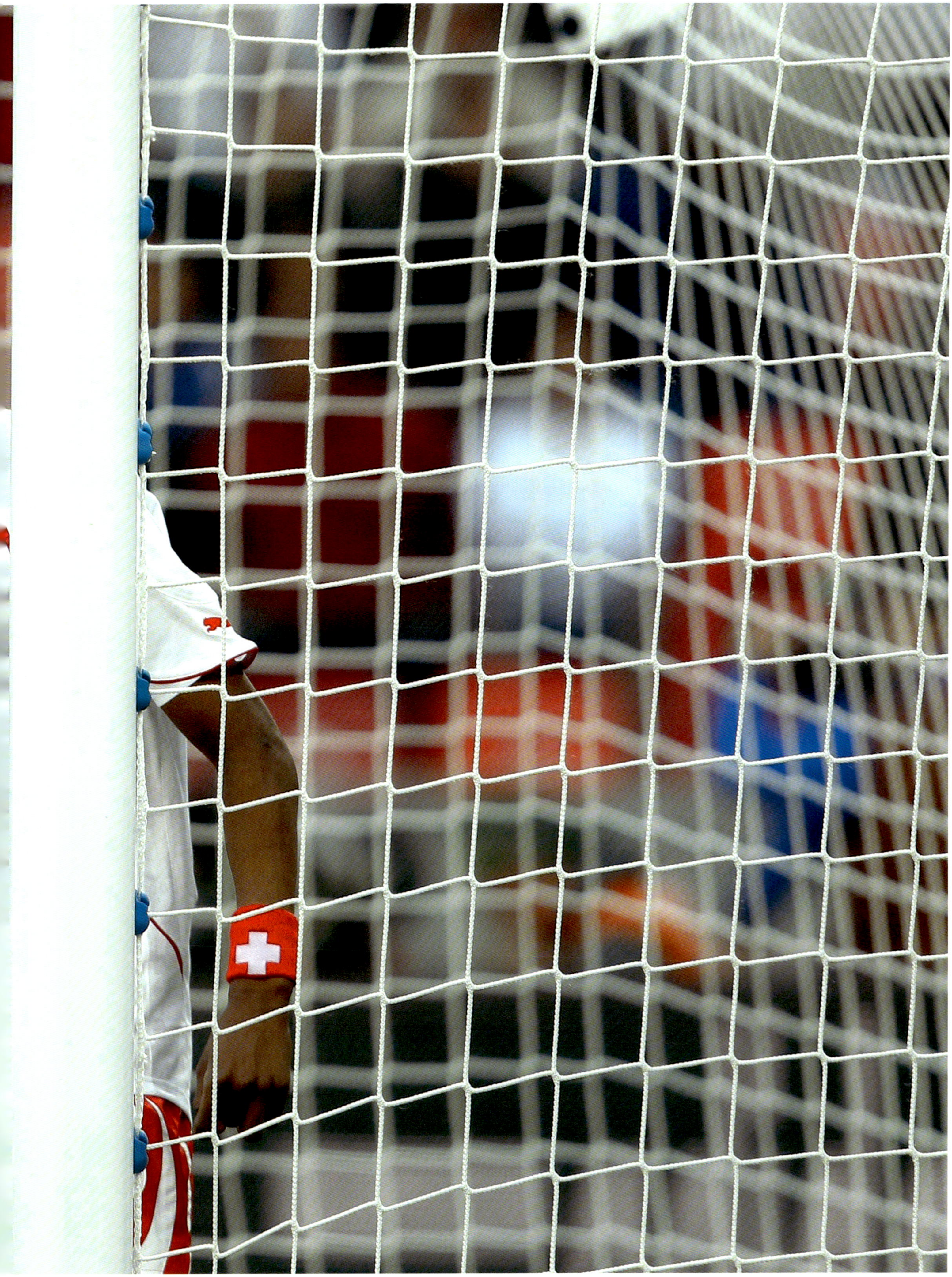

559 Minuten ohne Gegentor: Wie die S

Die Basis wurde an der WM 2006 in Deutschland gelegt. Dort war das damals noch von Köbi Kuhn betreute Schweizer Team in drei Gruppenspielen gegen Frankreich (0:0), Togo (2:0) und Südkorea (2:0) und in 120 Minuten im Achtelfinal gegen die Ukraine (0:0) ohne einen Gegentreffer geblieben – und Pascal Zuberbühler damit zum in dieser Beziehung erfolgreichsten WM-Torhüter aller Zeiten avanciert. Hochgerechnet mit den vier verbliebenen Minuten aus dem WM-Achtelfinal 1994 in den USA gegen Spanien, als Txiki Beguiristain in der 86. Minute das 3:0 und damit den letzten WM-Gegentreffer gegen die Schweiz für eine halbe Fussballewigkeit hatte erzielen können, mit den 90 Minuten des ersten WM-Spiels 2010 gegen Spanien und den 75 Minuten bis zum 0:1 gegen Chile ergeben sich so total 559 Minuten ohne einen Minustreffer.

Die Schweizer Defensive hat damit den bisherigen Rekord Italiens übertroffen, das zwischen dem Achtelfinal der WM 1986 und dem Halbfinal 1990 ebenfalls beachtliche 550 Minuten lang ohne ein hingenommenes Tor überstehen konnte. 16 Jahre oder eben 559 Spielminuten nach Marco Pascolo musste sich nun Goalie Diego Benaglio wieder einmal nach einem Ball im eigenen Schweizer Tor bücken – in der Enttäuschung einer dadurch resultierenden Niederlage gegen Chile zwar, aber doch mit der Gewissheit, dass die Schweiz nun nach einem negativen auch einen positiven WM-Rekord vermerken darf: Denn auf jenen, als einziges Team der WM-Geschichte in einem Elfmeterschiessen (Achtelfinal 2006 gegen die Ukraine) keinen geglückten Versuch verzeichnen zu dürfen, war bestimmt niemand stolz.

Der Schweizer WM-Rekord

WM-Spielfolge ohne Gegentreffer

2. Juli 1994	Spanien – Schweiz (Achtelfinal) 3:0	4'
13. Juni 2006	Frankreich – Schweiz 0:0	90'
19. Juni 2006	Togo – Schweiz 0:2	90'
23. Juni 2006	Schweiz – Südkorea 2:0	90'
26. Juni 2006	Schweiz – Ukraine 0:0 n.V.	120'
16. Juni 2010	Spanien – Schweiz 0:1	90'
21. Juni 2010	Chile – Schweiz 1:0	75'
Total		**559'**

hweizer einen WM-Rekord aufstellten

Chile – Schweiz 1:0 (0:0)

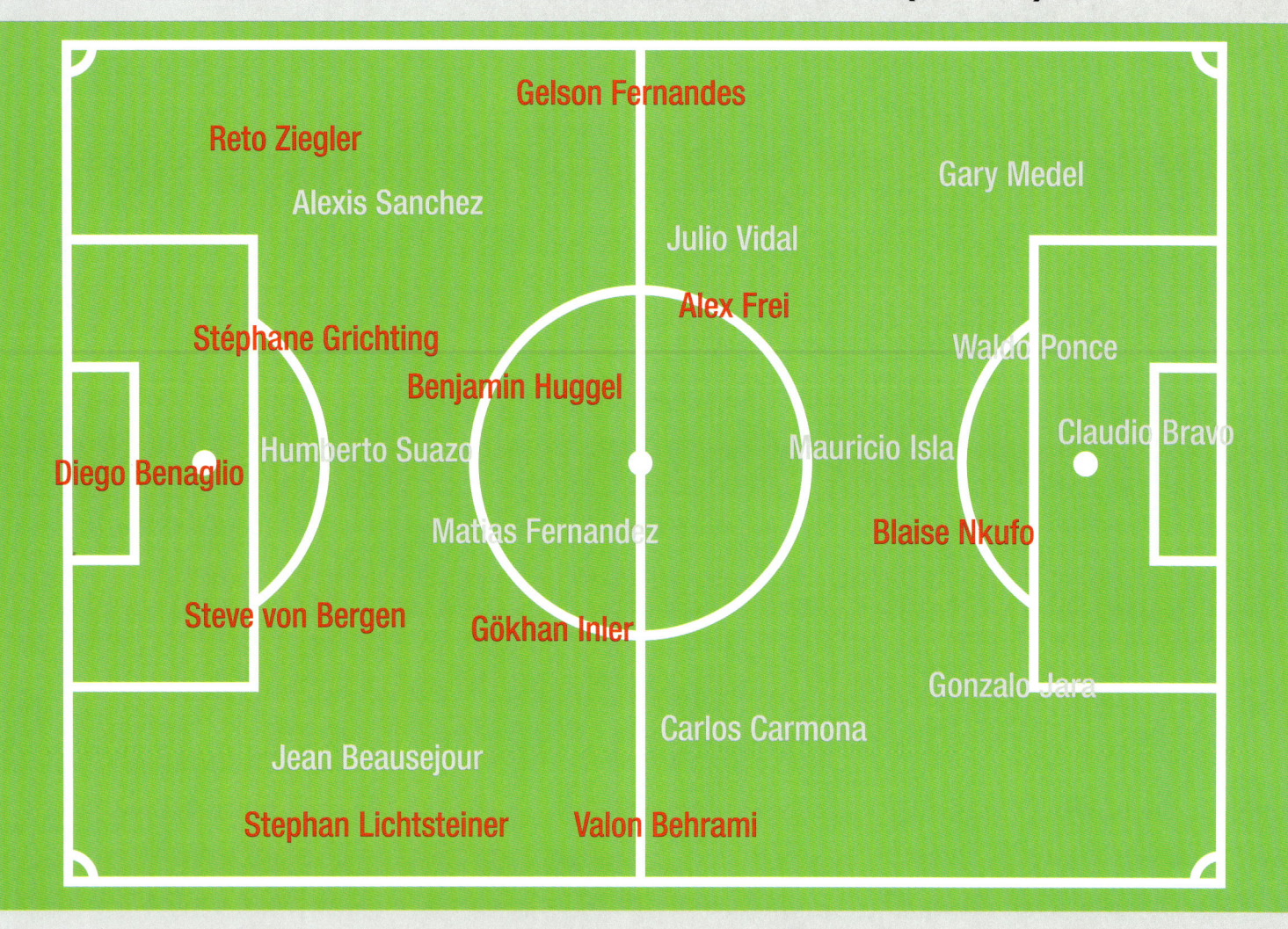

Aufstellung (Schweiz, rot): Diego Benaglio; Reto Ziegler, Stéphane Grichting, Steve von Bergen, Stephan Lichtsteiner; Gelson Fernandes, Benjamin Huggel, Gökhan Inler, Valon Behrami; Alex Frei, Blaise Nkufo.

Aufstellung (Chile): Claudio Bravo; Waldo Ponce, Gary Medel, Gonzalo Jara; Mauricio Isla, Julio Vidal, Carlos Carmona, Jean Beausejour; Alexis Sanchez, Humberto Suazo, Matias Fernandez.

Stadion.
Nelson Mandela Bay Stadium, Port Elizabeth.
34 872 Zuschauer.

Schiedsrichter.
Khalil Al Ghamdi (Saudi-Arabien).

Tor.
75. Mark Gonzalez 1:0. Die Schweizer spielten schon lange in Unterzahl, dann waren sie für einen Augenblick zu offen. Paredes lief sich an der Offsidelinie ideal frei, umspielte Benaglio und flankte über alle Schweizer Verteidiger hinweg zu Gonzalez, der mit einem Kopfballaufsetzer zum 1:0 traf.

Einwechslungen.
Schweiz: 42. Barnetta für Frei. 68. Derdiyok für Nkufo. 77. Bunjaku für Fernandes.
Chile: 46. Valdivia für Suazo. 46. Gonzalez für Vidal. 65. Paredes für Fernandez.

Bemerkungen.
Schweiz ohne Senderos (verletzt). – Platzverweis: 31. Behrami (Ellbogeneinsatz gegen Vidal). – Verwarnungen: 2. Suazo (Foul). 18. Nkufo (Foul). 22. Carmona (Foul/gegen Spanien gesperrt). 25. Ponce (Unsportlichkeit). 48. Barnetta (Foul). 60. Inler (Foul) und Fernandez (Unsportlichkeit/gegen Spanien gesperrt). 61. Medel (Unsportlichkeit). 92. Valdivia (Unsportlichkeit). – 49. Tor von Sanchez aberkannt (Offside).

Chile		Schweiz
6	Gelbe Karten	3
0	Rote Karten	1
7	Schüsse aufs Tor	1
13	Fehlschüsse	6
19	Begangene Fouls	26
5	Eckstösse	3
9	Abseits	0
41' 17''	Ballbesitz in Zeit	30' 31''
58%	Ballbesitz in Prozent	42%

Man of the match.
Mark Gonzalez (Chile). Der eingewechselte Offensivspieler erzielte den entscheidenden Treffer dieser Partie.

Ottmar Hitzfeld, Trainer Schweiz

«Die erste halbe Stunde hatten wir die Lage gut im Griff, danach wurde es in Unterzahl sehr schwierig. Die Rote Karte war für mich keine Rote Karte, Vidal ist sehr theatralisch zu Boden gegangen, ich empfand das als unfaire Aktion des Spielers. Wir hätten in Gleichzahl sicher bessere Chancen gehabt und wären defensiv stabiler geblieben. Am Ende hatte Eren Derdiyok die grosse Chance zum 1:1, das wäre für uns ein Riesenschritt in Richtung Achtelfinals gewesen. Aber wir haben die Stärke, uns gegen Honduras noch zu qualifizieren.»

Marcelo Bielsa, Trainer Chile

«Ich hatte irgendwie das Gefühl, dass wir die ganze Zeit über in Ballbesitz gewesen seien. Wir haben uns sehr viele Chancen erarbeitet, aber leider nur ein Tor erzielen können. Wenn man auf diesem Niveau eine ganze Stunde lang in Überzahl spielen kann, müsste eigentlich mehr herausschauen. Auf der anderen Seite hat am Ende nur wenig gefehlt und wir hätten sogar noch das 1:1 hinnehmen müssen.

Was die Qualifikation betrifft wollen wir uns nicht auf das verlassen, was noch nicht entschieden ist.»

Valon Behrami

«Der Platzverweis war schlecht für mich, aber noch mehr fürs ganze Team. Ich hatte schon vor der Roten Karte oft das Gefühl, der Schiedsrichter pfeift und ich weiss nicht warum. Beim Zweikampf gegen Vidal gab es natürlich Kontakt, ich schiebe ihn mit den Händen nach hinten, aber es war niemals eine Tätlichkeit.»

Gökhan Inler

«Ich respektiere jedes Land und jeden Schiedsrichter, aber diesmal ist es etwas schwieriger. Wir lieferten ein Weltklasse-Spiel gegen Spanien ab, dieses Mal war das sicher nicht ganz so.»

Urs Meier, Ex-FIFA-Schiedsrichter und ZDF-Experte

«Es wird zwar mit Haken und Ösen gekämpft, aber das war keine Tätlichkeit, die Rote Karte übertrieben.»

Vor dem Spiel gegen Honduras: die S

weizer auf Tuchfühlung mit dem Tor

Welch bitterer Moment – das WM-Aus

Bloemfontein, 25. Juni 2010, 20.30 Uhr

Honduras–Schweiz 0:0

Am Ende legten sich die Schweizer Nationalspieler flach auf den Boden. Der (tadellose) argentinische Schiedsrichter Baldassi hatte die Partie der Rot-Weissen gegen Aussenseiter Honduras abgepfiffen – und damit gleichzeitig die WM 2010 für die Schweizer beendet.

Welch ein Frust! Nachdem sich Ottmar Hitzfeld mit seinem Team durch das 1:0 gegen Spanien ein ideales Sprungbrett in die Achtelfinals gebastelt hatte, mussten sie die Heimreise antreten, statt in der K.o.-Phase die Brasilianer herausfordern zu dürfen. Es hätte einer der grössten WM-Showdowns der Schweizer Fussballgeschichte werden können – aber eben: hätte.

Am Ende fehlten den Schweizern zwei Punkte und ein Sieg mit zwei Toren Differenz zum Weiterkommen. Und ehrlich gesagt: Sie waren ziemlich weit von diesen beiden Treffern entfernt, die für Chile das Aus in der Gruppenphase bedeutet hätten. Letztlich reichte den Südamerikanern ein 1:2 gegen Spanien, um Platz 2 in der Gruppe zu belegen, und auch die Iberer riskierten in ihrem abschliessenden Grupach einem 0:0 gegen Honduras

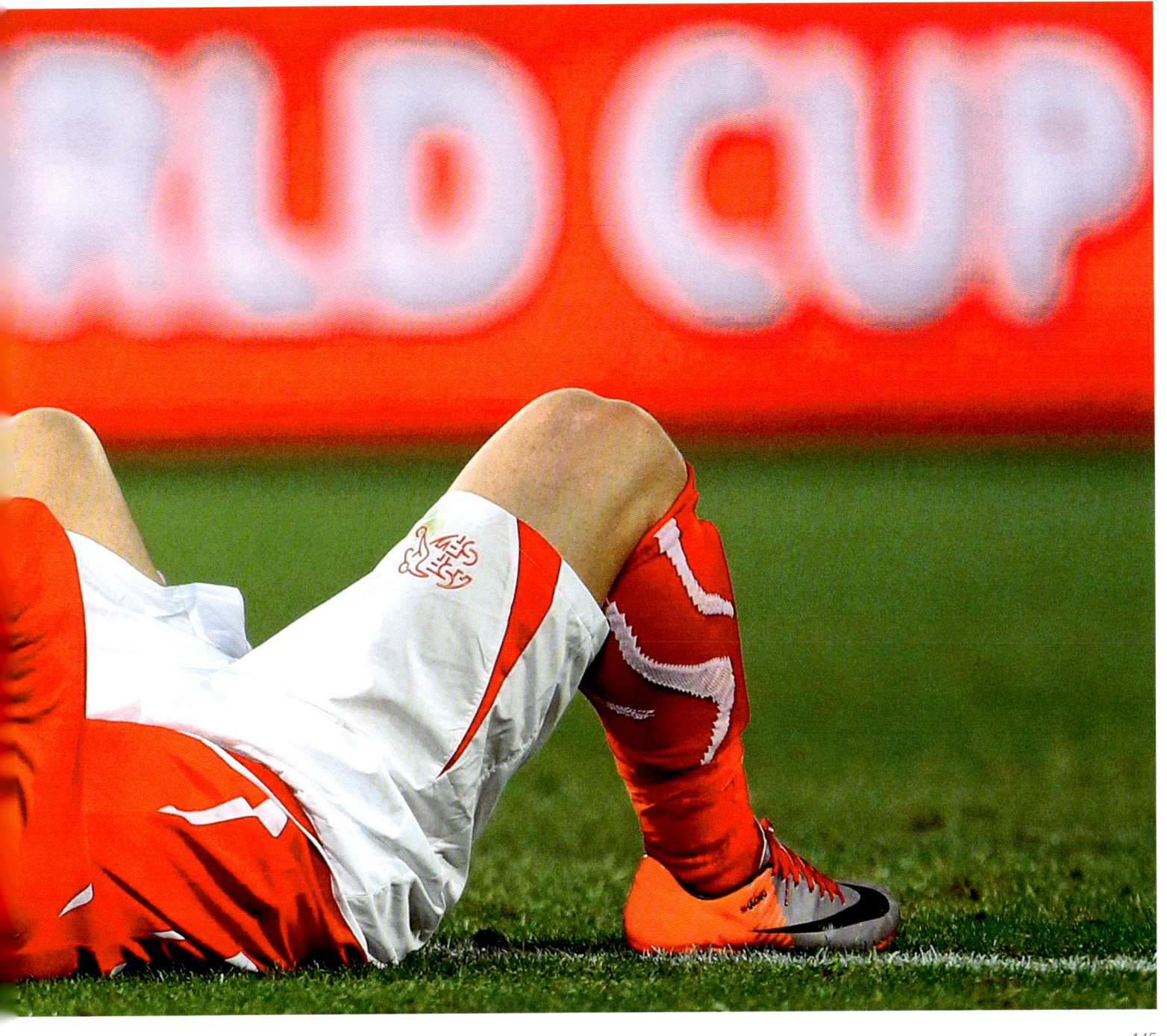

penspiel nicht mehr alles. Sie wussten, dass sie resultatmässig den Fehlstart gegen die Schweiz längst kompensiert hatten.

Viel war im Vorfeld darüber diskutiert worden, in welcher Offensivbesetzung Hitzfeld sein Team in die kapitale Partie führen würde. Mit oder ohne Captain Alex Frei, der sich nach seinen Blessuren noch nicht im Vollbesitz seiner Kräfte befand? Oder mit dem Sturmduo Nkufo-Derdiyok, das in der Partie gegen Spanien hatte beginnen dürfen? Hitzfeld entschied sich, die Zeichen auf Sieg zu setzen, indem er jenem Team (mit Ausnahme des verletzten Philippe Senderos) das Vertrauen schenkte, das im Startspiel die grösste Überraschung der WM 2010 bewerkstelligt hatte. Das Problem, das die Schweizer bald kennenlernten, hatte jedoch weniger mit der Aufstellung zu tun als mit der neuen Haltung, die sie an den Tag legen sollten. Es galt plötzlich, nicht mehr das eigene Tor zu verteidigen, sondern kreativ nach vorne zu spielen, sich Chancen zu kreieren auf der Suche nach einem frühen 1:0, das die eigenen Nerven beruhigt und den Druck auf die Konkurrenz im parallel laufenden Spiel erhöht hätte.

Auf dem Rasen sah dieses Unterfangen nicht allzu erfolgversprechend aus. Die Schweizer taten sich schwer, den Ball überhaupt in den eigenen Reihen zu halten und so zu einer gewissen Stilsicherheit im Offensivspiel zu finden. In der Vorwärtsbewegung kannten die Schweizer wiederum zu viele Ballverluste durch Fehlzuspiele und nicht geglückte Einzelvorstösse, und diese brachen den eigenen Rhythmus – was den Honduranern immer wieder die Möglichkeit gab, die Angriffe der Schweizer problemlos abzufangen.

Nein, es war nicht das Spiel, das die Schweizer gebraucht hätten, um das Ziel Achtelfinals zu erreichen. Chancen blieben Mangelware, und als letztlich die Statistik über die Angriffe der durchaus favorisierten Rot-Weissen geben musste, sah diese (als Beispiel für alle) bei Alex Frei wie folgt aus: null Torschüsse, null Abseitspositionen, keine Fouls – weder erlitten noch begangen. Es war, als hätten die Schweizer offensiv nicht stattgefunden in dieser Partie, die sie im Angriff hätten gewinnen müssen.

Hitzfeld versuchte, im Verlauf der Partie

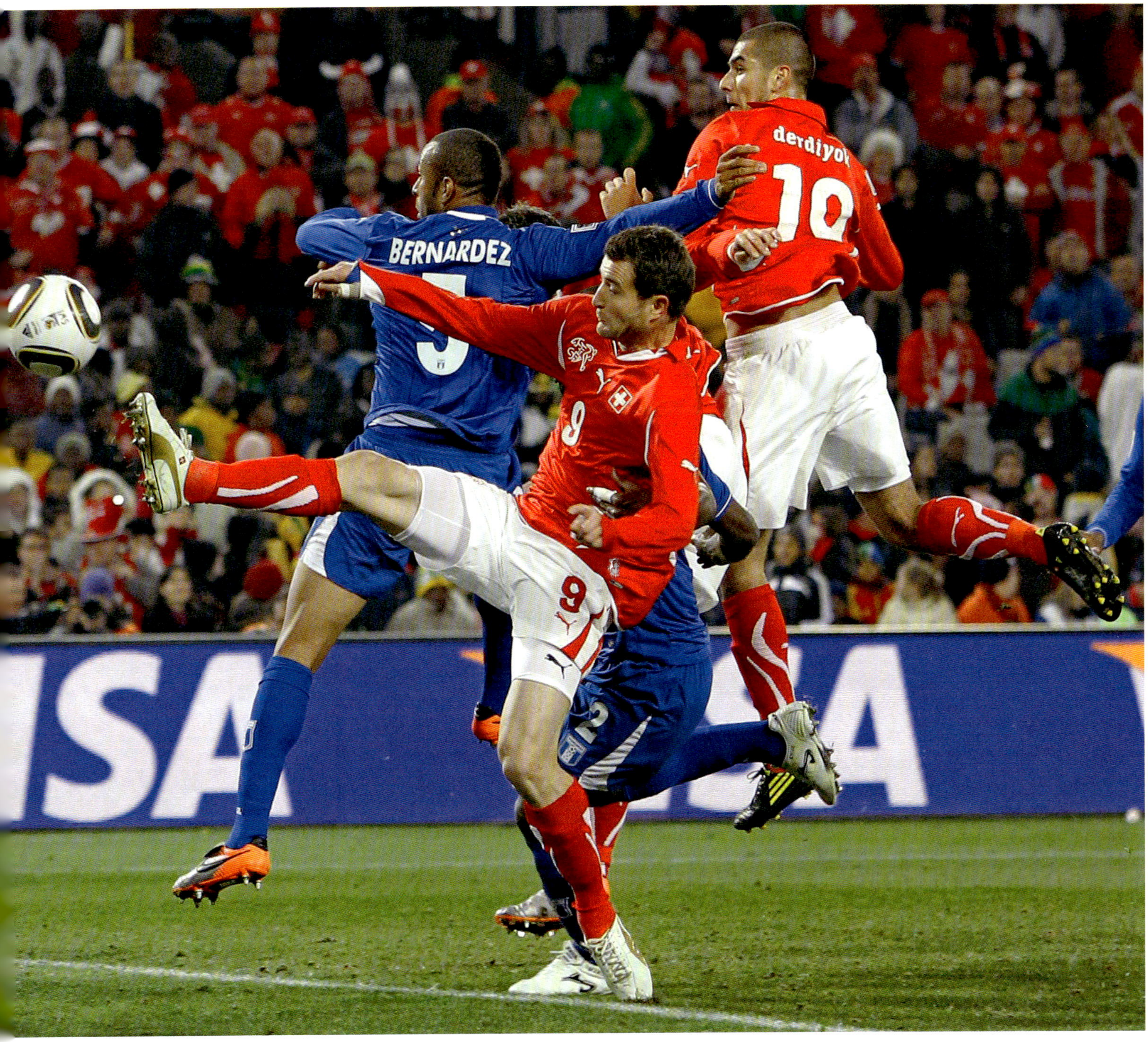
BERNARDEZ
derdiyok

148

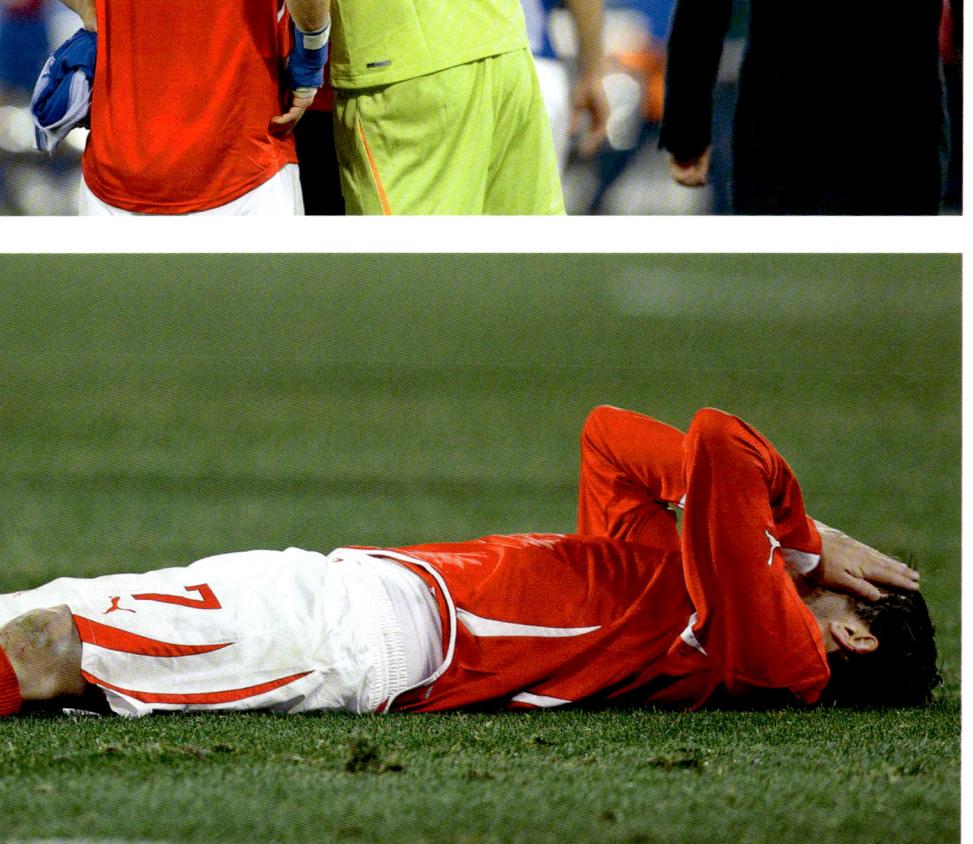

Einfluss auf das Geschehen zu nehmen. Er brachte der Reihe nach Hakan Yakin (für Gelson Fernandes), Alex Frei (für Blaise Nkufo) und Xherdan Shaqiri (für Benjamin Huggel), der mit seinen Solos noch für etwas Betrieb sorgte, aber mit seinen 18 Jahren auch noch nicht Entscheidendes zu leisten imstande war.

Je länger die Partie dauerte, desto besser wurden sogar die Chancen der Mittelamerikaner. Die Schweizer waren gezwungen, das Risiko zu erhöhen – und Honduras nutzte die Räume durchaus geschickt zu seinem Konterspiel. Dass die Schweizer nicht wie im «Honduras-Simulationsspiel» vor der WM gegen Costa Rica als Verlierer vom Platz mussten, verdankten sie ihrem Goalie Diego Benaglio, der auch im dritten Spiel hervorragend hielt und später vom ehemaligen deutschen Spitzentorhüter Oliver Kahn als «bester Keeper der WM» bezeichnet wurde. Das ist ein schönes Kompliment, doch kaufen konnte sich der Wolfsburger damit nichts.

Am Ende blieb auch ihm nichts anderes übrig, als denen Trost zu spenden, die sich so viel vorgenommen hatten für diese Weltmeisterschaft und die letztlich so bitter enttäuscht die Heimreise antreten mussten, nachdem das Turnier so vielversprechend begonnen hatte.

Die Medien liessen danach nicht manch gutes Haar an der Mannschaft, doch bei aller Kritik bleibt auch die Erinnerung an den Sieg gegen Spanien – und der zumindest in der Statistik auch dann noch nachlesbar sein wird, wenn die jüngeren Fans ein bisschen älter geworden sind.

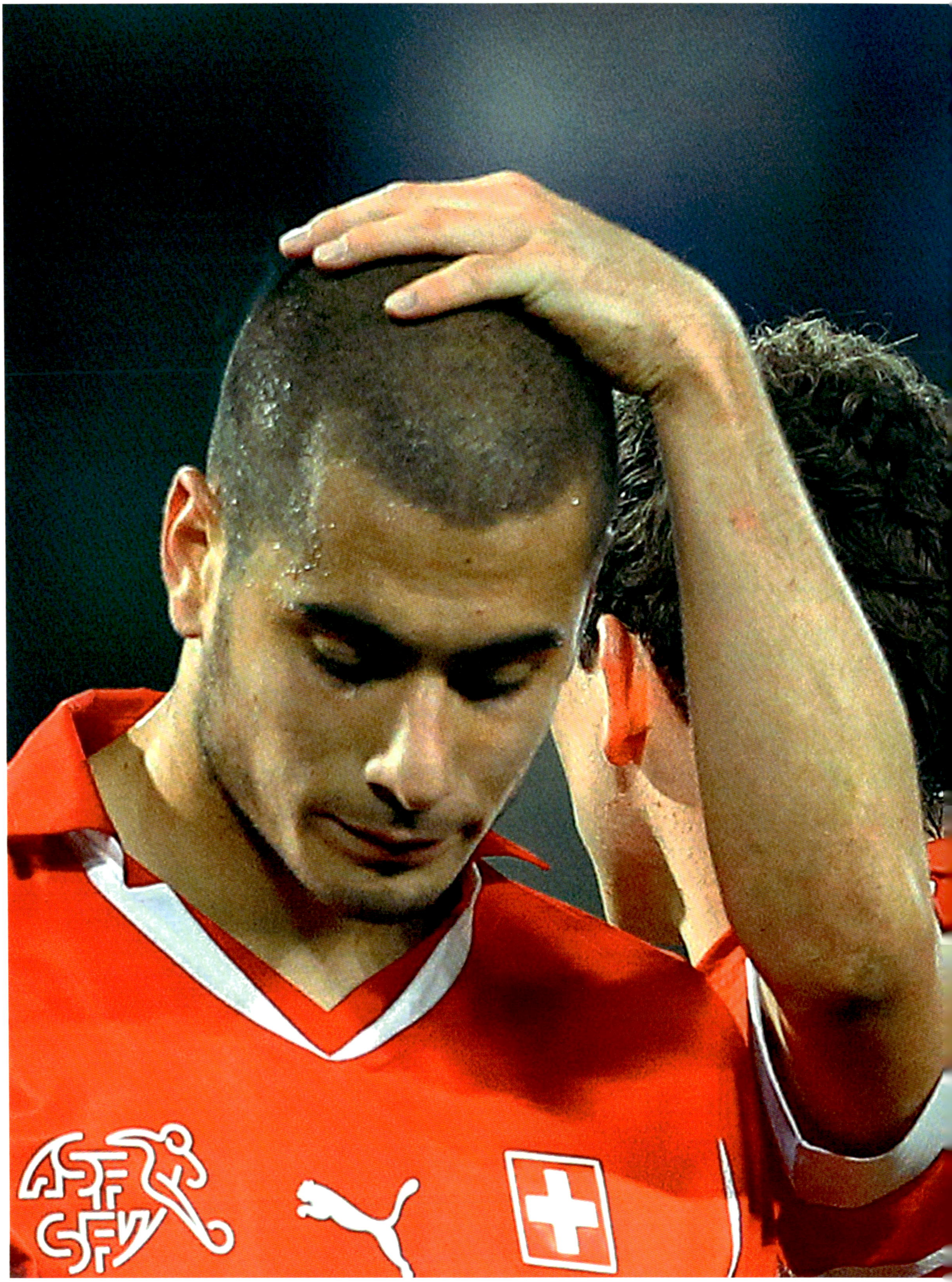

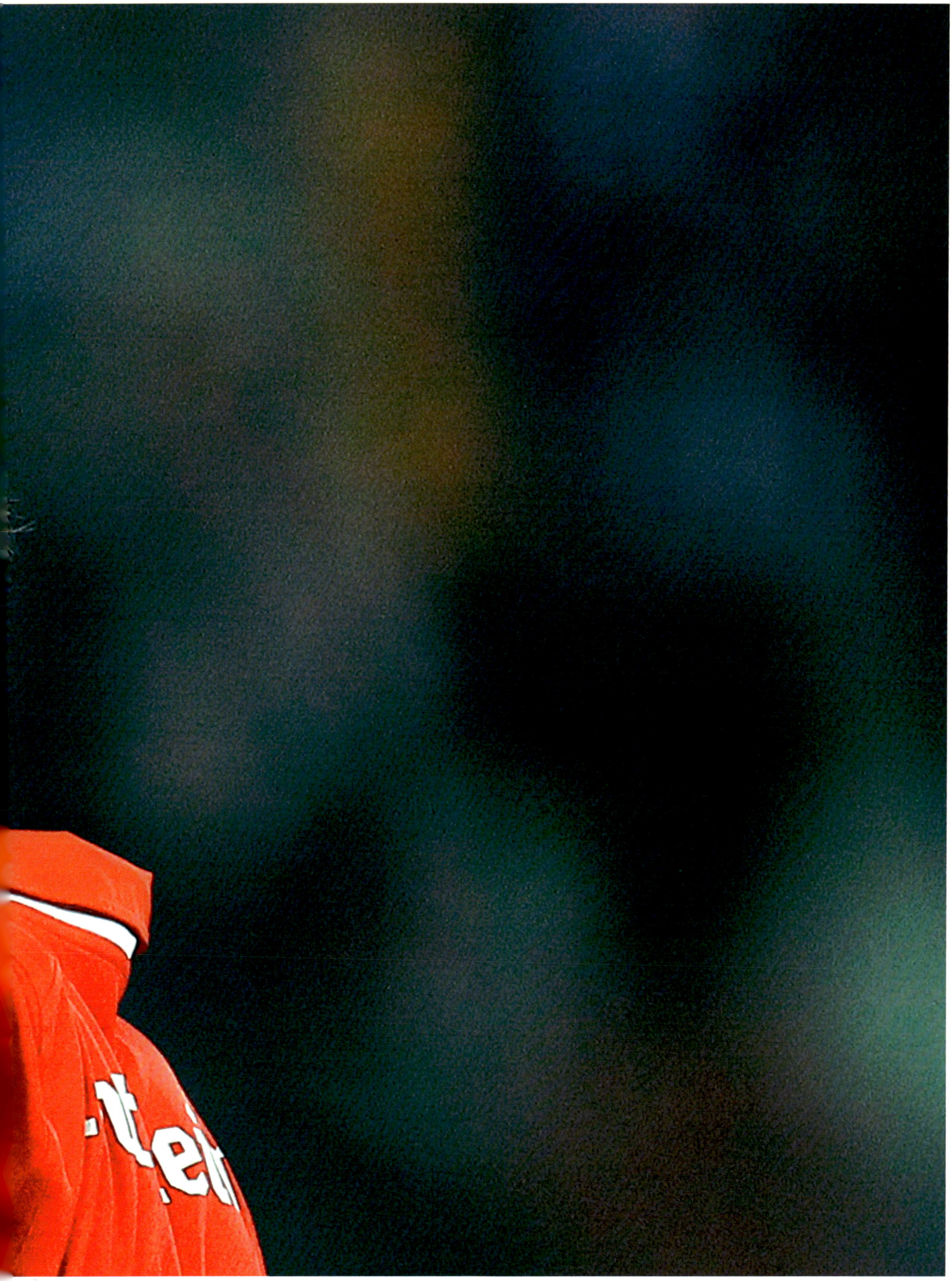

Die Zukunft hat begonnen: Die einen g

Einen ganz grossen Umbruch wird es in der Schweizer Nationalmannschaft nicht geben; das hat Trainer Ottmar Hitzfeld schon bald nach dem Ausscheiden an der WM 2010 wissen lassen. Aber natürlich wird es wie fast nach allen Grossveranstaltungen Veränderungen in der künftigen Kaderzusammensetzung geben. Zum Beispiel im Sturm, aus dem sich Blaise Nkufo in die USA zurückziehen wird – und quasi mit seiner Auswechslung im letzten Spiel gegen Honduras auch offiziell und per Handschlag des Trainers verabschiedet wurde. Formell seinen Rücktritt erklärt hat der an der WM wegen einer Verletzung nicht mehr einsetzbare Christoph Spycher.

Es ist zwar nicht so, dass Hitzfeld auf der Suche nach neuen Kräften die Qual der Wahl haben wird, aber aussichtslos ist die Suche nach neuen Namen für die Zukunft nicht. In ein paar Jahren werden die Spieler der U17, die sich auch bei den Profis durchsetzen können, bestimmt auch ein Thema für die Nationalmannschaft – und schon heute eine Verstärkung ist zum Beispiel der 18-jährige Xherdan Shaqiri (rechts) vom FC Basel, der an der WM gegen Honduras seinen WM-Einstand feierte.

en, die anderen kommen

Schweiz–Honduras 0:0

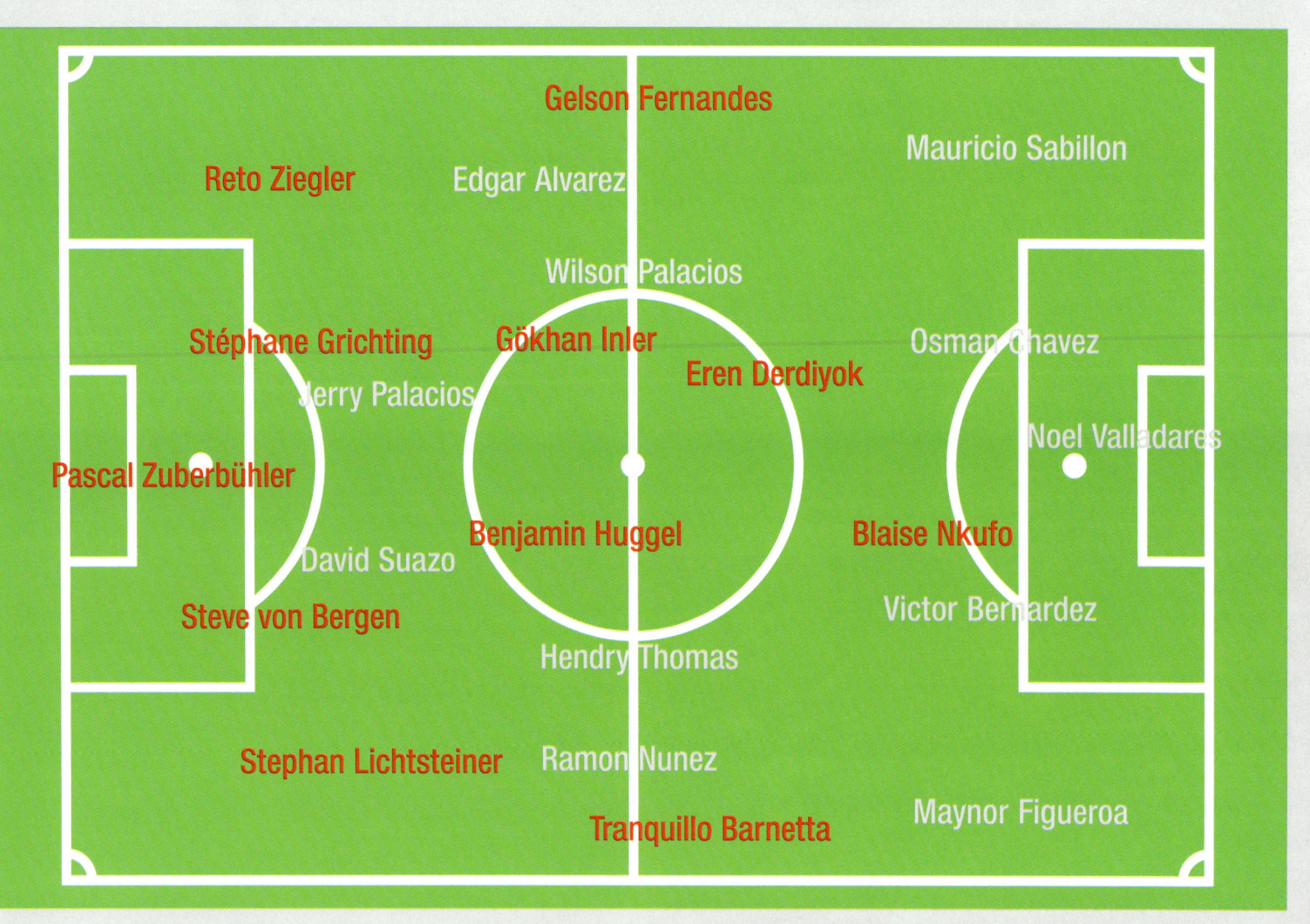

Lineup (Schweiz): Pascal Zuberbühler; Reto Ziegler, Stéphane Grichting, Steve von Bergen, Stephan Lichtsteiner; Gelson Fernandes, Gökhan Inler, Benjamin Huggel, Tranquillo Barnetta; Eren Derdiyok, Blaise Nkufo.

Lineup (Honduras): Noel Valladares; Mauricio Sabillon, Osman Chavez, Victor Bernardez, Maynor Figueroa; Edgar Alvarez, Wilson Palacios, Hendry Thomas, Ramon Nunez; Jerry Palacios, David Suazo.

Stadion.
Free State Stadium, Bloemfontein.
28 042 Zuschauer.

Schiedsrichter.
Hector Baldassi (Argentinien).

Einwechslungen.
Schweiz: 46. Yakin für Fernandes. 69. Frei für Nkufo. 78. Shaqiri für Huggel.

Honduras: 67. Martinez für Nunez. 78. Welcome für Jerry Palacios. 87. Turcios für Suazo.

Bemerkungen.
Schweiz ohne Behrami (gesperrt) und Senderos (verletzt). – Verwarnungen: 4. Thomas, 34. Fernandes, 58. Suazo, 65. Chavez, 89. Wilson Palacios (Foul).

Schweiz		Honduras
1	Gelbe Karten	4
0	Rote Karten	0
5	Schüsse aufs Tor	2
12	Fehlschüsse	18
26	Begangene Fouls	27
5	Eckstösse	3
2	Abseits	9
35'47''	Ballbesitz in Zeit	27'40''
56%	Ballbesitz in Prozent	44%

Ottmar Hitzfeld, Trainer Schweiz

«Die Hypothek, zwei Tore schiessen zu müssen, war für uns offensichtlich zu gross. Nervosität bei meinen Spielern war von Beginn weg spürbar, deshalb auch die vielen Fehlpässe. Uns fehlte die Präzision, so war es natürlich schwer, zu ganz klaren Torchancen zu kommen. Wir konnten zwar einige gute Konterangriffe auslösen, aber wir schafften es nicht, einen Spieler in Abschlussposition zu bringen. Die Enttäuschung nach dem Scheitern ist sehr gross. Nicht nur bei mir selber, sondern auch bei den Spielern und beim Staff. Wir haben die Erwartungen nicht erfüllt.»

Reynaldo Rueda, Trainer Honduras

«Wir befanden uns nach zwei Niederlagen in einer schwierigen Situation. Die Schweiz konnte dagegen den Sieg über Spanien vorweisen und verfügte über viel mehr Erfahrung. Uns fehlte schliesslich die Reife, um unsere Torchancen zu verwandeln. Dennoch dürfen wir stolz auf unsere Leistung sein. Das gute Abschneiden der lateinamerikanischen Mannschaften an dieser WM hat uns zusätzlich inspiriert.»

Stéphane Grichting

«Wir hatten die Chancen, haben sie aber nicht genützt. In der ersten Phase der Partie begingen wir zu viele Fehler. Unser Ziel war der Achtelfinal. Dass wir es nicht geschafft haben, ist enttäuschend. Wir schlagen Spanien, und doch reicht es nicht. Das darf nicht passieren!»

Hakan Yakin

«Wir haben während 90 Minuten versucht, Tore zu schiessen. Im Strafraum waren wir letztlich ungenügend, es fehlte uns die Kaltschnäuzigkeit. Man kann nicht mal sagen, der Goalie hätte gut gehalten. Je länger das Spiel dauert, desto unpräziser wurden auch die Freistösse. Heute sind wir nicht wegen mangelndem Glück gescheitert, sondern wegen Unvermögen.»

Tranquillo Barnetta

«Ich weiss nicht genau, woran es lag. Wir haben es immer wieder versucht, aber wir müssen genauer werden. Der letzte Pass fehlte.»

156

EMERGENCY EXIT
NOODUITGANG
Hopp Schwiiz! - Hop
C'mon Switzerland!

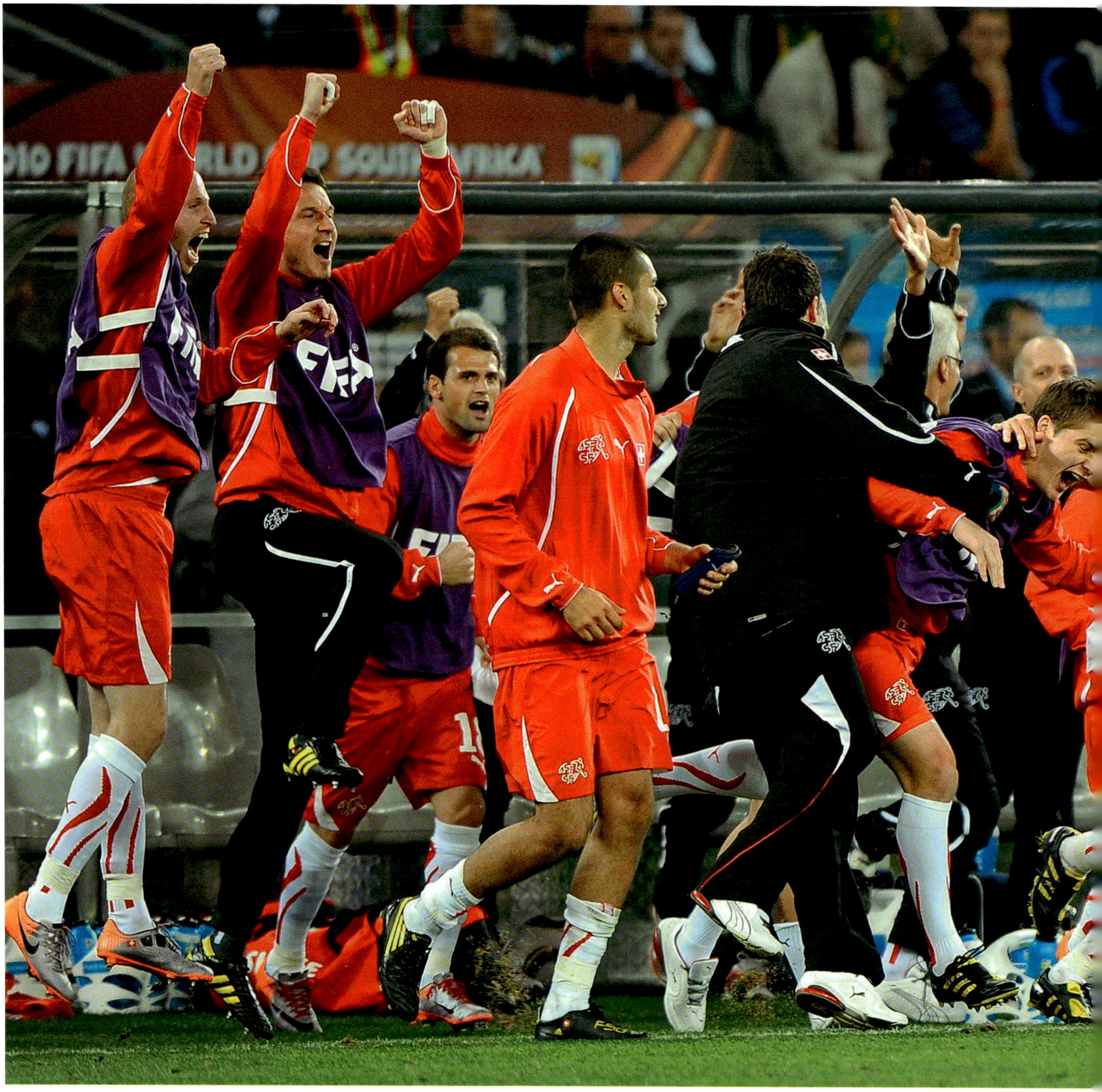

23 Akteure und viele Helfer

Kapitel 5 – Die Schweizer Crew der WM 2010

23 Spieler im Blickfeld des Trainers

30 Spieler hatten die Trainer der 32 WM-Teilnehmer bis zum 11. Mai 2010, einen Monat vor Beginn der Endrunde in Südafrika, der FIFA zu melden. Bis zum 1. Juni 2010 musste man sich dann auf jene 23 Namen festlegen, die effektiv die Reise auf den afrikanischen Kontinent antreten würden. Ottmar Hitzfeld, der Schweizer Selektionär, entschied sich von Anfang auf 23 Namen – und setzte sieben weitere auf eine Pikettliste. Zwei Absagen musste er rund um das erste Trainingslager in Crans-Montana zur Kenntnis nehmen: jene von Christoph Spycher, der sich nicht rechtzeitig von einem Innenband-Anriss im linken Knie erholen konnte, und jene des Basler Stürmers Marco Streller, der sich beim Schusstraining einen Muskelfaserriss im Oberschenkel zuzog und ebenfalls Forfait geben musste. Hitzfeld wählte von der Pikettliste Ludovic Magnin und Albert Bunjaku aus – und an dieser bereinigten Liste von 23 Spielern änderte sich nichts mehr bis zum letzten Spiel gegen Honduras. Die Blessuren von Valon Behrami und Alex Frei (er verletzte sich im Abschlusstraining am 9. Juni auf dem Zürcher Letzigrund) waren nicht so gravierend, als dass nicht auf einen Einsatz gehofft werden konnte. Und beide standen schliesslich ab der zweiten Partie gegen Chile zur Verfügung.

Von den 23 Auserwählten gab es fünf, die in den drei Gruppenspielen der WM alle 270 Minuten auf dem Platz standen: Goalie Diego Benaglio, die Verteidiger Stéphane Grichting, Stephan Lichtsteiner und Reto Ziegler sowie Mittelfeldspieler Gökhan Inler, der gegen Spanien und Honduras in Vertretung von Alex Frei auch die Captainbinde trug. Ohne eine einzige Einsatzminute mussten die beiden Reservekeeper Marco Wölfli und Johnny Leoni sowie Ludovic Magnin, Marco Padalino und Pirmin Schwegler bleiben. Neben den verletzten Spycher und Streller waren fünf Spieler auf der Pikettliste verblieben – und sie werden wohl auch die erste Geige spielen, wenn Ottmar Hitzfeld im Hinblick auf die EM-Qualifikation 2012 sanfte Korrekturen in seinem Personalstand anbringen möchte: François Affolter, Nassim Ben Khalifa, Fabio Coltorti, Fabian Lustenberger und Valentin Stocker.

Das Schweizer WM-Kader 2010

Torhüter (3)
Diego Benaglio, Marco Wölfli, Johnny Leoni.

Verteidiger (7)
Mario Eggimann, Stéphane Grichting, Stephan Lichtsteiner, Ludovic Magnin, Philippe Senderos, Steve von Bergen, Reto Ziegler.

Mittelfeldspieler (9)
Tranquillo Barnetta, Valon Behrami, Gelson Fernandes, Benjamin Huggel, Gökhan Inler, Marco Padalino, Pirmin Schwegler, Xherdan Shaqiri, Hakan Yakin.

Stürmer (4)
Albert Bunjaku, Eren Derdiyok, Alex Frei, Blaise Nkufo.

Pikett (5)
François Affolter, Fabio Coltorti, Fabian Lustenberger, Valentin Stocker, Nassim Ben Khalifa.

Bemerkungen
Die Schweiz ohne Marco Streller und Christoph Spycher (beide verletzt).

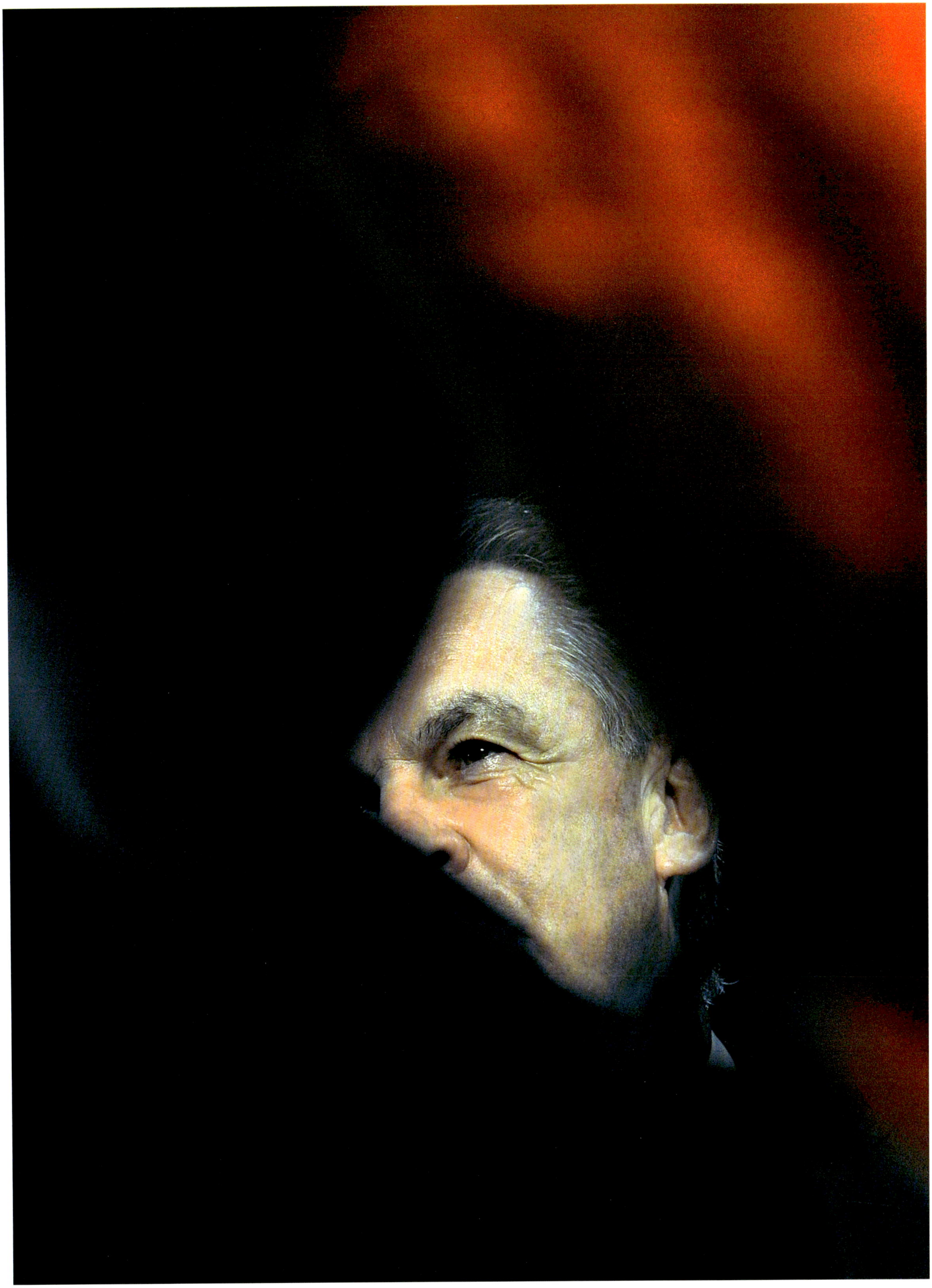

1 Diego Benaglio

Torhüter
8. März 1983
30 Länderspiele
Debüt: 4.6.2006 gegen China

Vereine:
FC Spreitenbach, FC Baden, Grasshoppers U21, VfB Stuttgart II/De, CD Nacional Funchal/Por

Seit 22. Januar 2008: VfL Wolfsburg/De (Vertrag bis 2012)

Diego Benaglio hat sich seit der Übernahme der Nummer-1-Position im Schweizer Tor zum starken Rückhalt entwickelt. Die WM 2010 war bislang seine beständigste und hochklassigste Performance, anerkannt auch im Ausland, wo er verschiedenenorts zum besten Keeper der Vorrunde in Südafrika gewählt wurde. Ottmar Hitzfeld attestierte dem Goalie des VfL Wolfsburg Weltklasse in 1:1-Situationen – dies war vor allem gegen Spanien die Basis zum sensationellen Sieg. Nur ein Gegentor in drei WM-Partien sprechen eine deutliche Sprache – und auch gegen Honduras hielt er mit starken Paraden die Schweizer lange im Rennen.

12 Marco Wölfli

Torhüter
22. August 1982
5 Länderspiele
Debüt: 18.11.2008 gegen Finnland

Vereine:
FC Fulgor Grenchen, FC Solothurn, BSC Young Boys, FC Thun

Seit 1. Juli 2003: BSC Young Boys (Vertrag bis 2012)

Seit zwei Jahren spielt der Keeper der Berner Young Boys hinter der unbestrittenen Nummer 1 die zweite Rolle. Bei bislang fünf Länderspieleinsätzen hat er bewiesen, dass er bereit ist, wenn auf ihn gezählt wird. Bei der WM 2010, wenige Wochen nach dem verpassten Meistertitel mit seinem Club, dem er seit vielen Jahren die Treue hält, kam er nicht zum Einsatz. Dennoch trug er seinen Teil dazu bei, dass unter Torhütertrainer Willi Weber konzentriert und intensiv gearbeitet wird und Diego Benaglio den Rücken frei weiss, um seine Topleistungen abzurufen.

21 Johnny Leoni

Torhüter
30. Juni 1984
0 Länderspiele
Debüt: Noch nicht erfolgt

Vereine:
FC Sion

Seit 22. Oktober 2003: FC Zürich (Vertrag bis 2012)

Die Nordkoreaner hatten versucht, in ihrem Aufgebot den dritten Goalie durch einen Feldspieler zu ersetzen – denn die Wahrscheinlichkeit, dass ein Goalie in der zweiten Warteposition bei einem Endrundenturnier überhaupt eingreifen muss, ist doch verschwindend klein. Für Leoni, der die Rolle des Reservisten in der Ära Hitzfeld stets ohne Wehklagen ausgefüllt hatte, war die Teilnahme an der WM in Südafrika auch eine Art Treuebonus. Von den drei nominierten Schweizer Keepern war er der jüngste – noch immer muss er auf sein Debüt im Auswahlteam warten.

2 Stephan Lichtsteiner

Verteidiger rechts
16. Januar 1984
31 Länderspiele
Debüt: 15.11.2006 gegen Brasilien

Vereine:
FC Adligenswil, FC Luzern, Grasshoppers Zürich, OSC Lille/Fr

Seit 15. Juli 2008: Lazio Rom/It (Vertrag bis 2012)

Stephan Lichtsteiner hat sich in aller Stille zu einem festen Wert im Schweizer Team entwickelt. An der EURO 2008 und nun auch an der WM 2010 in Südafrika hat er sämtliche Schweizer Spiele auf der Position hinten rechts durchgespielt. In Italien, bei Lazio Rom, zählt er seit zwei Saisons zu den beständigsten Aussenverteidigern der Liga. Auch bei den Auftritten in der Gruppe H gegen Spanien, Chile und Honduras war auf ihn Verlass, auch wenn offensiv schon mehr herausgeschaut hat bei seinen regelmässigen Vorstössen. Aber er befindet sich mit seinen 26 Jahren sicher auf der Höhe seines Wirkens.

3 Ludovic Magnin

Verteidiger links
20. April 1979
62 Länderspiele, 3 Tore
Debüt: 16.8.2000 gegen Griechenland

Vereine:
FC Echallens, Lausanne-Sport, Yverdon-Sport, FC Lugano, Werder Bremen/De, VfB Stuttgart/De

Seit 1. Januar 2010: FC Zürich (Vertrag bis 2013)

Die letzten beiden Jahre liefen nicht optimal für den Linksverteidiger. Nach der EURO 2008, bei der er noch zu den sicheren Schweizer Werten zählte und alle drei Partien gegen Tschechien, die Türkei und Portugal durchspielte, warfen ihn Verletzungen immer wieder zurück und er verlor letztlich seinen Stammplatz beim VfB Stuttgart. Sportliche und familiäre Gründe liessen ihn zu Beginn des Jahres 2010 in die Schweiz zurückkehren. Das Engagement beim FC Zürich sollte auch seine WM-Chancen erhöhen. Als Pikettspieler rückte er für den verletzten Christoph Spycher nach, spielte aber an der WM keine Minute.

4 Philippe Senderos

Verteidiger zentral
14. Februar 1985
41 Länderspiele, 5 Tore
Debüt: 26.3.2005 gegen Frankreich

Vereine:
Servette FC, Arsenal London/Eng, AC Milan/It, FC Everton/Eng

Seit 1. Juli 2010: FC Fulham/Eng (Vertrag bis 2013)

Philippe Senderos hatte Monate mit wenig Spielpraxis hinter sich – und aus der einstmals grossen Zukunftsperspektive bei Arsenal London wurde ein Ausleihspieler, der seinen Weg etwas aus den Augen verlor. Im Schweizer Nationalteam hat er trotz der schwierigen Umstände seine Leistung stets erbracht – und Hitzfeld baute auch für die WM auf den Genfer. Im ersten Spiel gegen Spanien allerdings zog er sich eine Fussverletzung zu und musste für den Rest des Turniers passen. Nun soll ein Neuanfang mit einem Dreijahresvertrag beim FC Fulham neues Glück – und vor allem Konstanz – bringen.

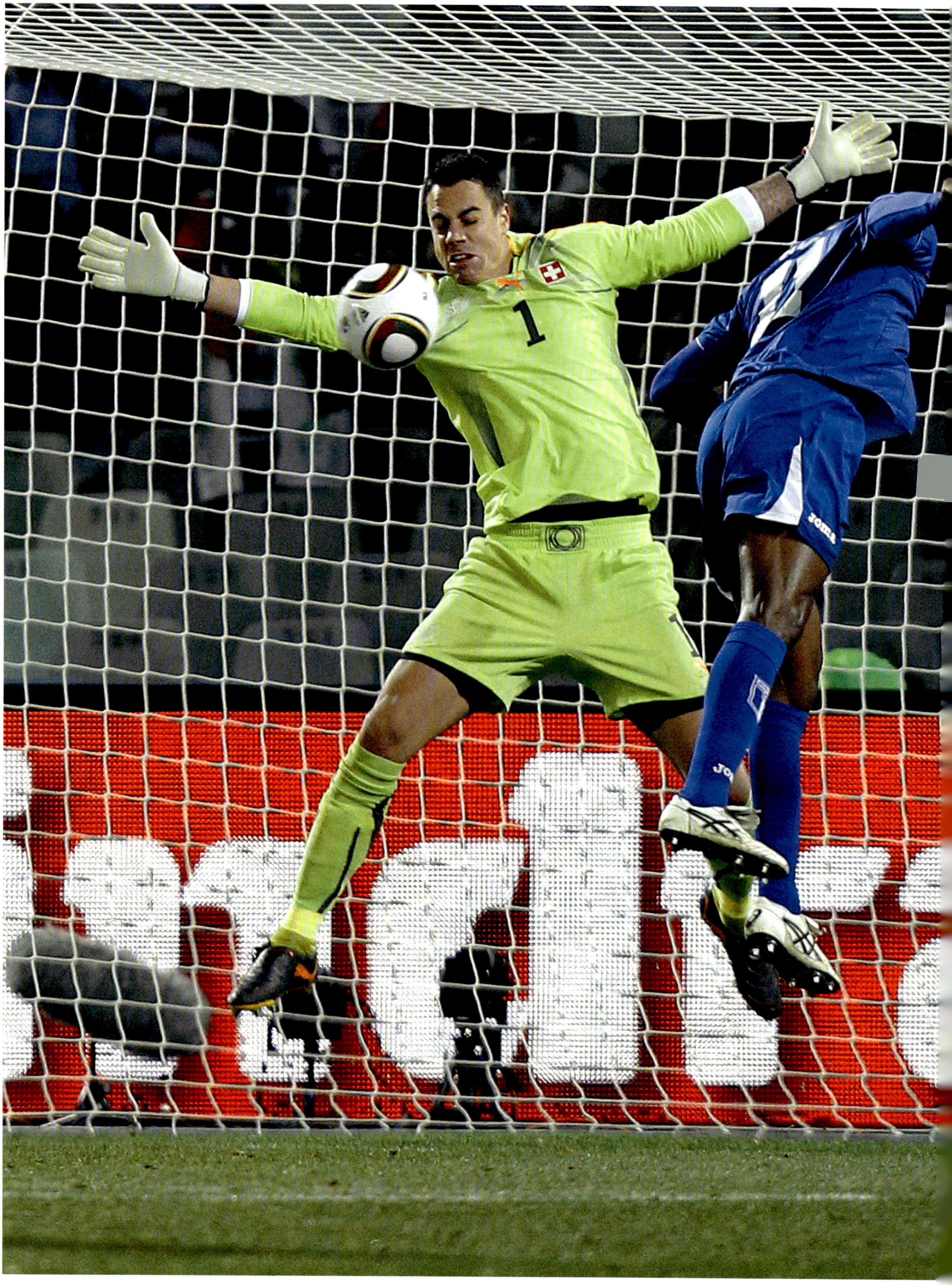

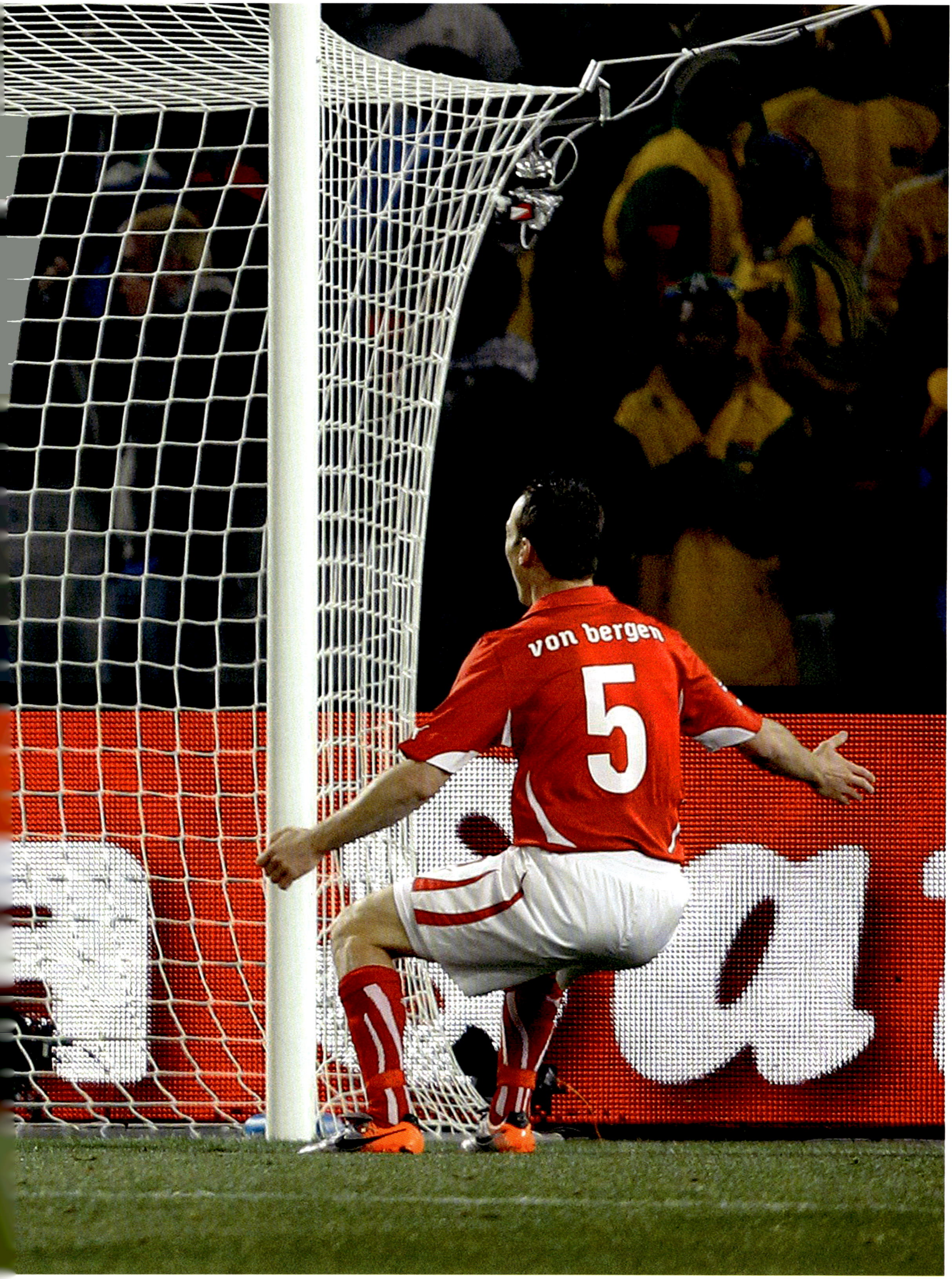
von bergen
5

5 Steve von Bergen

Verteidiger zentral
10. Juni 1983
14 Länderspiele
Debüt: 6.9.2006 gegen Costa Rica

Vereine:
Hauterive, Neuchâtel Xamax, FC Zürich, Hertha BSC/Berlin/De

Seit 1. Juli 2010: Noch ohne Verein

Die Saison von Steve von Bergen war keine geglückte. Bei seinem Club Hertha BSC Berlin lief es im zweiten Amtsjahr unter Trainer Lucien Favre (der ihn aus Zürich in die deutsche Hauptstadt geholt hatte) nicht mehr rund. Favre wurde entlassen, doch die sportliche Misere hielt bis zum Ende der Saison an. Als Bundesliga-Absteiger kam der Romand zur Nationalmannschaft, und als Philippe Senderos im ersten WM-Spiel gegen Spanien verletzt ausfiel, nutzte er seine Chance. Er verteidigte neben Stéphane Grichting im Zentrum wie alle Schweizer stark und liess kaum etwas zu. Nach der WM ging es darum, seine Vereinszukunft zu regeln.

6 Benjamin Huggel

Mittelfeldspieler zentral
7. Juli 1977
41 Länderspiele, 2 Tore
Debüt: 10.9.2004 gegen Russland

Vereine:
FC Münchenstein, FC Arlesheim, FC Basel, Eintracht Frankfurt/De

Seit 1. Juli 2007: FC Basel
(Vertrag bis 2012)

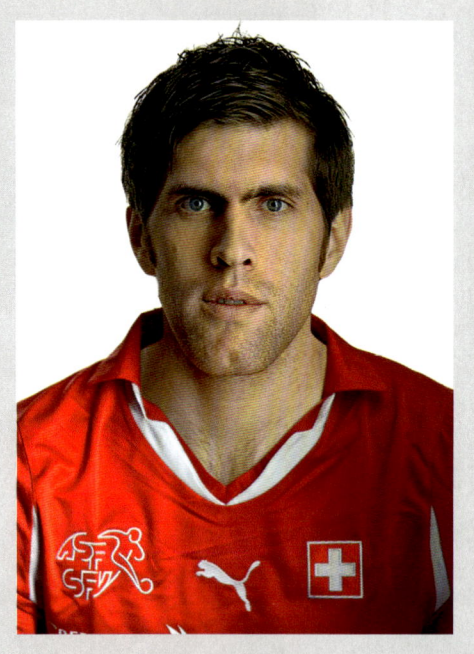

Noch unter Köbi Kuhn dachte der Basler laut über den Rücktritt aus dem Nationalteam nach. Doch die Übernahme der Schweizer Auswahl durch Ottmar Hitzfeld liess das Rating von Benjamin Huggel markant steigen. Hitzfeld setzte auf ihn als verlässliche Kraft im Mittelfeld, aber auch als integrative Figur neben dem Feld. Nach der Rückkehr zum FC Basel hatte er sich zum absoluten Teamleader entwickelt. Neben Gökhan Inler hielt er im Nationalteam das Zentrum zusammen. Das gelang auch an der WM sehr ordentlich, auch wenn viele auf Defizite hinweisen, wenn es darum geht, nach vorne zu spielen.

7 Tranquillo Barnetta

Mittelfeldspieler seitlich
22. Mai 1985
55 Länderspiele, 6 Tore
Debüt: 4.9.2004 gegen Irland

Vereine:
FC Rotmonten, FC St. Gallen, Hannover 96/De

Seit 1. Juli 2005: Bayer Leverkusen/De
(Vertrag bis 2012)

Mit gewisser Skepsis begegnete man Tranquillo Barnetta vor dieser Weltmeisterschaft. Schon über längere Zeit hing ihm die Feststellung nach, er würde im Nationalteam selten an die Leistungen bei Bayer Leverkusen herankommen. Selbst Ottmar Hitzfeld zog ihm auf der gewohnten linken Flanke Gelson Fernandes vor und liess Barnetta rechts (oder, als Behrami gegen Chile wieder fit war) gar nicht auflaufen. Die Reaktion des Ostschweizers war durchaus bemerkenswert. Barnetta fand wieder zu alter Form und war gegen Honduras gar der aktivste der Schweizer auf ihrer Suche nach Abschlusssituationen.

8 Gökhan Inler

Mittelfeldspieler zentral
27. Juni 1984
39 Länderspiele, 3 Tore
Debüt: 2.9.2006 gegen Venezuela

Vereine:
FC Olten, FC Solothurn, FC Basel, FC Aarau, FC Zürich

Seit 1. Juli 2007: Udinese Calcio/It (Vertrag bis 2013)

Mehr und mehr entwickelt sich Gökhan Inler zur zentralen Figur im Schweizer Spiel. In Abwesenheit von Alex Frei trug er in Südafrika auch zweimal die Captainbinde. Die Leaderrolle verlangt Hitzfeld von seinem wohl komplettesten Fussballer im Kader. Inler ist mit seiner Lauf- und Zweikampfstärke ein grosser Faktor im Schweizer Defensivverhalten, aber auch er ist nicht einer, der pausenlos Gefahr im gegnerischen Strafraum heraufbeschwört. Das ist in diesem Schweizer System auch nicht seine primäre Aufgabe – doch Hitzfeld ist überzeugt, dass «Gökhan Inler diese Fortschritte noch machen wird und wir an ihm noch viel Freude haben werden».

9 Alex Frei

Stürmer
15. Juli 1979
77 Länderspiele, 40 Tore
Debüt: 24.3.2001 gegen Jugoslawien

Vereine:
FC Begnins, FC Aesch, FC Basel, FC Thun, FC Luzern, Servette FC, Stade Rennes/Fr, Borussia Dortmund/De

Seit 18. Juli 2009: FC Basel (Vertrag bis 2012 mit Option)

Ja, was hat der Mann für ein Pech in den letzten Jahren. 2008 verletzte er sich im Auftaktspiel der EURO gegen Tschechien am Knie. Nach seiner Rückkehr nach Basel, wo er wesentliche Hilfe zum Gewinn des Doubles leistete, brach er sich im Frühjahr den Oberarm. Es reichte rechtzeitig zur WM-Vorbereitung, doch dann knickte er im Abschlusstraining wieder ein und verpasste das erste WM-Spiel gegen Spanien. Danach kam er zurück, nicht in der gewohnten Form und ohne Fortuna. Abschreiben darf man den erfolgreichsten Schweizer Torschützen aller Zeiten jedoch noch nicht. Er verfügt über einen harten Ehrgeiz.

10 Blaise Nkufo

Stürmer
25. Mai 1975
34 Länderspiele, 7 Tore
Debüt: 2.9.2000 gegen Russland

Vereine:
Stade Lausanne, Lausanne-Sports, FC Echallens, Al Arabi Doha/Kat, Yverdon-Sport, Grasshoppers, FC Lugano, FC Luzern, Mainz/De, Hannover 96/De, Twente Enschede/Ho

Seit 1. Juli 2010: Seattle Sounders/USA

Ottmar Hitzfeld hatte früh auf den bulligen, in Holland so erfolgreichen Stürmer mit Wurzeln im Kongo gesetzt. Und Blaise Nkufo zählte das Vertrauen in der WM-Qualifikation mit fünf persönlichen Treffern zurück. Doch zur WM brachte der die Präsenz nicht mehr im gewünschten Umfang hin, in einem System, das es einer einzelnen Spitze schwer macht, zur Geltung zu kommen, fand er selten die Bindung zum Team. Immerhin stand er am Anfang des Tores zum historischen 1:0-Erfolg gegen Spanien. Das wars dann, auch ihm gelang im Spiel gegen Honduras nichts Entscheidendes mehr.

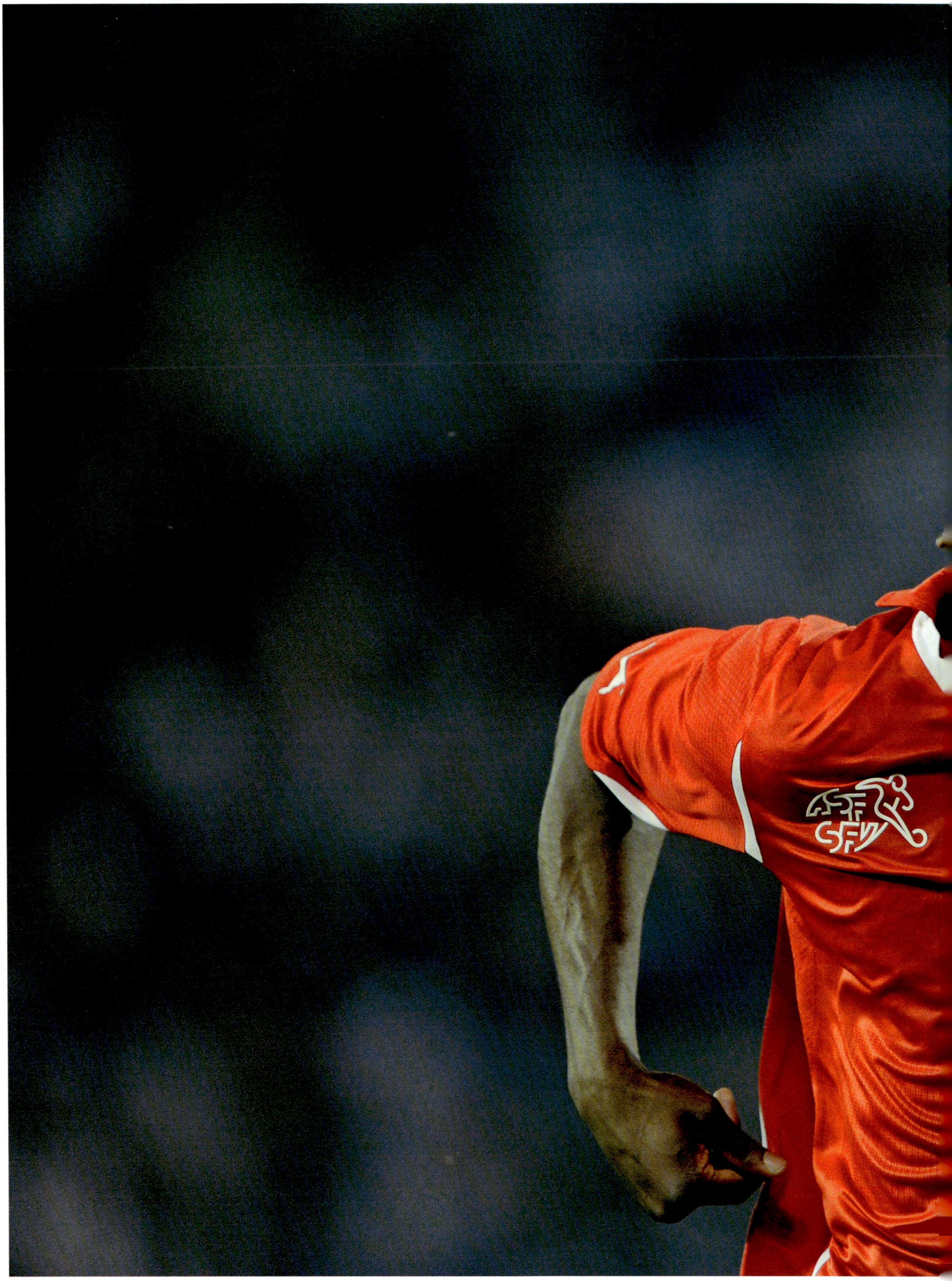

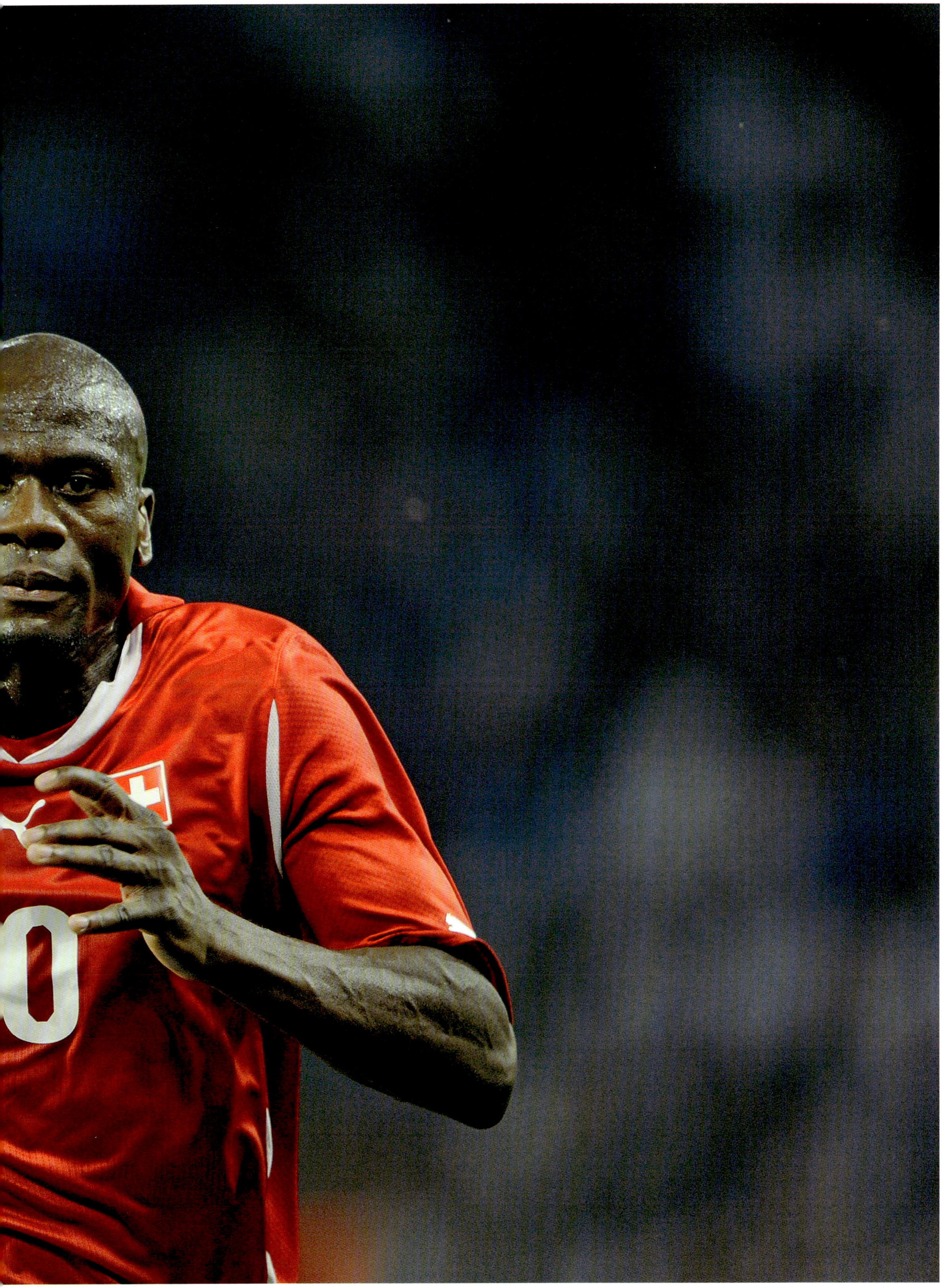

11 Valon Behrami

Mittelfeldspieler rechts
19. April 1985
27 Länderspiele, 2 Tore
Debüt: 8.10.2005 gegen Frankreich

Vereine:
FC Mendrisio-Stabio, FC Chiasso, FC Lugano, FC Genua/It, Hellas Verona/It, Lazio Rom/It

Seit 24. Juli 2008: West Ham United/Eng (Vertrag bis 2013)

Wenn Valon Behrami seine Stärken auf das Feld bringen kann, dann bringt er jeden Gegner in Verlegenheit. Er ist schnell, zweikampf- und durchsetzungsstark. Doch leider ist er auch verletzungsanfällig, immer wieder hat er mit muskulären und anderen Problemen zu kämpfen – und das war auch vor der WM 2010 nicht anders. Das erste Spiel gegen Spanien verpasste er noch, und als ihn Hitzfeld als belebendes Element im Schlüsselspiel gegen Chile nominierte, da war nach einer halben Stunde, vielen rudernden Bewegungen, einem leichten Fall von Gegenspieler Arturo Vidal und einer Roten Karte das Abenteuer Südafrika schon wieder vorbei.

13 Stéphane Grichting

Verteidiger zentral
30. März 1979
38 Länderspiele, 1 Tor
Debüt: 28.4.2004 gegen Slowenien

Vereine:
FC Chalais, FC Sion

Seit 1. Juli 2002: AJ Auxerre/Fr (Vertrag bis 2012)

Spät, aber umso beeindruckender hat Stéphane Grichting seinen Platz im Schweizer Nationalteam gefunden. Unter Ottmar Hitzfeld ist er der unbestrittene Abwehrchef und er spielt auf einem konstanten Niveau, das sie in Auxerre, einem Spitzenclub in Frankreich, seit vielen Jahren schätzen. Auch ihm war es zu verdanken, dass die Schweizer an der WM hinten nicht viel anbrennen liessen und sie gegen Spanien zu einem historischen Sieg kamen. Seine Einstellung ist tadellos – und er wird auch für die EM-Kampagne 2012 die Schweizer Defensive zusammenhalten dürfen.

14 Marco Padalino

Mittelfeldspieler rechts
8. Dezember 1983
8 Länderspiele, 1 Tor
Debüt: 11.2.2009 gegen Bulgarien

Vereine:
Rapid Lugano, FC Lugano, Malcantone Agno, Catania/It, Piacenza/It

Seit 10. Juli 2008: Sampdoria Genua/It (Vertrag bis 2012)

Er war bei der Nomination des 23-Mann-Kaders für die WM 2010 als Letzter auf die Liste von Ottmar Hitzfeld gerutscht. Marco Padalinos Erfahrung gab letztlich gegenüber Valentin Stocker den Ausschlag, der mit dem FC Basel eben eine ganz starke Saison abgeliefert hatte. Dass dieser Personalentscheid letztlich von zweitrangiger Bedeutung war, zeigt allein schon die Tatsache, dass Padalino in Südafrika keine einzige Einsatzminute leisten musste. Die Positionen im seitlichen Mittelfeld waren durch Barnetta, Behrami, Fernandes und letztlich auch Jungstar Xherdan Shaqiri schon ausreichend besetzt.

15 Hakan Yakin

Mittelfeldspieler offensiv
22. Februar 1977
83 Länderspiele, 20 Tore
Debüt: 19.2.2000 gegen Oman

Vereine:
FC Concordia, FC Basel, Grasshoppers, FC St. Gallen, FC Basel, Paris SG/Fr, VfB Stuttgart/De, Galatasaray/Tür, BSC Young Boys, Al Gharafa/Kat

Seit 1. Juli 2009: FC Luzern (bis 2011)

Von allen Schweizer WM-Fahrern war Hakan Yakin wohl der streitbarste, aber eben auch der erfahrenste. 83 Länderspiele bringt er mittlerweile auf seine Liste, mit 20 Toren ist er auch der zweiterfolgreichste Schütze hinter Alex Frei. Auf einen Geniestreich hoffte auch Hitzfeld, als er Yakin als Joker für die WM nominierte. Doch diesmal ging die Rechnung nicht auf, zur Halbzeit gegen Honduras eingewechselt brachte er keinen seiner Freistösse wunschgemäss ans Ziel oder zu einem Teamkollegen. Ob es das war mit der Länderspielkarriere Yakins zehn Jahre nach seinem Debüt im Oman? Für Überraschungen ist einer wie er jederzeit gut.

16 Gelson Fernandes

Mittelfeldspieler links
2. September 1986
27 Länderspiele, 2 Tore
Debüt: 22.8.207 gegen Holland

Vereine:
FC Sion, Manchester City/Eng

Seit 10. Juli 2009: AS St-Etienne/Fr (Vertrag bis 2011)

Mit ihm als Fixstarter bei der WM 2010 hätte man nicht zwingend gerechnet, doch ein starker Auftritt im Testspiel gegen Italien brachte ihn auf den Plan. Im linken Mittelfeld beeindruckten sein Fleiss und seine Zweikampfstärke – gegen Spanien war das ein nicht zu verachtender Faktor. Doch auch er ist wie viele seiner Teamkollegen nicht einer, der pausenlos die Linie auf und ab rennt und auch vorne für viele Impulse sorgen kann. So gesehen war es klar, dass er im Spiel gegen Honduras, als die Schweizer zwei Tore brauchten und mehr Risiko nehmen mussten, Hakan Yakin Platz machte.

17 Reto Ziegler

Verteidiger links
16. Januar 1986
15 Länderspiele, 1 Tor
Debüt: 26.2.2005 gegen Frankreich

Vereine:
FC Gland, Servette FC, Lausanne-Sport, Terre Sainte, Tottenham/Eng, Hamburger SV/De, Wigan/Eng

Seit 31. Januar 2007: Sampdoria Genua/It (Vertrag bis 2012)

Jahrelang duellierten sich in der Schweizer Nationalmannschaft Christoph Spycher und Ludovic Magnin um den Platz in der linken Verteidigung. Nun wurden beide gemeinsam überrundet – durch Reto Ziegler, der nach schwierigen Zeiten in jungen Auslandjahren bei Sampdoria Genua zu Beständigkeit und Qualität gefunden hat, die letztlich auch Ottmar Hitzfeld überzeugten. Spycher fiel für die WM verletzungsbedingt aus, Magnin wurde nachnominiert – aber spielte keine Minute. Reto Ziegler, erst 24-jährig, hat sich während der WM in die Pole-Position für seine Position gehievt, zumal Spycher den Rücktritt aus dem Nationalteam erklärt hat.

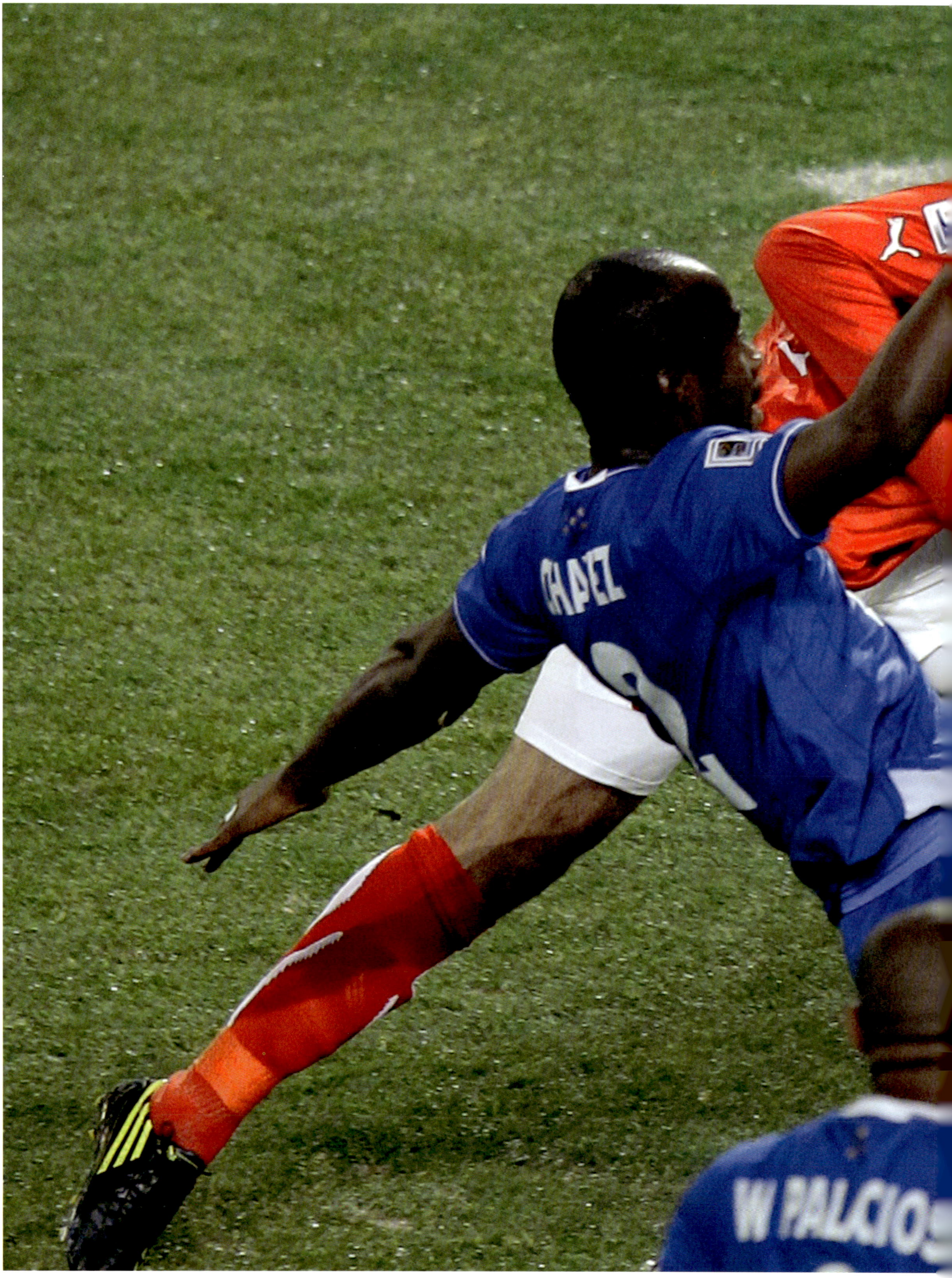

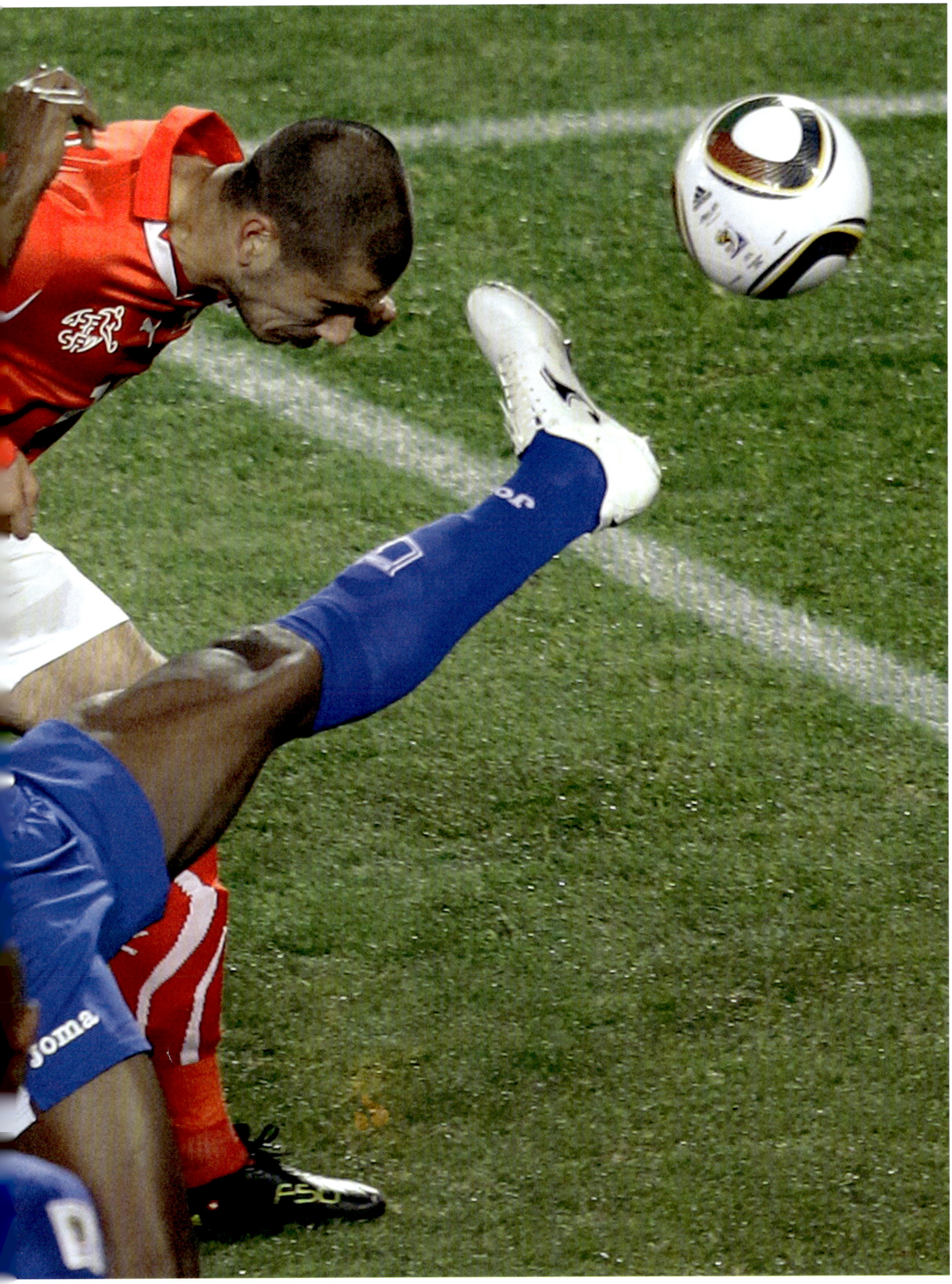
joma
F50

18 Albert Bunjaku

Stürmer
29. November 1983
4 Länderspiele
Debüt: 14.11.2009 gegen Norwegen

Vereine:
FC Schlieren, Grasshoppers,
YF Juventus, FC Schaffhausen,
SC Paderborn/De, Rot-Weiss Erfurt/De

Seit 2. Februar 2009: 1. FC Nürnberg/De
(Vertrag bis 2012)

Nach der Verletzung von Marco Streller entschied sich Ottmar Hitzfeld in der Nachnominierung für Albert Bunjaku – und nicht für den Aufsteiger und U17-Weltmeister Nassim Ben Khalifa. Der Zürcher mit kosovarischen Wurzeln hatte beim Bundesliga-Aufsteiger 1. FC Nürnberg eine tolle Saison hingelegt und regelmässig getroffen. Die Rückrunde verlief nicht mehr ganz so erfolgreich, weder mannschaftlich (erst in der Barrage wurde der Klassenerhalt gesichert) noch persönlich. Dennoch sprach seine Erfahrung für einen Platz im WM-Kader. Und beinahe hätte sein Zuspiel zu Eren Derdiyok im Spiel gegen Chile noch zum Ausgleich geführt.

19 Eren Derdiyok

Stürmer
12. Juni 1988
25 Länderspiele, 2 Tore
Debüt: 6.2.2008 gegen England

Vereine:
BSC Old Boys, FC Basel

Seit 1. Juli 2009: Bayer Leverkusen/De
(Vertrag bis 2013)

Von allen Offensivkräften war Eren Derdiyok bei der WM in Südafrika jener Spieler mit den meisten Torszenen. Beim historischen 1:0 gegen Spanien lieferte er die ebenso schmerzhafte wie wertvolle Arbeit zum Tor von Gelson Fernandes, er schoss im selben Spiel später nach einem tollen Solo noch mit dem Aussenrist an den Pfosten. Die kapitale Chance zum 1:1 gegen Chile jedoch vergab er, sein Flachschuss aus 14 Metern streifte knapp am linken Pfosten vorbei. Hätte er hier getroffen, die WM hätte für die Schweizer einen anderen Verlauf nehmen können. So aber traf auch Derdiyok gegen Honduras nicht.

20 Pirmin Schwegler

Mittelfeldspieler zentral
9. März 1987
4 Länderspiele
Debüt: 12.8.2009 gegen Italien

Vereine:
FC Grosswangen, FC Luzern,
BSC Young Boys, Bayer Leverkusen/De

Seit 18. Juli 2009: Eintracht Frankfurt/De
(Vertrag bis 2012)

Die Karriere des 23-jährigen Pirmin Schwegler verläuft seit dem Wechsel in die Bundesliga bestens. Seit dem Wechsel zu Eintracht Frankfurt ist er ein beständiger Wert im zentralen Mittelfeld, sein Förderer Michael Skibbe gibt ihm das vollumfängliche Vertrauen. Das macht ihn auch in der Nationalmannschaft zu einer wertvollen Zukunftsperspektive. Bei der WM in Südafrika reichte es noch für keinen Einsatz, neben den beiden Ersatztorhütern, Ludovic Magnin und Marco Padalino, war er einer aus dem 23er-Kader, der nicht berücksichtigt wurde. Aber die nächsten Jahre könnten ihm gehören.

22 Mario Eggimann

Verteidiger zentral
24. Januar 1981
9 Länderspiele
Debüt: 7.9.2007 gegen Chile

Vereine:
FC Küttigen, FC Aarau,
Karlsruher SC/De

Seit 1. Juli 2008: Hannover 96/De
(Vertrag bis 2013)

Die Zeiten nach dem Wechsel zu Hannover 96 waren keine einfachen, die vergangene Saison lange Zeit eine grosse Wackelpartie. Mario Eggimann stand mittendrin und am Ende auch wieder regelmässig auf dem Platz, als es darum ging, die Klasse zu erhalten im schwierigen Umfeld nach dem Freitod von Torhüter Robert Enke. Eggimann wusste, dass er an der WM für die Schweiz keine Hauptrolle übernehmen muss, aber seine Befreiungsaktionen im Spiel gegen Spanien, als er für die Schlussminuten noch als Ausputzer eingewechselt worden war und die Bälle in kämpferischer Manier aus dem Strafraum beförderte.

23 Xherdan Shaqiri

Mittelfeldspieler seitlich
10. Oktober 1991
4 Länderspiele
Debüt: 3. März 2010 gegen Uruguay

Vereine:
SV Augst

Seit 28. März 2001: FC Basel
(Vertrag bis 2014)

Sein Aufstieg beim FC Basel verlief in atemberaubenden Tempo. Als feste Grösse holte er sich in seiner ersten Profisaison das Double und fuhr danach mit erst 18 Jahren zur einer Weltmeisterschafts-Endrunde. Zweifellos war Shaqiri das Signal in die Zukunft in Ottmar Hitzfelds Aufgebot. Eingesetzt wurde er zwar erst in der Schlussphase des Spiels gegen Honduras, und dort deutete er an, dass er mit seiner Schnelligkeit, starken Technik und Frechheit durchaus noch etwas bewegen kann nach vorne. Er wird weiterhin dabei bleiben, wenn er den schnellen Aufstieg bodenständig bewältigt.

Der Staff

Nationaltrainer:
Ottmar Hitzfeld (seit 2008)
Assistenztrainer/Physis/Analyse:
Michel Pont, Pierluigi Tami, Zvonko Komes, Markus Tschopp
Torhütertrainer:
Willi Weber
Delegierter der Nationalmannschaft:
Peter Stadelmann
Teammanager: Philipp Ebneter
Medienchef: Marco von Ah
Ärzte: Roland Grossen, Rudolf Roder, Cuno Wetzel
Physiotherapeuten: Daniel Griesser, Christian Meissgeier, Stephan Meyer
Koch: Emil Bolli
Material: Jean Benoit Schüpbach, Martin Suter
Vertreter Ausrüster:
Patrick Abatangelo

Die Schweizer Einsatzstatistik an der WM 2010

		Spanien	Chile	Honduras	Total	Tore	Assist	Gelbe Karten	Rote Karten
1	Diego Benaglio	90	90	90	270	0	0	1	0
2	Stephan Lichtsteiner	90	90	90	270	0	0	0	0
3	Ludovic Magnin	0	0	0	0	0	0	0	0
4	Philippe Senderos	36	0	0	36	0	0	0	0
5	Steve von Bergen	54	90	90	234	0	0	0	0
6	Benjamin Huggel	90	90	78	258	0	0	0	0
7	Tranquillo Barnetta	89	48	90	227	0	0	1	0
8	Gökhan Inler	90	90	90	270	0	0	1	0
9	Alex Frei	0	42	21	63	0	0	0	0
10	Blaise Nkufo	90	68	69	227	0	0	1	0
11	Valon Behrami	0	31	0	31	0	0	0	1
12	Marco Wölfli	0	0	0	0	0	0	0	0
13	Stéphane Grichting	90	90	90	270	0	0	1	0
14	Marco Padalino	0	0	0	0	0	0	0	0
15	Hakan Yakin	11	0	45	56	0	0	1	0
16	Gelson Fernandes	90	77	45	222	1	0	1	0
17	Reto Ziegler	90	90	90	270	0	0	1	0
18	Albert Bunjaku	0	13	0	13	0	0	0	0
19	Eren Derdiyok	79	22	90	191	0	1	0	0
20	Pirmin Schwegler	0	0	0	0	0	0	0	0
21	Johnny Leoni	0	0	0	0	0	0	0	0
22	Mario Eggimann	1	0	0	1	0	0	0	0
23	Xherdan Shaqiri	0	0	12	12	0	0	0	0

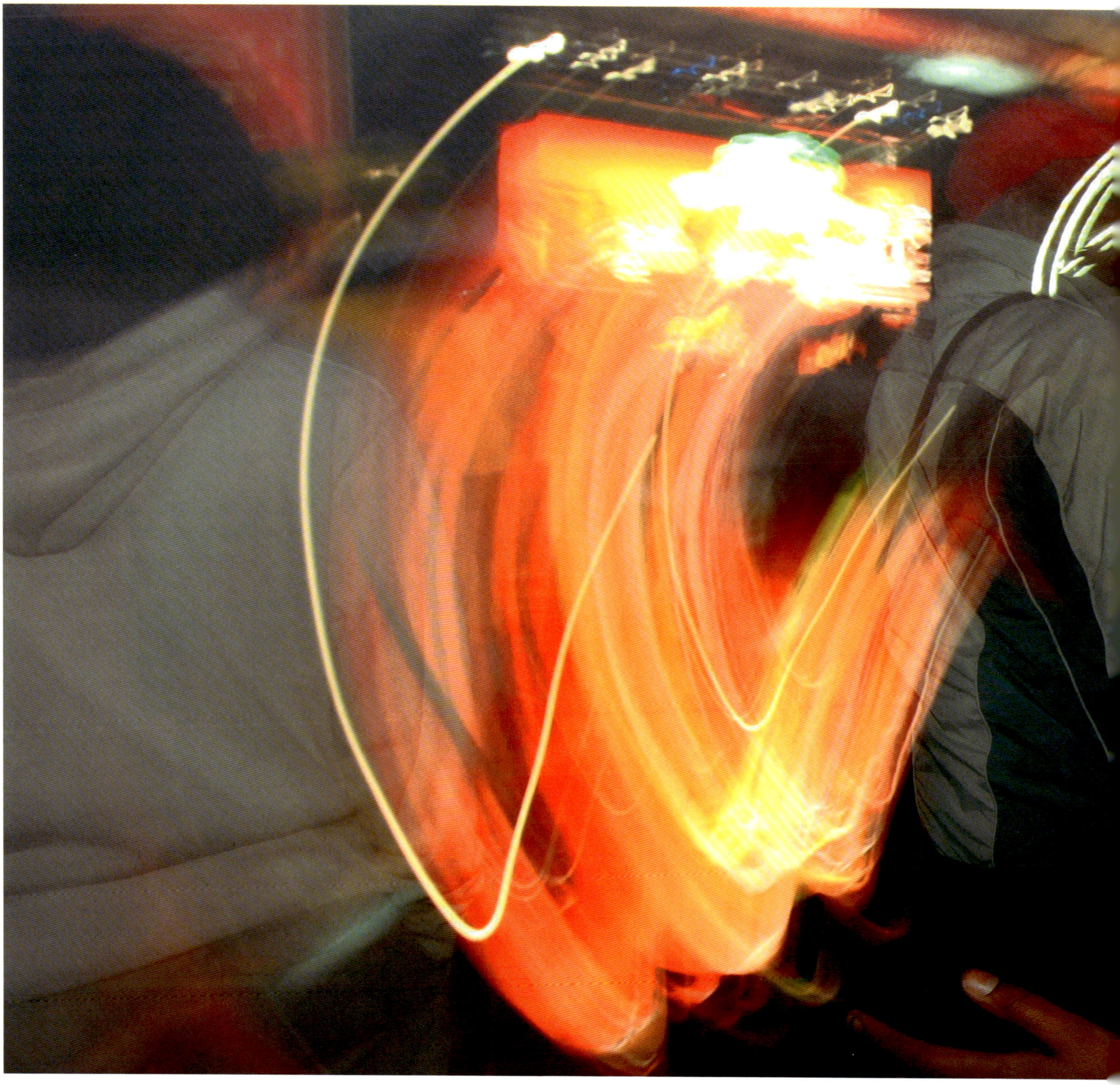

Als die ganze Welt «waka waka» war

Kapitel 6 – Die WM in Südafrika und wie sie in der Schweiz wahrgenommen wurde

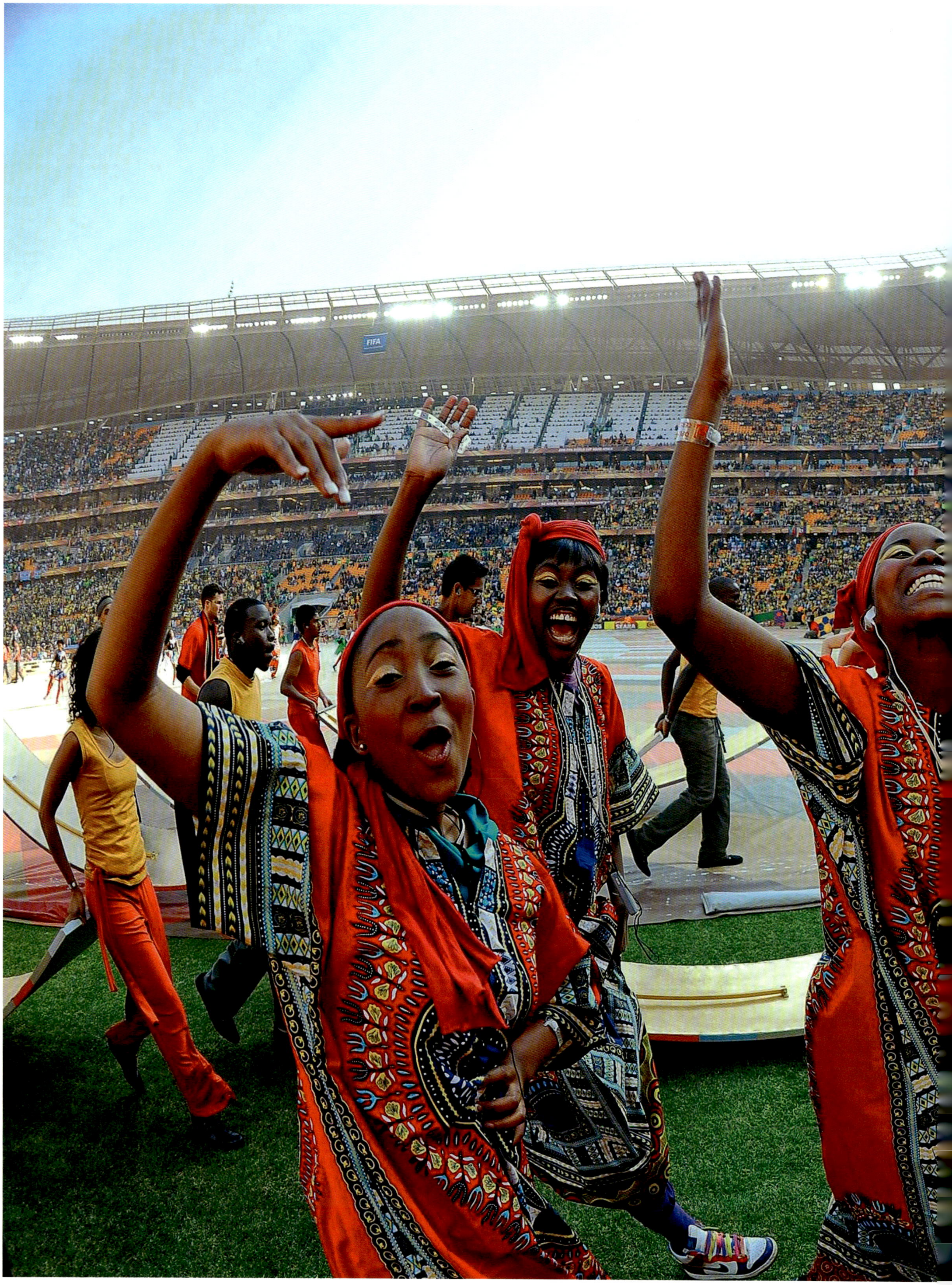
FIFA

181

Eine Reise durch einen kleinen Teil des

Der Kollege aus Deutschland ist über Kinshasa angereist, den letzten Teil der langen Reise nach Südafrika hat er mit der Kenya Airways hinter sich gebracht. Der Pilot begrüsste die Passagiere kurz vor dem Abflug mit den Worten «Willkommen zur Fussball-WM in Afrika». Ein ganzer Kontinent zeigte bei jeder Gelegenheit den Stolz, die Fussball-WM erstmals bei sich zu haben, und so gesehen lebte dieser Grossanlass schon weit vor dem südlichsten Land Afrikas. Am Abend vor der Eröffnung der WM versammeln sich die Weltstars in einem Stadion in Soweto – und sie singen und tanzen sich warm für das grosse Fussball-Event. Shakira präsentiert hüftschwingend ihren WM-Hit, der einen in den folgenden Tagen so eng verfolgen sollte wie einst Gianna Nanninis im Sommer 1990 in Italien. Es ist ein farbenfrohes Fest, die Vorfreude der Menschen und der Künstler auf die WM ist förmlich zu spüren, ein erstes Stück reale Weltmeisterschaft wird in die ganze Welt hinaus getragen. Der Abend endet mit viel Vorfreude auf das Turnier, aber auch mit einer Tragödie. Auf dem Heimweg kommt bei einem Verkehrsunfall eine Enkelin von Nelson Mandela ums Leben und die grosse Identifikationsfigur bleibt fortan allen Anlässen rund um die WM fern. Am nächsten Tag dröhnen erstmals die Vuvuzelas – im gigantischen Soccer City Stadium von Johannesburg spielt die Bafana Bafana, Südafrikas Auswahl, gegen Mexiko die erste WM-Partie. Das Stadion ist voll, wie ein Mann stehen die Zuschauer hinter ihrem Team. Schon in den Monaten zuvor haben sich die Fans auf diesen Tag vorbereitet, mit der Gestaltung der Makarapas, dieser kunstvoll verzierten Plastikhelme, mit viel Lungentraining für die grosse Ausdauer an der Flöte, mit dem Tragen des Nationaltrikots jeden Freitag an der Arbeit und im Alltag – und natürlich mit dem Aufbau höchster sportlicher Erwartungen ans eigene Team. Ein 1:1 gibts schliesslich, ein nicht untypisches Resultat für ein Eröffnungsspiel und immerhin so gut, dass Bafana Bafana weiter hoffen kann. Und Sepp Blatter, der FIFA-Boss, der die WM hierher brachte, strahlte.

tolzen WM-Landes Südafrika

Die Sun Coast in Durban ist eine wunderbare Flaniermeile direkt am Indischen Ozean. Es ist der Tag vor dem ersten Schweizer WM-Auftritt gegen Spanien im schönsten Stadion dieser WM. Die Kinder toben herum, alle sind sie in das gelbgrüne Shirt des Nationalteams Südafrika gekleidet und alle singen sie ununterbrochen: «Waka waka, it's time for Africa.» Das Stadion wurde direkt am Ende dieses Boulevards, direkt neben dem grossen Casino-Komplex, erbaut. Noch ist wenig von Schweizer Fans zu sehen, rund 2000 werden es am anderen Tag sein. Das Spiel gegen Spanien wird zur geschichtsträchtigen Angelegenheit für die Schweizer, 1:0 endet es vor einer langen Nacht in Durban. Denn Südafrika spielt am selben Abend zum zweiten Mal, die Fanzone beim FIFA-Fan-Fest platzt aus allen Nähten, längst wurden die Eingänge geschlossen, grosses Gedränge herrscht. Ein paar Meter und eine würzige Wurst vom Strassenhändler später gibts noch einmal eine Fanzone, direkt am Meer, Tausende haben sich versammelt und feiern trotz der klaren 0:3-Niederlage gegen Uruguay ein friedliches Fussballfest.

Für die Schweizer Fans ist es Zeit, weiterzuziehen. Die Strasse nach Port Elizabeth, die N2, ist dick eingezeichnet, der Anfang ist als Autobahn ausgebaut, doch nach Port Shepstone führt sie als normale Strasse ins Landesinnere. Schnell verändert sich die Umgebung, die Häuser sind hier noch einfache Lehm- oder Blechhütten. Die Fahrt durch Zingolweri, Harding, Kokstad, Mount Ayliff, Mount Frere, Mthatha (die erste grössere Siedlung nach über 300 km), Dutywa und Butterworth bis nach East London zeigt eine ganz andere Seite Südafrikas als in den Küstenstädten. Hier wohnt die einfache Landbevölkerung, die in den wenigen Ortschaften für emsiges Treiben in den Geschäften und offenen Märkten sorgt. In der mitteleuropäischen Wahrnehmung geht es hier schon recht chaotisch zu, die Menschen führen ein einfaches Leben.

Weitere 300 Kilometer ab East London liegt Port Elizabeth, der zweite Schweizer Spielort. Eine moderne Stadt mit schönster Umgebung mit dem Cape Recife Nature Reserve und seinem Leuchtturm an der Landzunge in den Indischen Ozean oder mit dem Addo Elephant Park etwa 70 Kilometer nordöstlich der Stadt. Hier geht es vorbei an Townships und kleinen Ortschaften, bevor dann die kleine Safari beginnen kann. Ganze 15 Franken Eintritt kostet der grosse Park, mit dem Mietauto kann man sich dann selbstständig auf Erkundungstour begeben, Elefanten, Hyänen, Zebras und viele weitere wild in diesem Reservat lebende Tiere sehen.

Am Abend geht es weniger wild zu als gewünscht, zumindest aus Schweizer Sicht. Gegen Chile wird man von Anfang an in die Defensive gedrängt, nach dem Platzverweis gegen Valon Behrami erst recht. Am Ende stehts 0:1, Enttäuschung macht sich breit, doch die Schweizer Fans lassen sich die Laune nicht verderben und feiern ausgiebig in den Bars am Boardwalk, bei der jeden Abend mit Fussballfans überfüllten «Barney's Tavern» etwa, wo es alle südafrikanischen und namibischen Biersorten zu trinken und auch sehr gutes Essen gibt. Der Tag danach gilt schon wieder dem Rückflug. Zunächst ein kleiner Inlandflug mit der Kulula-Air, die sich während der WM einen Spass daraus machte, die strengen Marketingbestimmungen zu unterlaufen und sich nach dem Transport eines entsprechend getauften Hundes brüstete: «Sepp Blatter fliegt mit uns.» Naja. In Durban vergeht die Wartezeit auf den Heimflug schnell, das ganze Flughafenpersonal scheint an den Bildschirmen zu hängen und mit Südafrika darauf zu hoffen, dass das unmöglich Scheinende, ein Sieg mit vier Toren Unterschied gegen Frankreich, doch noch wahr werde. Polizisten, Sanitäter und andere Beamte lassen ihre Pflicht Pflicht sein und fiebern mit: 1:0, 2:0, es wird doch nicht etwa… Nein, die Franzosen schaffen doch noch ein Tor, die südafrikanischen Hoffnungen sind begraben. Auch ohne den Erfolg des einheimischen Teams war es eine WM, die hier niemand vergessen wird. Und auch die Fussballtouristen, die den langen Weg nach Südafrika auf sich nahmen, wussten nur Gutes zu berichten. Sie alle werden vielleicht wieder einmal singen: «Waka, waka, it's time for Africa.»

Bilder rechts: Eine mobile Schweizer Botschaft beim FIFA-Fan-Fest in Port Elizabeth (o.l.), ein Fan mit der typischen Kopfbedeckung Wakarapa (o.r.), Elefanten im Addo Elephant Park bei Port Elizabeth (u.l.) und der Leuchtturm im Naturreservat «Cape Recife» nahe des Schweizer Mannschaftshotels beim Spiel in Port Elizabeth (u.r.).

185

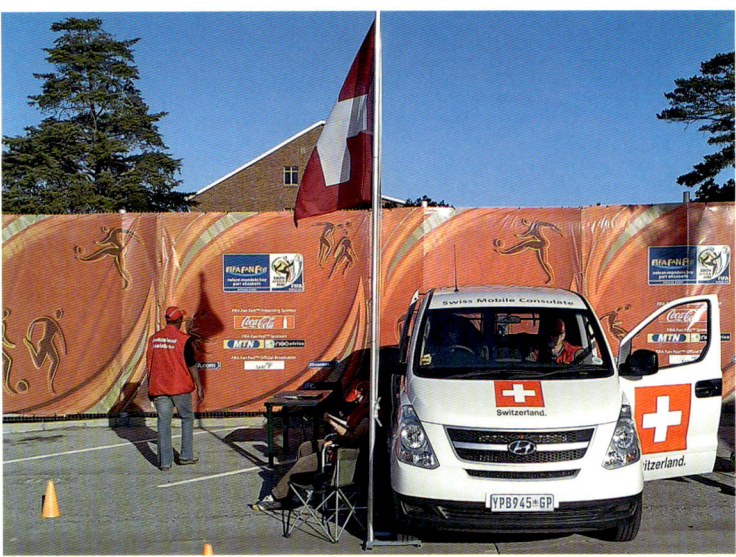

Als alles Beten nichts mehr half: Sport

Am Ende der Träume half nicht einmal mehr ein Sieg. Mit 2:1 bezwang Südafrika am 22. Juni die Karikatur einer französischen Nationalmannschaft, doch das war nach einem 1:1 gegen Mexiko und dem 0:3 gegen Uruguay nicht genug, um das frühe Aus an der WM im eigenen Land zu verhindern. So schied Südafrika als erster Gastgeber einer WM-Endrunde überhaupt schon nach den Gruppenspielen aus.
Die Enttäuschung über die nicht erfüllten Hoffnungen war entsprechend gross, aber dennoch hielt sich die Trauer in Grenzen, weil die «bafana bafana» ihr letztes Spiel gewann und somit den Frust der Fans nach dem Durchhänger in der zweiten Partie gegen Uruguay bis zu einem gewissen Grad erträglicher gestalten konnten.
Und fast wäre es in Bloemfontein noch zur grossen Wende zugunsten der Gastgeber gekommen. Auch die Zuschauer waren plötzlich wieder laut geworden, als die Südafrikaner mit 2:0 führten und das 3:0 nur knapp verpassten. Und mit einem 4:0 wäre man doch noch an den Mexikanern vorbeigezogen, die Uruguay gleichzeitig mit 0:1 unterlagen.
Letztlich mischte sich in die Enttäuschung auch der Stolz darüber, sich mit einem Sieg über den WM-Zweiten von Deutschland aus dem Turnier verabschiedet zu haben. «Es ist enttäuschend, denn wir haben alles gegeben. Ich denke aber, wir haben heute für den Fussball etwas getan und den Leuten ein schönes Spiel gezeigt», sagte Südafrikas Spieler Steven Pienaar. Und die Fans sahen das genauso. Sie feierten ihre Mannschaft noch lange nach Schlusspfiff mit lauten Gesängen und Vuvuzela-Getröte. Staatschef Jacob Zuma gratulierte den Spielern in der Kabine, und auch von Seiten der FIFA hiess es bald, die WM werde farbig weitergehen, weil sie weiterhin vom Geist Südafrikas geprägt sei.

h liess Südafrika die Träume unerfüllt

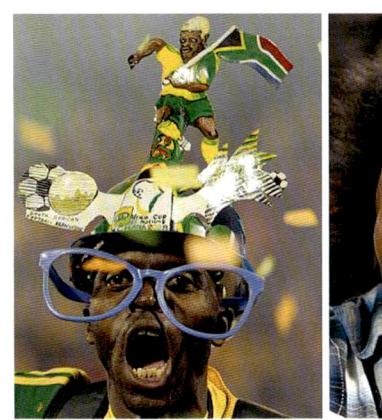

Vuvuzela und Makarapa – schnell bek

Der Strassenhändler am Kings Beach von Port Elizabeth musste leider abwinken. Vuvuzelas? – Erst morgen wieder, sorry. So nervig die südafrikanischen Fantröten zu Hause an den Bildschirmen das gewohnte Klangbild bei Fussballübertragungen gestört haben mag, so stark waren die typischen Plastikinstrumente im WM-Land nachgefragt. Nicht zwingend von der einheimischen Bevölkerung, sondern vor allem von den Fussballfans aus der ganzen Welt. Es gab kaum einen Spanier, Argentinier, Japaner oder Australier, der an der WM nicht mit einer Vuvuzela ausgestattet gewesen wäre. Und gleich eine für den Heimflug ins Handgepäck steckte. Im Stadion wird der Lärm ganz anders wahrgenommen, er ist weit weniger gleichmässig wie man ihn bei der TV-Übertragung empfindet. Und es ist auch nicht so, dass man mit einer Vuvuzela nur einen einzigen Ton herausbringen könnte – es kommt wie bei den meisten Instrumenten ganz auf das musikalische Talent des Bläsers an. Die WM-Tröte wurde so zum beliebtesten Souvenir überhaupt, weit erfolgreicher jedenfalls als die Plüschtiere und Produkte rund um das offizielle WM-Maskottchen «Zakumi». Manch einer besorgte sich auch ein Shirt der Bafana Bafana und schloss sich so der geschlossenen gelb-grünen Masse der Südafrikaner an, die ihr Fussballtrikot mit Stolz schon fast rund um die Uhr trugen. Gleiches galt für die vielfarbigen Schals, die es mit dem Motiv der Landesflagge vor allem den Politikern angetan hatten. Kein Empfang und kein Fernsehauftritt ohne das Tuch um den Hals, um seine restlose Unterstützung fürs eigene Team und Land zu dokumentieren. Als bestes Beispiel voran ging dabei Staatspräsident Jacob Zuma, der den Fussballern seines Landes immer wieder viel Mut zusprach.

Makarapas dagegen blieben weitgehend den einheimischen Fans vorenthalten. Je nach Ausgestaltung der verzierten Plastikhelme wäre es beim Heimtransport wohl auch zu Platzschwierigkeiten gekommen.

nter als der «offizielle» Zakumi

Schweizer in Südafrika – als Fans und

Die Verantwortlichen des SFV suchten während ihres Aufenthalts in Südafrika auch nach Möglichkeiten, sich im sozialen Bereich zu engagieren. So besuchte eine Delegation zusammen mit Nationalspieler Philippe Senderos am 20. Juni 2010 ein Armenviertel am Rande von Port Elizabeth. Die Gäste beschenkten Kinder mit Bällen und rot-weissen Trikots. Zusätzlich unterstützt der SFV ein südafrikanisches Hilfswerk mit 10 000 Franken. Mit 360 Franken könne man einem Kind ein Jahr lang ein besseres Leben, Bildung und Sport ermöglichen, erklärte SFV-Generalsekretär Alex Miescher. Als Partner des in Neuenburg beheimateten Imbewu-Hilfswerkes hoffe man, zwölf Jugendliche zwei Jahre lang unterstützen zu können. Die Zahl zwölf ist dabei stellvertretend für ein Fussballteam inklusive Trainer.

Es waren bewegende Augenblicke auf dem kleinen Sportplatz nahe der Townships, in denen rund um Port Elizabeth rund 600 000 mehrheitlich arbeitslose Personen in ärmlichen Verhältnissen leben. Senderos richtete berührende Worte an die Jugendlichen, die ihn immer wieder anfassten und anstrahlten. Der Sport sei eine gute Lebensschule und öffne immer wieder Wege zu neuen Zielen. Darum lohne sich das tägliche Training und er hoffe, wenn er einst auf dem Sofa vor dem TV sitze, einen der anwesenden Jugendlichen als grossen Sportler wiedersehen zu können. Die Kinder bedankten sich und sangen die südafrikanische Nationalhymne und einem von allen signierten Leibchen ihres Nationalteams.

Ebenfalls anwesend war Arthur Dubach, Götti von Tennisstar Roger Federer. Die Roger-Federer-Foundation unterstützt das Hilfswerk seit 2004. Dank dieser finanziellen Zuwendung erhielten die Kinder der Townships einen grosszügigen Allwetter-Sportplatz, auf dem täglich verschiedenste Sportarten ausgeübt werden können.

Botschafter für humanitäre Anliegen

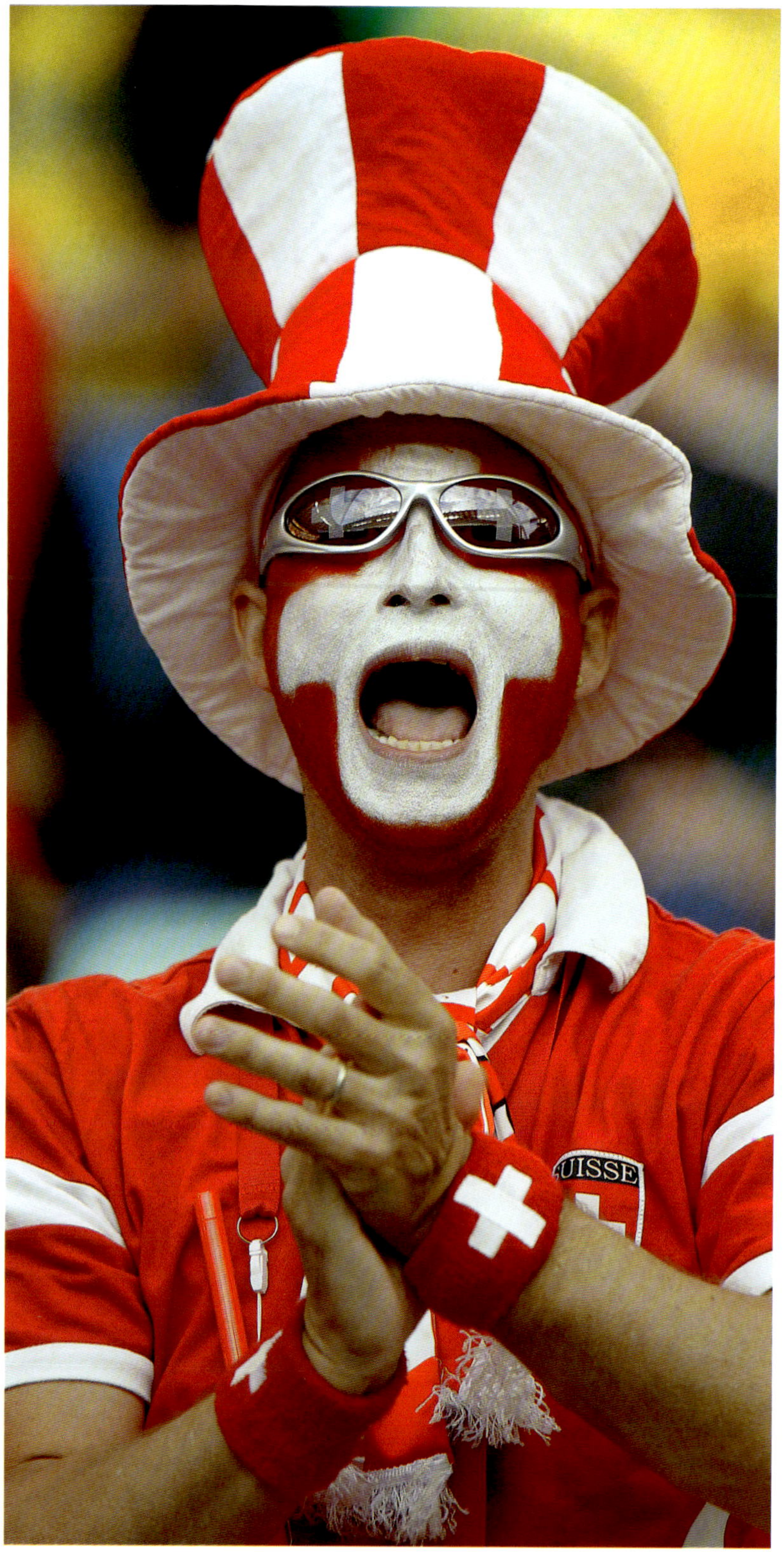

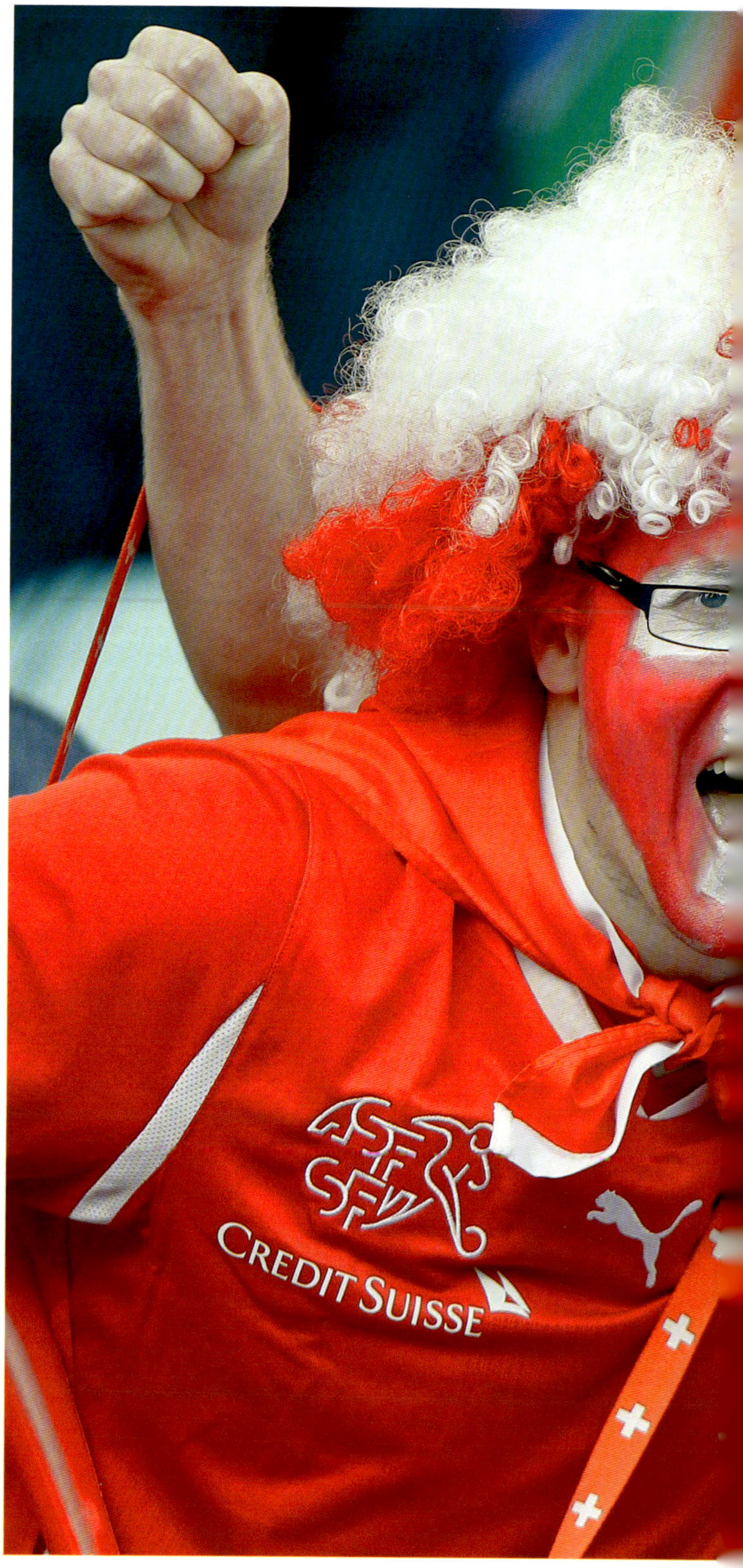
CREDIT SUISSE

Als die Schweizer an der WM 2006 in Dortmund gegen Togo spielten, wohnten 55 000 Fans in Rot und Weiss einem Länderspiel ihres Lieblingsteams bei. So viele wie nie zuvor – und so viele, wie es nie mehr sein werden.

Eine ähnliche Reisewelle konnte aus mehreren Gründen nicht erwartet werden für die WM 2010. Aber Schätzungen zufolge sollen es wiederum 2000 Schweizerinnen und Schweizer gewesen sein, die live vor Ort die Partien verfolgt haben. Und die sorgten wiederum für beste Stimmung.

Gute Stimmung im neuen Lokal des «S

Lange musste Michael Hauser als Präsident des «Swiss Social & Sports Clubs» in Kapstadt zittern, ob denn die Umbauarbeiten am neuen Vereinsheim rechtzeitig vor der WM noch abgeschlossen sein würden. Dann aber, als die Schweizer gegen Spanien antraten, konnte Hauser die Gäste doch noch in einem frisch renovierten Haus begrüssen.

Rot und Weiss geschmückt waren die anwesenden Schweizer Exilanten, die sich in der Region Kapstadt niedergelassen haben (oder zumindest vorübergehend dort ihren Wohnsitz haben) – und sie feierten letztlich einen unerwarteten Erfolg ihres Teams gegen den Europameister. Kein Wunder, fühlten sich in diesen Tagen die doch rund 3000 Schweizerinnen und Schweizer, die in der Gegend von Kapstadt leben, besonders wohl. Und wer die schöne Stadt im Schatten der Tafelberge eines Tages besuchen möchte, kann sich über www.swissclub.co.za jederzeit an Michael Hauser und seine Familie (kleines Bild) wenden. Sie helfen mit Rat und Tat, auch wenn keine WM stattfindet.

iss Social & Sports Club» in Kapstadt

Auch die Südafrikaner konnten sich fü

Die Schweizer Fussballer, die schon Teil der WM-Reise nach Deutschland im Sommer 2006 waren, dürften sich noch gut daran erinnert haben, wie sich die Bevölkerung des saarländischen Dörfchens Bad Bertrich bald als Schweizer Enklave fühlte und mehr in Rot und Weiss geschmückt war als in Schwarz, Rot und Gold. In Südafrika, vor allem dort natürlich, wo sie logierten, erhielten die Schweizer ebenfalls grossen Support durch die Einheimischen. Und so wehten die Schweizer Fahnen munter im südafrikanischen Winterwind. Der Fussball machts möglich!

e Schweizer Gäste begeistern

Doris Leuthard in Südafrika und die N

Als am 16. Juni 2010 die erste WM-Partie der Schweiz gegen Spanien angepfiffen wurde, fand 9000 Kilometer von Durban entfernt im Nationalrat, im schönen grossen Saal des Bundeshauses in Bern, gerade eine Diskussion über die Teilrevision des Krankenversicherungsgesetzes statt. Das kann – wer sich dafür interessiert – durchaus spannend sein. Aber gewisse Damen und Herren Räte schienen doch froh über die Errungenschaften der modernen Technik zu sein. So rollte, während am Pult gesprochen wurde, beim einen oder anderen via «Laptop-TV» der Fussball aus Südafrika in die gute Bundeshausstube. Ein bisschen einfacher hatte es (Ehre, wem Ehre gebührt) Bundesrätin Doris Leuthard, die ein paar Tage zuvor persönlich den Eröffnungsfeierlichkeiten der WM in Südafrika beiwohnen durfte. Die Magistratin liess es sich nicht nehmen, der Schweizer WM-Delegation einen Besuch abzustatten und für ein Erinnerungsfoto zu posieren. Stolz durfte sie als einzige Frau auf dem Bild ein rot-weisses Originaltrikot in Empfang nehmen (natürlich entsprechend beschriftet). Überreicht wurde es von SFV-Vizepräsident Kurt Zuppinger und Nationaltrainer Ottmar Hitzfeld. Und weil der Besuch auch eine politische Komponente hatte, durfte auch der Bürgermeister von Vanderbijlpark nicht fehlen.

...nalmannschaft im Nationalratssaal

Bemalte Lastwagen, bestickte Schuhe

Im Vorfeld der EM 2008 in der Schweiz und in Österreich schien sich vom Grossunternehmen bis zum kleinen Bäcker jeder die Frage gestellt zu haben, wie er denn seine Aktivitäten mit dem Fussball-Grossanlass im Land verknüpfen könne: Und so gab es exklusive EM-Autogrammstunden hier und das EM-Brötchen dort – von April bis Juli, wobei das Turnier für die Schweizer letztlich nur gerade vier Tage, vom Eröffnungsspiel bis zum 1:2 gegen die Türkei, dauerte.

In Südafrika waren die Rot-Weissen deutlich länger im Einsatz, und doch war von WM-Fieber in der Heimat lange Zeit nichts zu spüren. Auffallend war, dass die Sponsoren des SFV ihre Aktivitäten fast ausschliesslich in der Schweiz planten. Die Credit Suisse als Hauptsponsorin der Nationalmannschaften lud die Fans zu Autogrammstunden mit den Spielern in die Filialen, Ochsner Sport hatte in seine Verkaufsstellen «Fanshops» integriert und sorgte mit Aktionen wie etwa dem Besticken von Fussballschuhen für Interesse, derweil Swiss Life Bettwäsche für Fussballstar-Träume verloste. Da und dort gab es auch kleine, feine Aktionen von jugendlichen Fans wie zum Beispiel die Verschönerung von Lastwagen mit Fussballmotiven durch Schülerinnen und Schüler der Volksschule Oberbipp.

Mit dem Turnierstart und vor allem mit dem 1:0 gegen Spanien erhöhte sich der WM-Puls schlagartig. Plötzlich wehten mehr Fähnchen von den Autos und an den Restaurants, und nun war auch das Public Viewing wieder ein Thema, nachdem es zu Beginn vor allem Grillpartys im eigenen Garten gewesen waren, an denen der Ball aus Südafrika in die Heimat gerollt war. Die wachsende Begeisterung stellte auch das übertragende Schweizer Fernsehen zufrieden. SRG SSR idée suisse, wie die Schweizerische Radio- und Fernsehgesellschaft heute heisst, durfte sich über siebenstellige Zuschauerzahlen und Einschaltquoten von über 70 Prozent freuen.

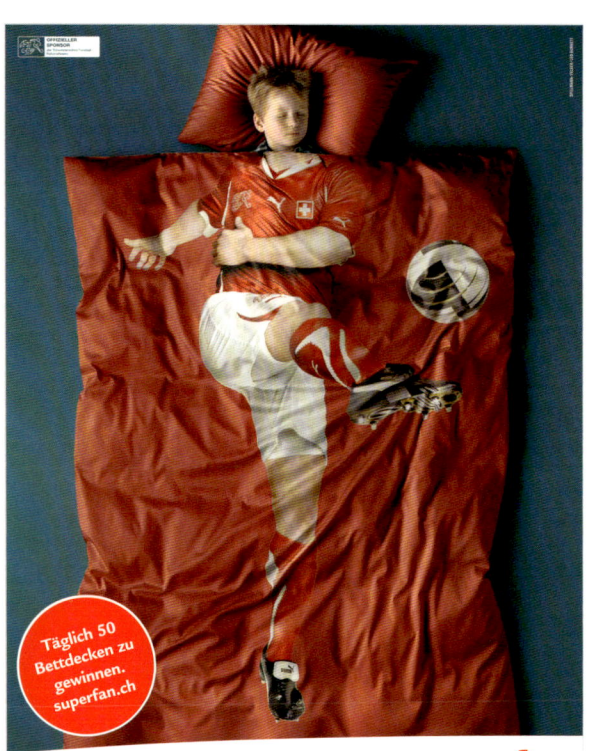

Fähnchen und süsse Träume

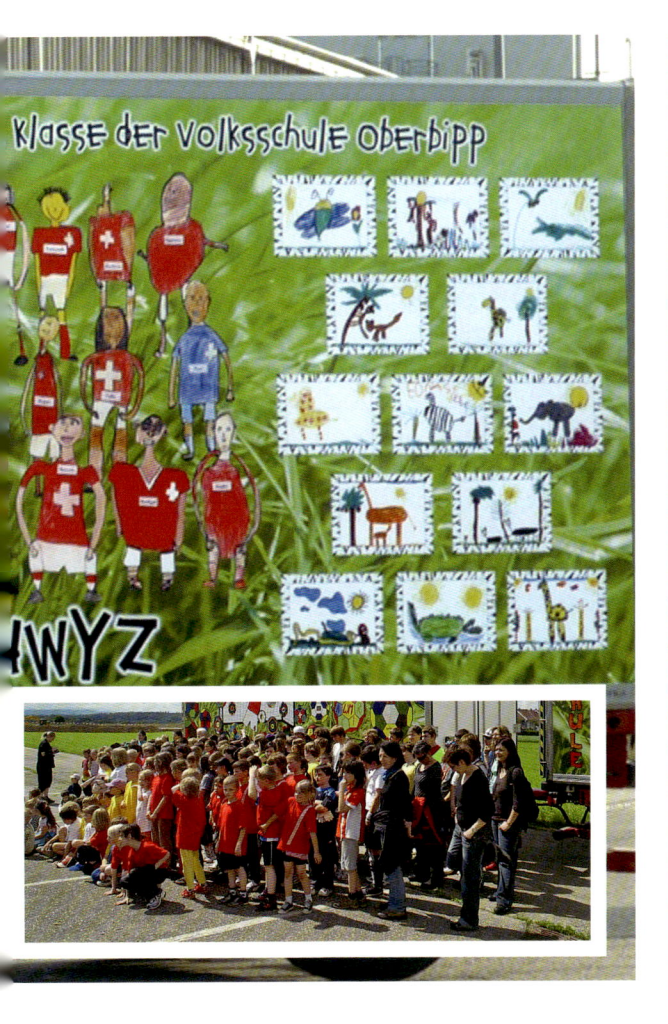

Wie die Schweizer Fans in den Fanzo

im ganzen Land mitfieberten

Die besonderen Umstände, die mit einer Reise zur Fussball-WM nach Südafrika verbunden waren, liessen viele Schweizer Fans zu Hause bleiben und die WM in den zahlreichen Fanzonen in allen Landesteilen verfolgen. Eine der beliebtesten und erfolgreichsten war jene beim Landesmuseum beim Zürcher Bahnhof, wo jeden Abend einiges los war und auch emotional mitgefiebert wurde (vgl. Bild auf der vorangegangenen Doppelseite). Auch in Lausanne (Bilder oben und unten links) wechselten sich Freudentänze und regnerische Trübheit munter ab. Nicht auf Touren kam die grösste Public-Viewing-Anlage der Schweiz, die auf dem Basler Schänzli aufgebaut worden war und wo meist gähnende Leere herrschte. Zwei Jahre nach dem Fiasko des 9. Stadions der EURO in Bad Bubendorf hat die Region Nordwestschweiz den nächsten Beweis geliefert, was Fanzonen und Public Viewing sicher nicht dürfen: etwas kosten. Da spielte keine grosse Rolle, dass der Screen im Schänzli sowohl von der Grösse wie auch von der Qualität einer der besten überhaupt war. Verzichten muss man auf das Erlebnis in Zukunft nicht. Die Wand wird nun einige Meter über die St. Jakobs-Strasse getragen und findet im Stadion St. Jakob-Park einen neuen Bestimmungszweck – und das vor meist sehr gut besuchten Rängen.

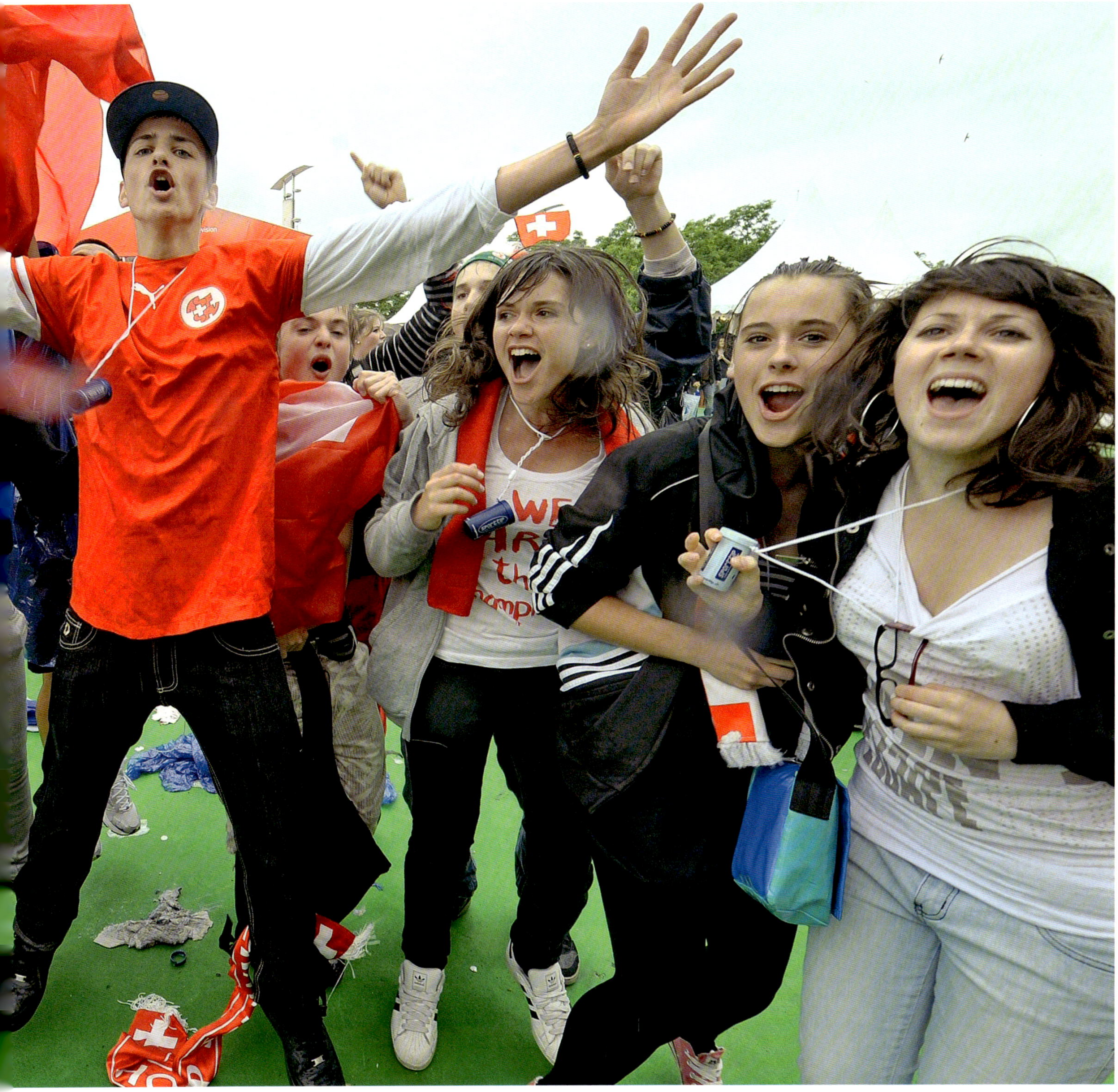

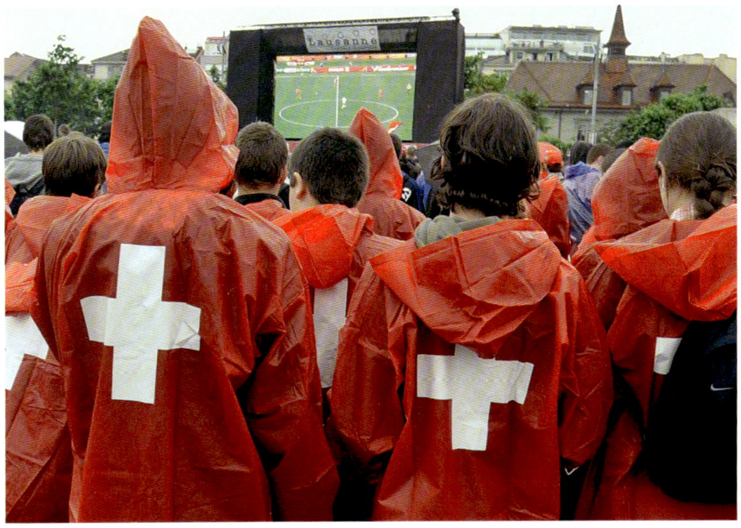

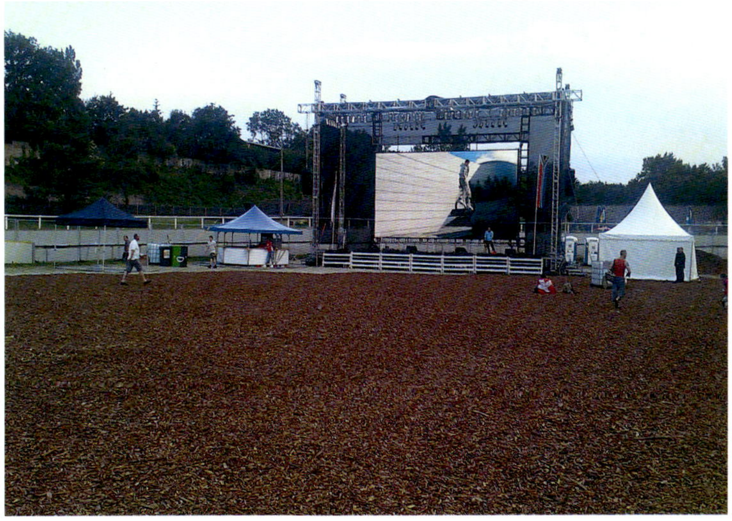

Die ganze Welt blickte auf die Fussbal

Ja, es gibt wohl keinen Flecken auf der Erde, auf dem eine Fussball-Weltmeisterschaft spurlos an den Menschen vorbeizieht. Die Art und Weise, wie man die Lieblinge in der Ferne unterstützt, ist dabei ganz verschieden. Ob wie 2002 an der WM im eigenen Land auf den Strassen von Seoul in Millionenstärke (Bild auf der rechten Seite), ob in einem schönen mexikanischen Lokal (man beachte die Schweizer Flagge…) oder im ganz kleinen Rahmen vor einem Lebensmittelgeschäft in China, wo der Ladeninhaber und seine Freundin den richtigen Kanal gefunden haben. Wer weiss, vielleicht kennt er mittlerweile Gelson Fernandes …?

Weltmeisterschaft in Südafrika

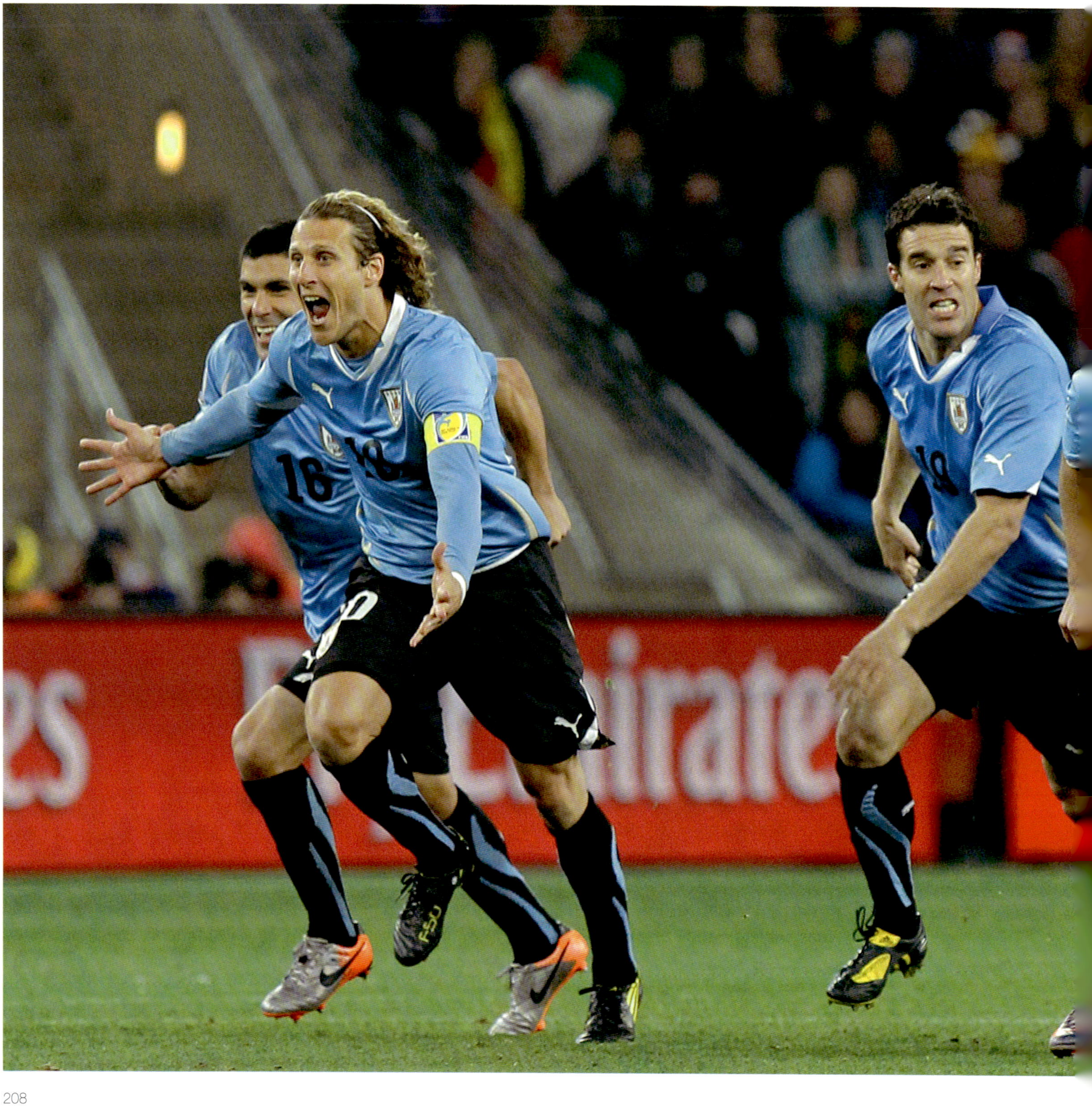

Die Top-Storys der WM 2010

Kapitel 7 – Die sportlichen Höhen und Tiefen in Südafrika

2006 im Final von Berlin – 2010 schon

Im Jahr 2006 standen Italien und Frankreich noch zuoberst in der Hierarchie einer Fussball-Weltmeisterschaft, als sich die beiden Teams bis auf den letzten Penalty ein ausgeglichenes Duell lieferten, das letztlich die «Azzurri» für sich entschieden. Vier Jahre später waren beide mit der Ambition angetreten, wiederum lange im Turnier zu bleiben. Die Hoffnungen erfüllten sich nicht: Beide scheiterten schon in den Gruppenspielen.

Den Italienern wurde der Minimalismus zum Verhängnis; das wie aus dem Alltag übernommene Vertrauen, es werde sich alles irgendwie noch arrangieren lassen. Tatsächlich hatte Pepe im entscheidenden Spiel gegen die Slowakei noch das 3:3 auf dem Fuss, das Italien mit drei Remis in die Achtelfinals gebracht hätte. Doch er scheiterte mit seinem Schuss – und mit ihm der Weltmeister in der Gruppenphase.

Ziemlich hausgemacht waren die Probleme, die letztlich die Franzosen zu den grössten Verlierern des Turniers machten. Ein interner Machtkampf zwischen den Spielern und Trainer Raymond Domenech eskalierte, nachdem es zwischen Stürmer Nicolas Anelka und Domenech in der Pause der Partie gegen Mexiko zu einer verbalen Auseinandersetzung gekommen war. Als Anelka wegen seines Vergehens nach Hause geschickt worden war, weigerten sich die Spieler, das Training wieder aufzunehmen. Dies teilten sie dem Trainer schriftlich mit. So kam es am 20. Juni 2010 zu einem in der Geschichte der WM einzigartigen Vorfall, dass Domenech vor versammelter Presse das Communiqué der Spieler vorlas, derweil die Stars wieder zurück in den Bus trotteten.

Die Reaktionen waren heftig, Politiker schalteten sich ein, doch auf dem Feld war von Wiedergutmachung im nächsten Match wenig zu sehen. Die Franzosen verloren gegen Südafrika mit 1:2 und mussten wie 2002 ohne Sieg den Heimweg antreten. Es war das letzte Spiel für Domenech, der sich von der internationalen Bühne mit einer weiteren sonderbaren Episode verabschiedete: Er verweigerte Südafrikas Trainer Carlos Alberto Parreira aus nicht nachvollziehbaren Gründen den Handschlag.

Die Gescheiterten

Frankreich und Italien waren die prominentesten Vertreter unter den 16 in der Gruppenphase gescheiterten Teams. Eher keine Überraschung war trotz dem historischen Umstand, dass die WM erstmals auf dem Schwarzen Kontinent stattfand, das frühe Aus von fünf der sechs afrikanischen Mannschaften (Südafrika, Kamerun, Nigeria, Elfenbeinküste, Algerien). Aus europäischer Sicht bildete das Abschneiden der Dänen eine Enttäuschung; im Unterschied zu früher gab es keinen Exploit, an den man sich rund um die WM 2010 erinnern könnte. Die glücklichsten Gescheiterten waren die Neuseeländer, die die WM in Südafrika nie vergessen werden. Kein Wunder bei zwei gewonnen Punkten gegen die Slowakei und Italien. Ohne Punkte blieben einzig Kamerun und Nordkorea.

der Gruppenphase gescheitert

Massimo Busacca: Wie ein korrekter

tscheid einen Traum zerstörte

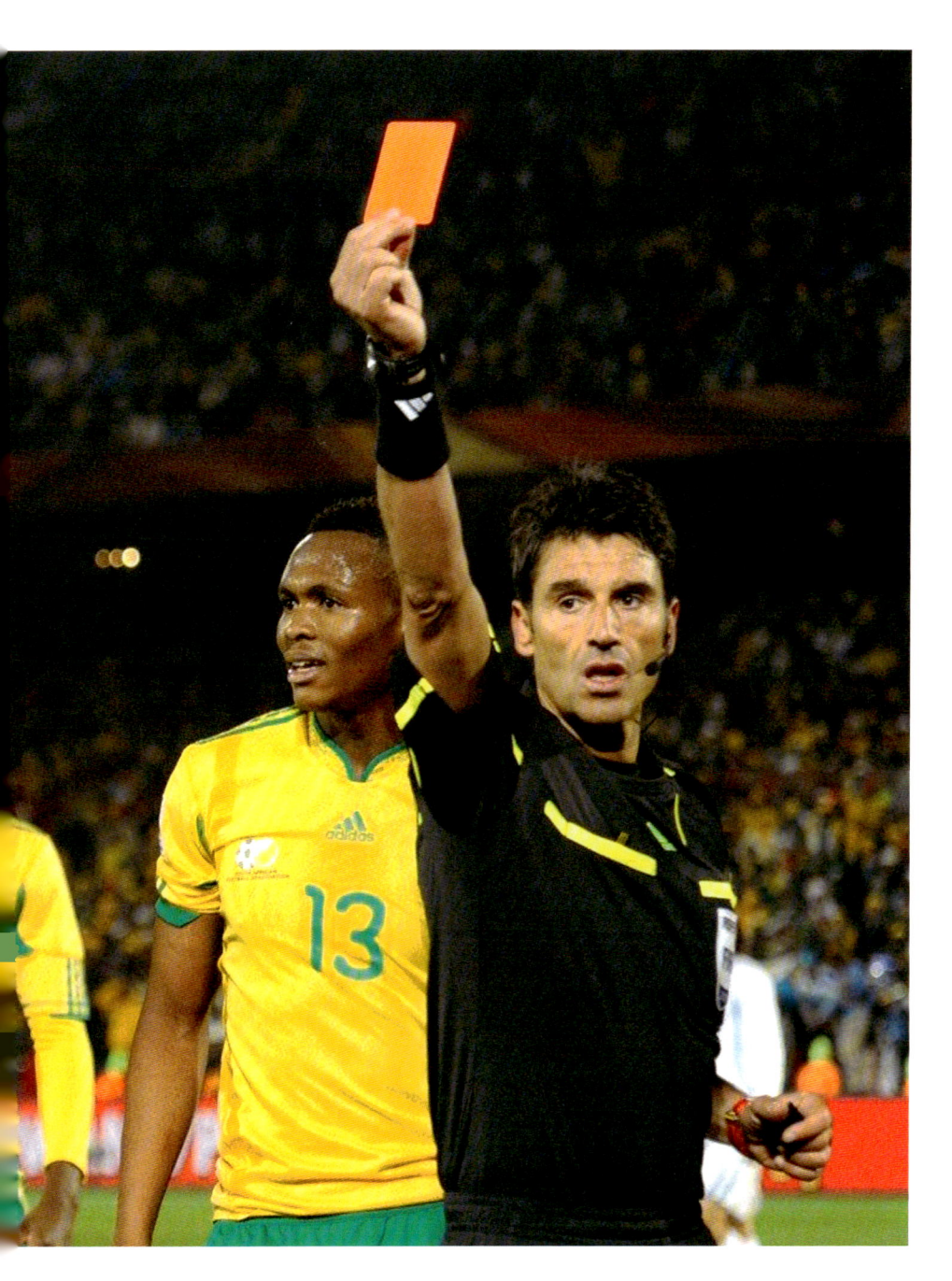

Der 16. Juni 2010 wird als der Tag in die Schweizer Fussballgeschichte eingehen, an dem die Schweizer ihren wichtigsten Sieg errangen – das 1:0 gegen Spanien. An diesen 16. Juni wird sich aber nicht jeder Schweizer gerne zurückerinnern. Ganz bestimmt nicht Schiedsrichter Massimo Busacca, der vor der WM als grosser Anwärter auf den Final gehandelt worden war, der aber an jenem Tag in Pretoria letztlich seinen einzigen Einsatz in Südafrika hatte. Busacca leitete die Partie zwischen dem Gastgeber und Uruguay. Der Tessiner hatte das Geschehen bestens im Griff, als zehn Minuten vor Schluss der südafrikanische Goalie Khune den durchgebrochenen Suarez im Strafraum klar ersichtlich mit dem Fuss touchierte. Busacca blieb aufgrund des Regelwerks keine andere Wahl, als einen Penalty zu diktieren und Khune vom Platz zu stellen. Letztlich verloren die Bafana Bafana mit 0:3, und deren Trainer Carlos Alberto Parreira hatte nach dem Schlusspfiff den Schuldigen für die Pleite rasch gefunden: Massimo Busacca. Der Brasilianer setzte zu einer Schimpftirade über den Ref an, die ihresgleichen suchte. Die FIFA sah sich danach aber (aus politischen Gründen gegenüber dem Gastgeber?) nicht veranlasst, Parreira für seine Verfehlungen zu sanktionieren und damit die eigenen Refs zu stützen – sie kam vielmehr zum Schluss, Busacca zunächst in Südafrika aus der Schusslinie zu ziehen und dann, nach den Achtelfinals (!), nach Hause zu schicken. Man wollte offenbar die WM in Südafrika nicht mehr mit dem Namen Busacca «belasten». Damit hatten die Verantwortlichen einen der besten Refs der Gegenwart geopfert und Busaccas grossen Traum zerstört, was aber nicht dazu führte, dass die Leistungen der Schiedsrichter besser wurden. Die teils haarsträubenden Fehler führten auch dazu, dass lauter denn je über die Einführung technischer Hilfsmittel diskutiert wurde.

PS: Nach den Halbfinals gab die FIFA bekannt, dass der serbische Trainer Radomir Antic wegen Schiedsrichterbeleidigung im letzten Gruppenspiel gegen Australien für vier Spiele gesperrt und mit 15 000 Franken Busse belegt wurde.

Die anderen WM-«Schweizer»

Drei Spieler aus der scheizerischen Axpo Super League reisten nicht für die Schweizer Nationalmannschaft zur WM nach Südafrika. Der erfolgreichste von ihnen sollte der Basler Rechtsverteidiger Samuel Inkoom werden, der mit der Auswahl von Ghana schon zum dritten Mal innerhalb eines Jahres aufregende Tage erleben durfte. Im Herbst letzten Jahres sicherte sich Inkoom als Stammspieler mit Ghana den U20-Weltmeistertitel, gesetzt war er auch im A-Nationalteam, das beim Afrika-Cup im Januar erst im Final an Ägypten scheitern sollte. Und nun sorgte er mit Ghana für das beste Resultat eines afrikanischen Vertreters an dieser WM. In der Vorrunde musste er den Kollegen noch von der Ersatzbank zuschauen, in den K.o.-Spielen kam er dann jedoch – mit der Rückennummer 7 im rechten Mittelfeld – zu zwei grossen Einsätzen. Gegen die USA im Achtelfinal ging alles gut, doch dann erlebte Ghana im Viertelfinal gegen Uruguay eine schwarze Stunde. In der letzten Minute der Verlängerung vergab Asamoah Gyan die Chance, mit einem Penalty erstmals ein afrikanisches Team in einen Halbfinal zu schiessen.

Die Vorrunde war auch für zwei weitere «Schweizer» Ligaspieler Endstation. Scott Chipperfield ging zu Beginn 0:4 gegen Deutschland (und dessen Shooting-Star Thomas Müller) unter und musste dann im nächsten Spiel auf der Bank Platz nehmen. Im letzten Spiel war er wieder dabei, als die Australier gegen Serbien immerhin 2:1 gewinnen konnten, was nicht zur Wiederholung der Achtelfinalqualifikation von 2006 reichen sollte. Nur elf Minuten kam Seydou Doumbia, der vor der WM von YB zu ZSKA Moskau wechselte, für die Elfenbeinküste gegen Nordkorea zum Einsatz und verzeichnete dabei, wie die statistisch veranlagte FIFA errechnete, vier Ballberührungen auf den 1,53 Kilometern, die er während seines WM-Kurzeinsatzes zurücklegte.

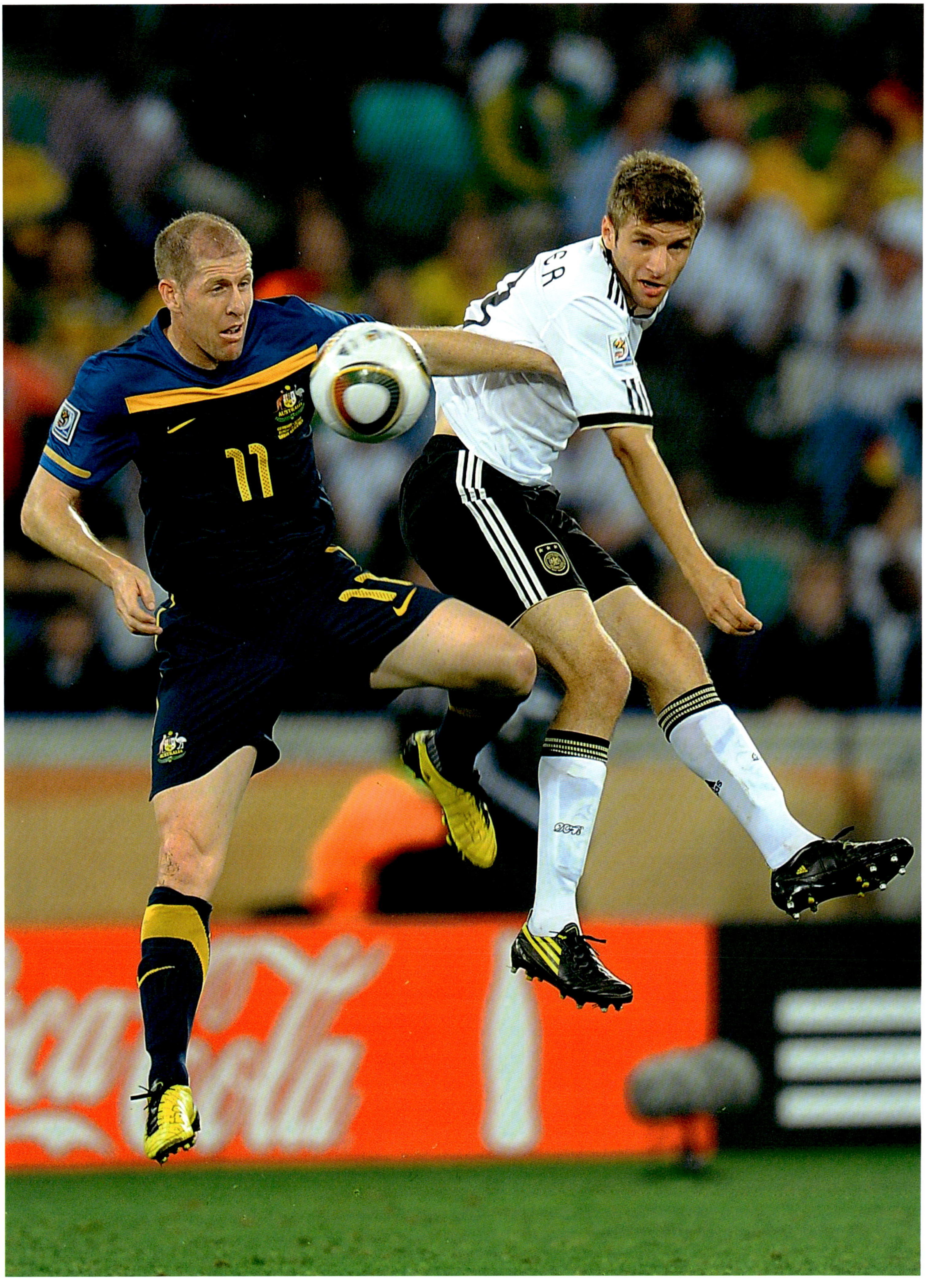
11

Dieses Mal fanden die Engländer beim

Am 27. Juni 2010, um 16.38 Uhr, wurde im Free State-Stadion von Bloemfontein ein Kapitel Fussballgeschichte geschrieben, das womöglich grossen Einfluss auf den Einzug der Technik in den Fussball haben wird. Erinnerungen wurden wach an das legendäre «Wembleytor» vom 30. Juli 1966, als der Engländer Geoff Hurst den Ball auf das Tor des deutschen Goalies Hans Tilkowski drosch – und der Ball von der Unterkante der Querlatte zurück auf den Boden prallte. «Tor» – entschied der russische Linienrichter Tofiq Bahramov und deutete dies in Zeichensprache dem Schweizer Ref Gottfried Dienst entsprechend an. Seither weiss jedes Fussballkind, was ein «Wembleytor» ist.

54 Jahre später wäre das Rätsel von Wembley technisch lösbar gewesen. Und so weiss die ganze Welt, dass der Ball bei Frank Lampards Schuss aus 17 Metern im WM-Achtelfinal von Bloemfontein von der Querlatte aus klar hinter die Torlinie flog. Doch dieses Mal fanden die Engländer beim Schiedsrichterassistenten keinen Fürsprecher. «Kein Tor» entschied das Trio um den Uruguayer Jorge Lorionda; statt 2:2 hiess es weiterhin 2:1, und weil die Engländer sich auskontern liessen, verloren sie letztlich mit 1:4. Für die Deutschen war es der Start zu einer kurzen Fussballherrlichkeit, die nach einem 4:0 gegen Argentinien in den Halbfinals jedoch ein abruptes Ende fand. Der Traum vom WM-Titel platzte mit einem 0:1 gegen Spanien.

…ssistenten keinen Fürsprecher

Die Träume eines ganzen Kontinents p

Es war die erste WM auf dem afrikanischen Kontinent, aber sie wurde nicht zu einer Endrunde der sechs Vertreter Afrikas. Gastgeber Südafrika, Algerien, Kamerun, Nigeria und die Elfenbeinküste, sie alle schieden schon nach der Vorrunde aus, Stars wie Didier Drogba (er trat mit lädiertem Unterarm an) und Samuel Eto'o vermochten dem Turnier ihre Stempel nicht aufzudrücken. Ja, das Abschneiden der afrikanischen Teams war eine Enttäuschung. Der vermeintliche Heimvorteil war keiner, die Verhältnisse in Südafrika während der WM waren eher europäisch: milde Temperaturen in den Küstenstädten, kalte Verhältnisse in der Höhe, die Stadien und Plätze nach FIFA-Standards hingerichtet und eine südafrikanische Atmosphäre, die sich auf den Klangteppich der Vuvuzelas beschränkte.

Die löbliche Ausnahme der CAF-Teams bildete Ghana, das sich in den letzten Jahren als eine der ersten Adressen in Afrikas Fussball etablieren konnte. U20-Weltmeister 2009, Afrika-Cup-Finalist 2010 – und nun auch bestes afrikanisches Team an der WM. Zweimal gings für Ghana in der K.o.-Runde in die Verlängerung, gegen die USA im Achtelfinal erzielte Stürmer Asamoah Gyan, der nicht nur statistisch beste Spieler Afrikas an diesem Turnier, das entscheidende 2:1. Und im Viertelfinal gegen Uruguay hätte er zum grossen Held werden können. In der Nachspielzeit der Verlängerung wehrte Luis Suarez einen sicheren Torschuss mit den Händen auf der Linie ab, Asamoah Gyan lief mit den Hoffnungen eines ganzen Kontinents im Rücken zum Penalty an. Doch der Ball prallte an die Querlatte, Ghana verlor im folgenden Elfmeterschiessen. Es war das ganz grosse Drama dieser WM.

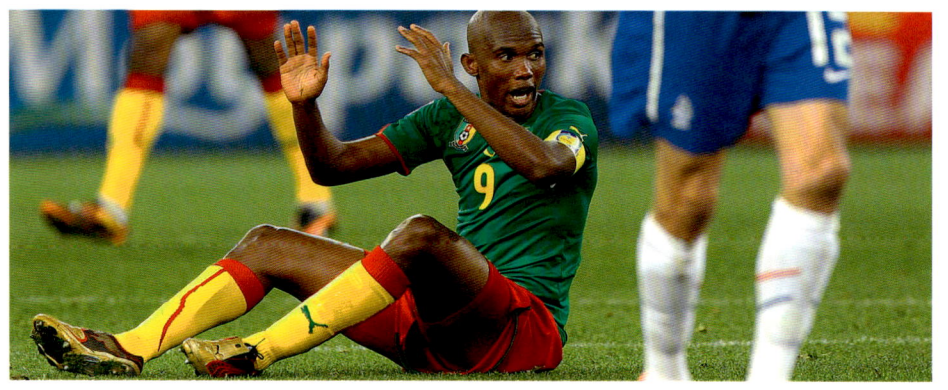

tzen an der Querlatte

Wesley Sneijder: ein Schrei in Südafrik

mit Schockwirkung in Brasilien

Die Holländer machten nach ihrer perfekten Qualifikation zur WM 2010 keinen Hehl aus ihren Ambitionen. «Wir wollen Weltmeister werden», sagte ihr Trainer Bert van Marwijk und so reihte sein Team auch in Südafrika Sieg an Sieg. In der Vorrunde blieben Kamerun, Dänemark und Japan ohne Wunsch, im Achelfinal gab es ein 2:1 gegen die Slowakei – und dann folgte das Meisterstück gegen Brasilien. Die Dinge liefen nicht perfekt für die Oranjes, Brasilien war das bessere Team, liess wenig zu und führte zur Pause nach einem Treffer von Robinho mit 1:0. Vieles deutete darauf hin, dass Holland nach bewährter Tradition der vergangenen Turniere frühzeitig die Heimreise wird antreten müssen, bis, ja bis Wesley Sneijder zu einer genialen Viertelstunde ansetzte. Zunächst fand ein von Melo noch abgefälschter Flankenball den Weg ins brasilianische Tor, kurze Zeit später doppelte Sneijder nach. Die Freude war so gross, dass er direkt vor der Fernsehkamera einen Urschrei von sich gab – und viele tausend Kilometer westlich, auf einem Früchtemarkt von Sao Paulo, löste derselbe Schrei nicht eben viel Begeisterung aus. Brasilien war geschockt und musste das Turnier schon nach den Viertelfinals verlassen – einen Tag später war Nationaltrainer Carlos Dunga entlassen. Und die Holländer stürmten weiter bis in den WM-Final.

Der beste Spieler der WM macht den

Eigentlich ist es für jedes Turnier eine gute Sache, wenn am Ende der Beste gewinnt. Und so gesehen, war es nichts anderes als richtig, dass sich am 11. Juni 2010, gegen 23 Uhr, die Spanier jubelnd in den Armen lagen. Ihr Bester, Andres Iniesta, der gleichzeitig auch der beste Spieler der gesamten WM war, hatte tief in der Verlängerung mit einem schönen Schuss doch noch jenes 1:0 erzielt, das dem Final von Johannesburg die Kurzentscheidung vom Penaltypunkt ersparte. Einiges hatte bereits auf ein Penaltyschiessen hingedeutet, nachdem sich die beiden Teams 115 Minuten lang nichts geschenkt hatten. Die Holländer waren mit der Absicht in die Partie gestiegen, die Spanier mit allen Mitteln am Aufbau ihres Kurzpassspiels zu hindern, was teilweise nicht sonderlich schön anzuschauen war. Dass die Orangen nicht mehr als nur einmal Rot sahen (Heitinga in der Verlängerung), lag am englischen Schiedsrichter Howard Webb, der das brachiale Einsteigen der Holländer mit einer Flut von Gelben Karten bestrafte, nachdem im Verlauf des Turniers Spieler für harmlosere Vergehen vom Platz geflogen waren. Die Spanier haben mit ihrem WM-Titel na-

umph des besten Teams perfekt

tionale Sportgeschichte geschrieben und sie gehen «international» als achter Weltmeister in die Fussball-Annalen ein. Aber an den fussballerischen Gehalt des Endspiels in «Soccer City» wird man sich schon bald weniger erinnern als an die Jubelszenen nach dem Spiel in Johannesburg und in Spanien selbst.

Den Holländern blieb nach einem fantastischen Turnier mit sechs aufeinanderfolgenden Siegen der grosse Frust, auch den dritten WM-Final verloren zu haben, für den sich eine «Elftal» qualifizieren konnte. Wie die Schweizer, die in ihrem ersten WM-Spiel Spanien mit einer Kontertaktik besiegt hatten, waren auch die Niederländer nicht chancenlos. Und womöglich hätte der Final tatsächlich einen anderen Verlauf genommen, wenn Arjen Robben in der regulären Spielzeit bei seiner Grosschance nicht an Iker Casillas gescheitert wäre. Verdient war der Sieg der Spanier aber allemal. Sie hatten, wie gesagt, nicht nur das beste Team, sondern auch den besten Fussballer (Iniesta) und einen grossartigen Torhüter.

224

Zahlen und Fakten

Kapitel 8 – Zahlen, Statistiken, Telegramme rund um Qualifikation und die Endrunde der WM 2010

Von Tel Aviv nach Basel – die zehn WM

Qualifikationsspiele der Schweizer

Die Qualifikation für die Weltmeisterschaft 2010 war aus Schweizer Sicht ein Spiel aus Licht und Schatten gewesen – am besten zu demonstrieren mit diesem Bild aus dem «Rückspiel» gegen Luxemburg. Nachdem die Schweizer in Zürich gegen die Amateure aus dem Grossherzogtum noch mit 1:2 verloren hatten und scheinbar die WM-Teilnahme schon vorentscheidend verpasst worden war, rauften sich Ottmar Hitzfeld und sein Team fortan zusammen und schafften doch noch den Gruppensieg. Die dunklen Wolken am Horizont vertrieben sie mit Effizienz vor dem gegnerischen Tor und Stabilität in der Abwehr. Logische Folge dessen: In Luxemburg schien die Sonne nur noch für die Schweiz. Die Schmach aus dem ersten Vergleich ist seither nur noch ein zwar peinlicher, aber – und das ist wichtiger – bedeutungsloser Klecks in der SFV-Chronik.

Zwei Punkte verloren

Tel Aviv, 6. September 2008

Mit einem lockeren Test gegen Zypern (3:1 in Genf) hatten sich die Schweizer unter ihrem neuen Trainer Ottmar Hitzfeld auf die ersten Aufgaben im Hinblick auf die WM-Qualifikation Südafrika 2010 vorbereitet – und auch in Ramat-Gan bei Tel Aviv lief zunächst alles rund für die Eidgenossen. Alex Frei wurde nach seiner an der EURO erlittenen Knieverletzung noch geschont, Philippe Senderos und Eren Derdiyok waren ebenfalls verletzt, doch Hakan Yakin mit einem seiner wunderbaren Freistösse brachte die Schweizer kurz vor der Pause auf den gewünschten Weg. Und als Blaise Nkufo, die einzige Schweizer Sturmspitze, nach 55 Minuten zum 2:0 erhöhte, schien der erhoffte Traumstart mit einem Auswärtssieg beim schwierigen Widersacher Israel Tatsache. Auch nach Benayouns Anschlusstreffer schien das Team von Ottmar Hitzfeld die Ruhe nicht zu verlieren – bis in die Nachspielzeit, als man sich etwas zu tief in den eigenen Strafraum zurückgezogen hatte und noch den Ausgleich von Ben Sahar hinnehmen musste. Das war ein Dämpfer und Hitzfeld sagte hinterher: «Ich bin enttäuscht, wir haben hier zwei Punkte verschenkt.» Immerhin war es ein Punktgewinn bei einem direkten Konkurrenten um die Spitzenplätze – und mit der Heimaufgabe gegen Luxemburg vor Augen winkte doch noch ein gelungener Start in die Qualifikationskampagne.

Israel — Schweiz 2:2 (0:1)

Ramat-Gan. – 31 236 Zuschauer. – SR Hansson (Sd). – **Tore:** 45. Yakin 0:1. 55. Nkufo 0:2. 73. Benayoun 2:1. 92. Sahar 2:2.

Israel: Aouate; Kozokin, Ben Haim, Strul, Ziv; Kayal (62. Ohayon), Cohen; Benayoun, Golan (60. Barda), Toama; Colautti (46. Sahar).

Schweiz: Benaglio; Lichtsteiner, Djourou, Grichting, Magnin; Behrami (90. Spycher), Inler, Huggel, Barnetta (71. Vonlanthen); Yakin (74. Abdi); Nkufo.

Bemerkungen: Israel ohne Alberman und Baruchyan (beide verletzt); Schweiz ohne Frei, Senderos (rekonvaleszent), Streller, Derdiyok (verletzt). – Verwarnungen: 16. Golan (Foul), 24. Huggel (Foul).

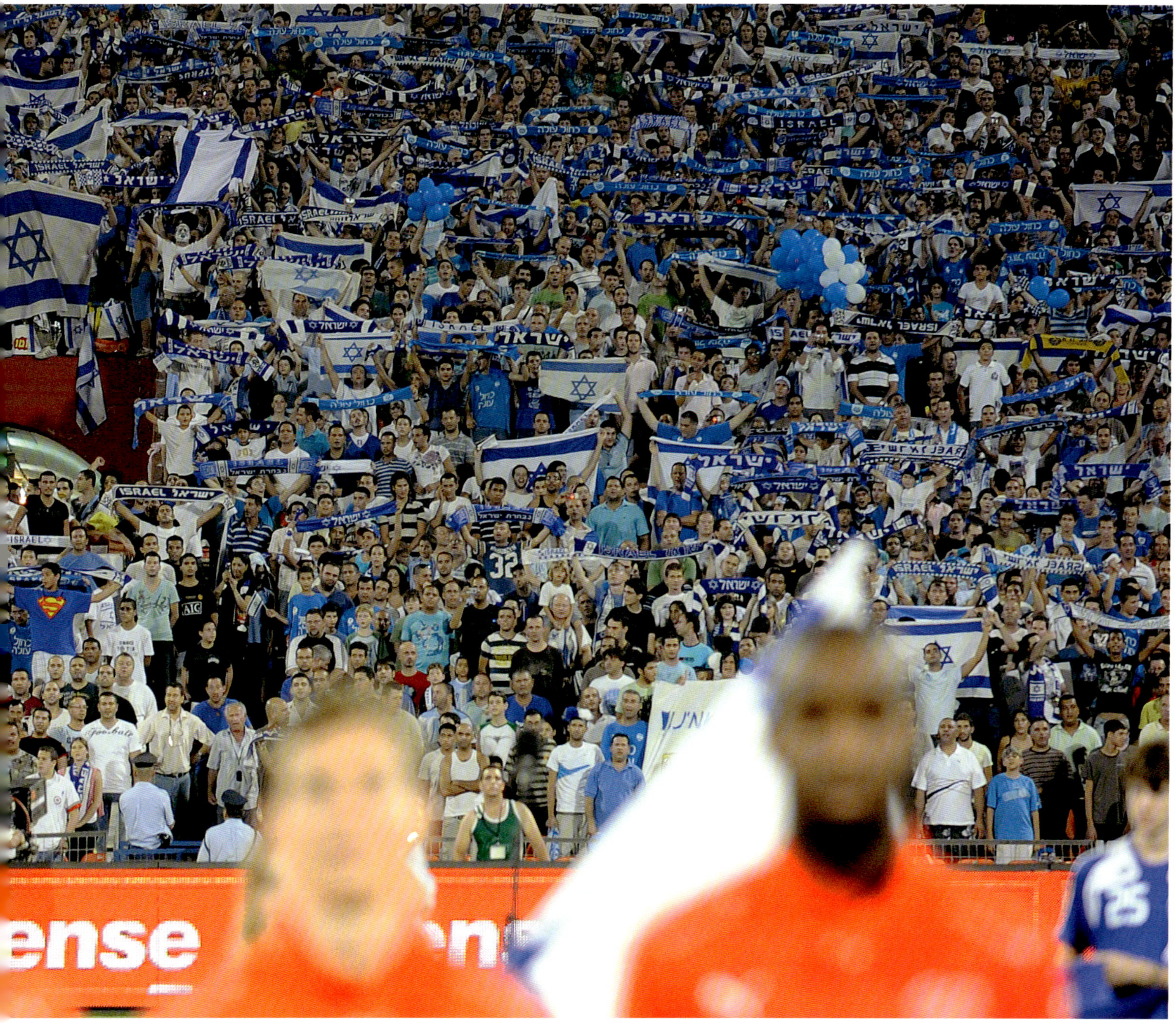

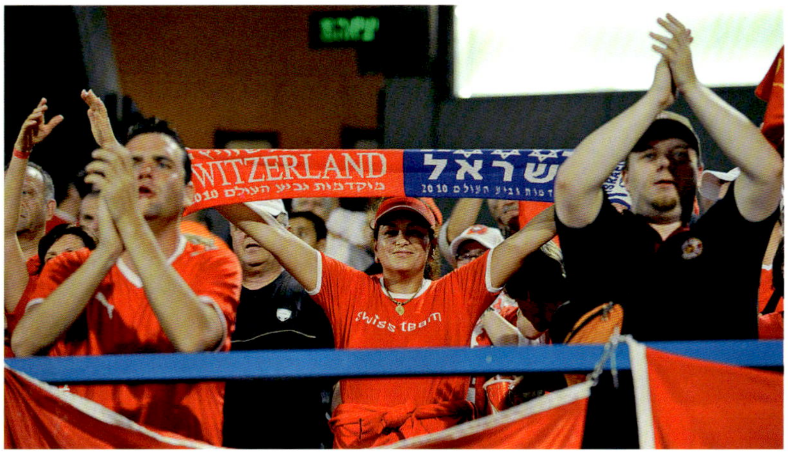

Die Blamage von Zürich

Zürich, 10. September 2008
Dieser Mittwochabend bildete eine der dunkleren Stunden in der Geschichte des Schweizer Fussballs. Doch letztlich war die sensationelle 1:2-Heimniederlage gegen die Amateure aus Luxemburg auch der Ausgangspunkt für eine starke Serie der Schweizer Nationalmannschaft innerhalb der WM-Qualifikation 2010. So gesehen war die Reaktion auf die Blamage und die damit verbundene positive Punkteserie am Ende weit gewichtiger als der Schaden, den dieser Auftritt gegen Luxemburg isoliert betrachtet anrichten konnte. Die Geschichte gleicht einem Cupduell zwischen zwei verschiedenklassigen Teams. Es gelingt nicht, die Vorteile in eine schnelle Führung umzumünzen, man gerät durch Unachtsamkeiten sogar in Rückstand und hat dann nicht mehr die mentale Kraft, die Einstellung zu korrigieren. Und so durften die Luxemburger mit ihrem Captain Jeff Strasser (der später zu den Grasshoppers nach Zürich wechselte) und vier Minuten vor Schluss durch Alphonse Leweck mit zwei Freistosstoren einen ihrer seltenen Siege auf höchster Ebene bejubeln. Die Schweizer dagegen leckten ihre Wunden, auch weil der zweite Gegentreffer ein kleines Husarenstück war. Strasser legte den Ball an der statischen Mauer vorbei auf den Torschützen.

Schweiz — Luxemburg 1:2 (1:1)

Letzigrund. – 20 500 Zuschauer. – SR Filipovic (Ser). – **Tore:** 27. Strasser 0:1. 43. Nkufo 1:1. 86. Leweck 1:2.

Schweiz: Benaglio; Nef (73. Vonlanthen), Djourou, Grichting, Magnin; Inler; Barnetta, Yakin (65. Abdi), Stocker; Nkufo, Frei (65. Lustrinelli).

Luxemburg: Joubert; Kintziger, Hoffmann, Strasser, Mutsch; Lang (45. Leweck), Payal, Peters, Bettmer, Lombardelli (76. Gerson); Kitenge (66. Joachim).

Bemerkungen: Schweiz ohne Behrami, Senderos, Derdiyok, Streller (verletzt), Huggel (krank). 89. Schuss Lustrinellis an die Querlatte. – Verwarnungen: 21. Kitenge (Foul), 29. Yakin (Unsportl.), 36. Hoffmann, 45. Kintziger (beide Foul), 67. Lombardelli (Unsportl.), 77. Lustrinelli (Foul), 77. Strasser (Reklamieren), 80. Reiter (Ersatzspieler/Reklamieren), 87. Vonlanthen (Unsportl.).

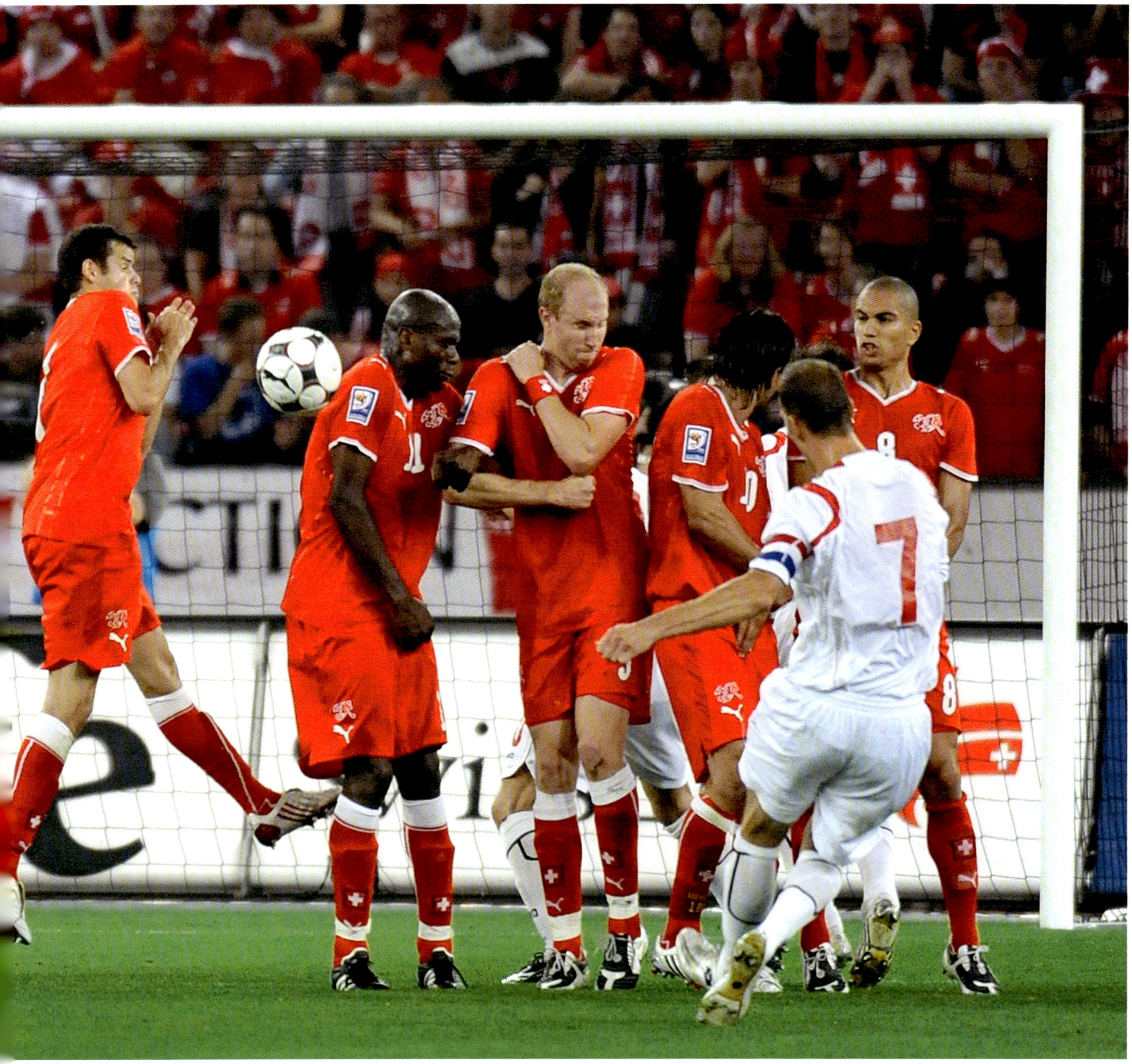

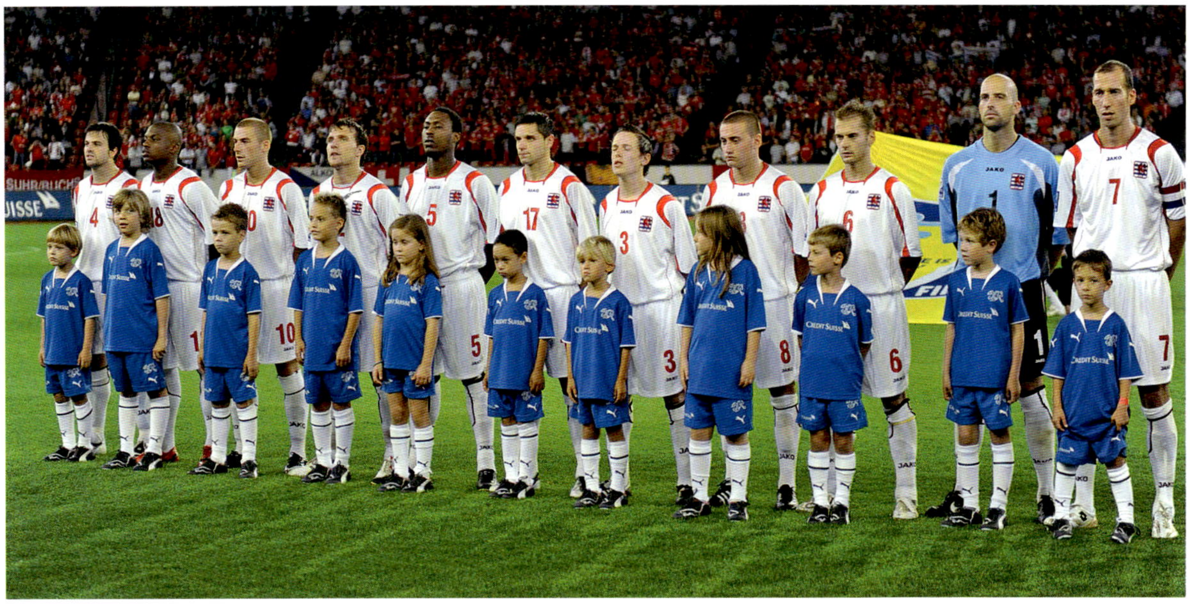

Zurück in die Spur

St. Gallen, 11. Oktober 2008

Mit ziemlich versteinerter Miene gingen die Schweizer nach der Pleite gegen Luxemburg in die nächste Qualifikationspartie gegen Lettland – oder war es nur die Anspannung vor dem Spiel der letzten Chance? Wie dem auch gewesen sein mag, die Schweizer entledigten sich der Pflichtaufgabe, die nach der Vorgeschichte zu einer grossen Charakterprobe geworden war, mit der nötigen Ernsthaftigkeit und mit beachtlicher Effizienz.

Nach einer mehr oder weniger ereignisarmen ersten Halbzeit, in der das Bestreben, kein weiteres Geschirr zu zerschlagen, klar zu erkennen war, steigerten sich die Schweizer nach der Pause. Und einmal mehr war es der Captain und Rekordtorschütze der Nationalmannschaft, Alex Frei, der für eine kollektive Beruhigung der Situation sorgte: Er traf nach gut einer Stunde zum 1:0 – und vielleicht hätten die Schweizer im späteren Verlauf der Qualifikation dieses Resultat auch über die Zeit gebracht. Doch in jenem Herbst 2008 war vieles anders. Da liessen die Schweizer keine zehn Minuten später zu Hause nach einem Freistoss den Ausgleich zu. Das Selbstvertrauen, das man sich mit dem Führungstreffer eben erst zurückgeholt hatte, war wie weggeblasen – aber letztlich hatten die Schweizer neben Frei noch einen zweiten Stürmer, der in dieser Qualifikation für Tore sorgte: Blaise Nkufo schoss das 2:1. Jenes Tor, das Ottmar Hitzfelds Team zurück in die Spur Richtung Südafrika brachte.

Schweiz — Lettland 2:1 (0:0)

AFG Arena, St. Gallen. – 18 000 Zuschauer (ausverkauft). – SR Cortez Batista (Por). – **Tore:** 63. Frei 1:0. 71. Ivanovs 1:1. 73. Nkufo 2:1.

Schweiz: Benaglio; Lichtsteiner, Djourou (46. Eggimann), Grichting, Spycher; Behrami, Inler, Huggel, Barnetta (84. Fernandes); Nkufo, Frei (78. Yakin).

Lettland: Vanins; Savcenkovs, Ivanovs, Gorkss, Kacanovs; Solonicins (82. Visnakovs), Astafjevs, Laizans, Cauna (60. Rubins); Karlsons, Pereplotkins (70. Kolesnicenko).

Bemerkungen: Schweiz ohne Senderos, Müller (Fitness), Streller, von Bergen (verletzt), Jakupovic (Tribüne), Vonlanthen, Stocker, Lustenberger (U21); Lettland ohne Verpakovskis (verletzt). – Platzverweis: 69. Laizans (Gelb-Rote Karte nach Foul). – Verwarnungen: 51. Laizans, 60. Grichting, 77. Astafjevs (alle Foul).

233

Der Coup in Piräus

Piräus, 15. Oktober 2008

In der Nachbetrachtung war dieser 2:1-Auswärtssieg beim Gruppenfavoriten Griechenland wohl das Schlüsselergebenis der Schweizer Auswahl auf ihrem Weg zur WM 2010. Und wie schon beim historischen Barragespiel im November 2005 in Istanbul gegen die Türkei stand ein verwandelter Foulpenalty von Alex Frei am Anfang des Glücks. Valon Behrami war zuvor gefoult worden, Frei liess sich auch vom grünen Laserstrahl aus dem Publikum nicht irritieren. Die Griechen hatten längst nicht mehr die Ausstrahlungskraft wie bei ihrem EM-Titel 2004, ihre Reaktion auf den Rückstand war in der zweiten Hälfte zwar zu erkennen, doch oft agierten sie recht ideenlos. Dennoch kam die Mannschaft von Trainer Otto Rehhagel in der 68. Minute durch einen ihrer Altmeister, Stürmer Angelos Charisteas, zum Ausgleich. Dann, nach 77 Minuten, kam der grosse Auftritt von Hakan Yakin. Eben erst für Alex Frei eingewechselt, lancierte er mit seiner ersten Ballberührung, einer direkten, zentimetergenauen Weiterleitung, Blaise Nkufo, der alleine auf Torhüter Konstantinos Chalkias losziehen, diesen umspielen und zum 2:1 für die Schweiz einschieben konnte. Es war Nkufos vierter Treffer im vierten WM-Qualifikationsspiel, und gleichzeitig sein wichtigster. Mit dem Auswärtssieg in Piräus hatten die Schweizer nicht nur die Schmach gegen Luxemburg ausgeglichen, sondern sich zurück ins Rennen um den Gruppensieg und die direkte Qualifikation für Südafrika gebracht.

Griechenland — Schweiz 1:2 (0:1)

Karaiskakis, Piräus. – 30 000 Zuschauer. – SR Medina Cantalejo (Sp). – Tore: 42. Frei (Foulpenalty) 0:1. 68. Charisteas 1:1. 77. Nkufo 1:2.

Griechenland: Chalkias; Papadopoulos, Dellas, Kyrgiakos (29. Patsatzoglou); Seitaridis, Katsouranis, Basinas, Torosidis; Charisteas, Gekas (46. Lymperopoulos), Samaras (63. Karagounis).

Schweiz: Benaglio; Lichtsteiner, Eggimann, Grichting, Spycher; Behrami, Inler, Huggel, Barnetta (34. Fernandes); Frei (77. Yakin), Nkufo (88. Derdiyok).

Bemerkungen: Schweiz ohne Djourou, Streller und von Bergen (alle verletzt). – Verwarnungen: 43. Papadopoulos (Foul), 80. Katsouranis (Unsportlichkeit), 83. Fernandes (Foul), 85. Lichtsteiner (Foul).

235

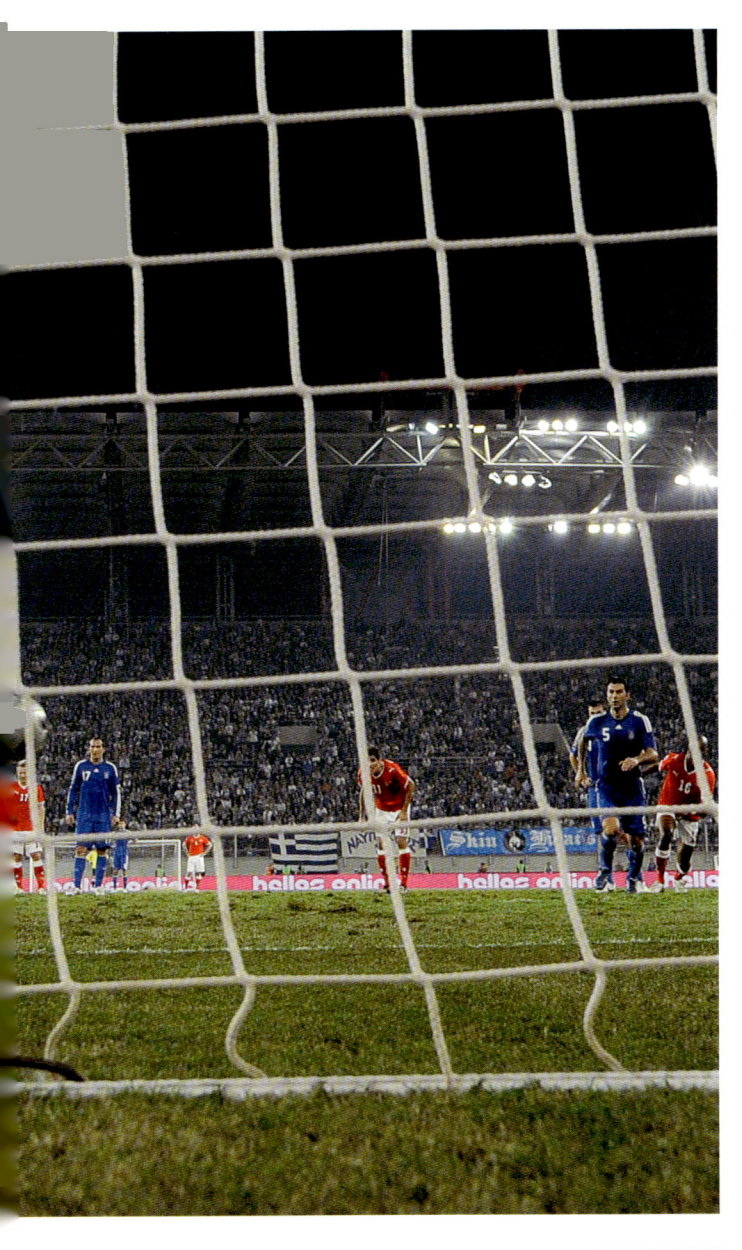

Pflichtsieg in Moldawien

Chisinau, 28. März 2009

Das Fussballjahr 2009 begann für die Schweizer Nationalmannschaft mit dem doppelten Auftritt gegen Moldawien, der die Möglichkeit offerierte, mit zwei Siegen von den gleichzeitig stattfindenden Direktduellen der Konkurrenten Griechenland und Israel zu profitieren. Die Schweizer bewiesen, dass sie sich vom Fehlstart in diese WM-Qualifikation längst erholt haben, sie spielten nüchterner, abgeklärter und geduldiger. Das war gegen die unberechenbaren Moldawier das richtige Konzept, auch wenn es in Chisinau in der zweiten Halbzeit den einen oder anderen bangen Moment zu überstehen galt. Die erste Hälfte hingegen hatte ganz deutlich den Schweizern gehört, und es hätte aus der klar überlegenen Spielanlage mehr resultieren müssen als das Tor, das Alex Frei nach 32 Minuten erzielen konnte. So aber blieb das Geschehen trotz kontrolliertem Auftritt der Schweizer bis in die Nachspielzeit hinein offen, ehe der eingewechselte Gelson Fernandes mit dem zweiten Treffer die Schweizer Anhänger im von zahlreichen Wohnhochhäusern umgebenen Stadion erlöste.

Moldawien — Schweiz 0:2 (0:1)

Zimbru, Chisinau. – 10 000 Zuschauer. – SR McDonald. – Tore: 32. Frei 0:1. 93. Fernandes 0:2.

Moldawien: Namasko; Sawinow, Laschenko, Armas (87. Manaliu), Golowatenko; Epureanu; Ionita (56. Cebotaru), Gatcan; Kalinkow, Alexejew, Bugajow.

Schweiz: Benaglio; Lichtsteiner, Senderos, Grichting, Magnin; Padalino (79. Fernandes), Huggel, Inler, Barnetta (93. Djourou); Frei, Nkufo (79. Derdiyok).

Bemerkungen: Schweiz ohne Spycher (rekonvaleszent), Behrami (verletzt). Wölfli, Stocker, Dzemaili, Regazzoni nicht eingesetzt. – Auf der Tribüne: Leoni, Ziegler, Abdi, Müller. – Verwarnungen: 38. Armas (Foul). 63. Epureanu (Unsportlichkeit).

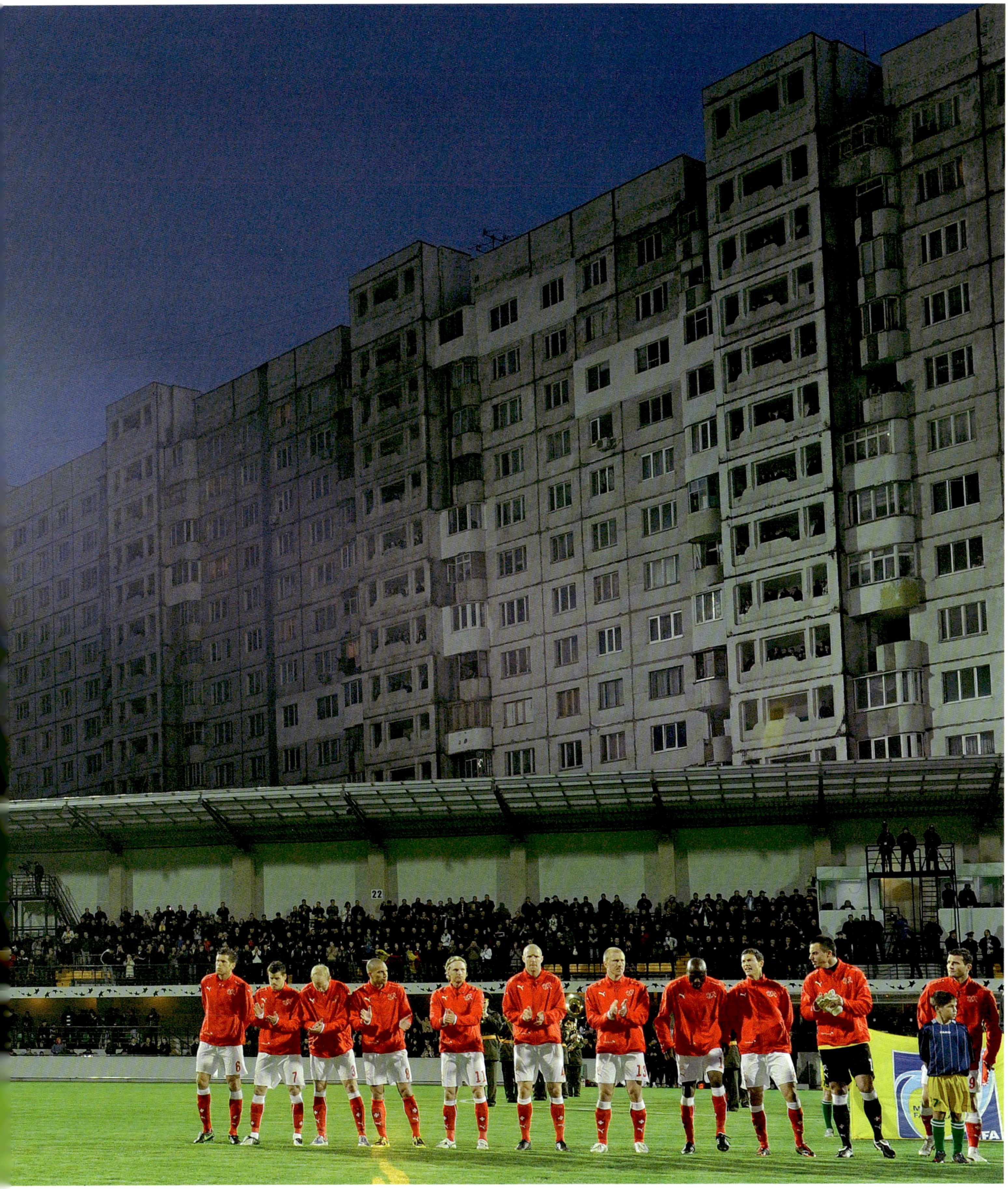

Auf gehts zum 2:0

Genf, 1. April 2009

Zweimal in kurzer Folge gegen den selben Gegner anzutreten, ist nie besonders angenehm, doch die Schweizer entledigten sich der Herausforderung vor 20 000 Zuschauern im Stade de Genève mit der gebotenen Souveränität. Die Moldawier hatten den Mut zum Konter zu Hause gelassen und beschränkten sich weitgehend auf die defensive Arbeit. Die Schweizer gingen entschlossen ans Werk, waren mehrheitlich im Ballbesitz und warteten mit Geduld auf ihre Abschlussmöglichkeiten. Die Führung durch Blaise Nkufo nach 20 Minuten war der verdiente Abschluss einer starken Anfangsperiode, in der mit viel Druck der erste Treffer gesucht wurde, der die Aufgabe zusätzlich erleichtern sollte. Das 1:0 zur Pause schmeichelte den Moldawiern, die im Gegensatz zum Heimspiel auch kaum zu Standards in abschlussgefährlicher Tornähe kamen. Und als Alex Frei nach dem Seitenwechsel sein 39. Länderspieltor erzielte, war die Angelegenheit vorzeitig im Trockenen. Weil Griechenland gleichzeitig in Israel beim 1:1 zwei Punkte liegen liess, befanden sich die Schweizer nun punktemässig auf Augenhöhe mit dem Hauptkonkurrenten für den Gruppensieg – und hatten den Vorteil, fünf Monate später im Heimspiel gegen die Südeuropäer die Sache aus eigener Kraft vorzuentscheiden.

Schweiz — Moldawien 2:0 (1:0)

Stade de Genève. – 20 100 Zuschauer. – SR Rocchi (It). – Tore: 20. Nkufo 1:0. 53. Frei 2:0.

Schweiz: Benaglio; Lichtsteiner, Senderos, Grichting, Magnin; Padalino (86. Abdi), Inler, Huggel (72. Dzemaili), Barnetta; Frei, Nkufo (83. Derdiyok).

Moldawien: Namasco; Sawinow, Laschenkow, Golowatenko; Bulat, Onica, Manaliu (79. Tigirlas); Cebotaru, Gatcan (57. Alexejew); Kalinkow (67. Andronic), Bugajow.

Bemerkungen: Schweiz ohne Behrami (verletzt), Spycher (rekonvaleszent), Moldawien ohne Epureanu (gesperrt). 78. Pfostenschuss Andronic. 83. Nkufo verletzt ausgeschieden. – Verwarnungen: 16. Bulat, 45. Gatcan (beide Foul), 77. Lichtsteiner (Hands/gegen Griechenland gesperrt).).

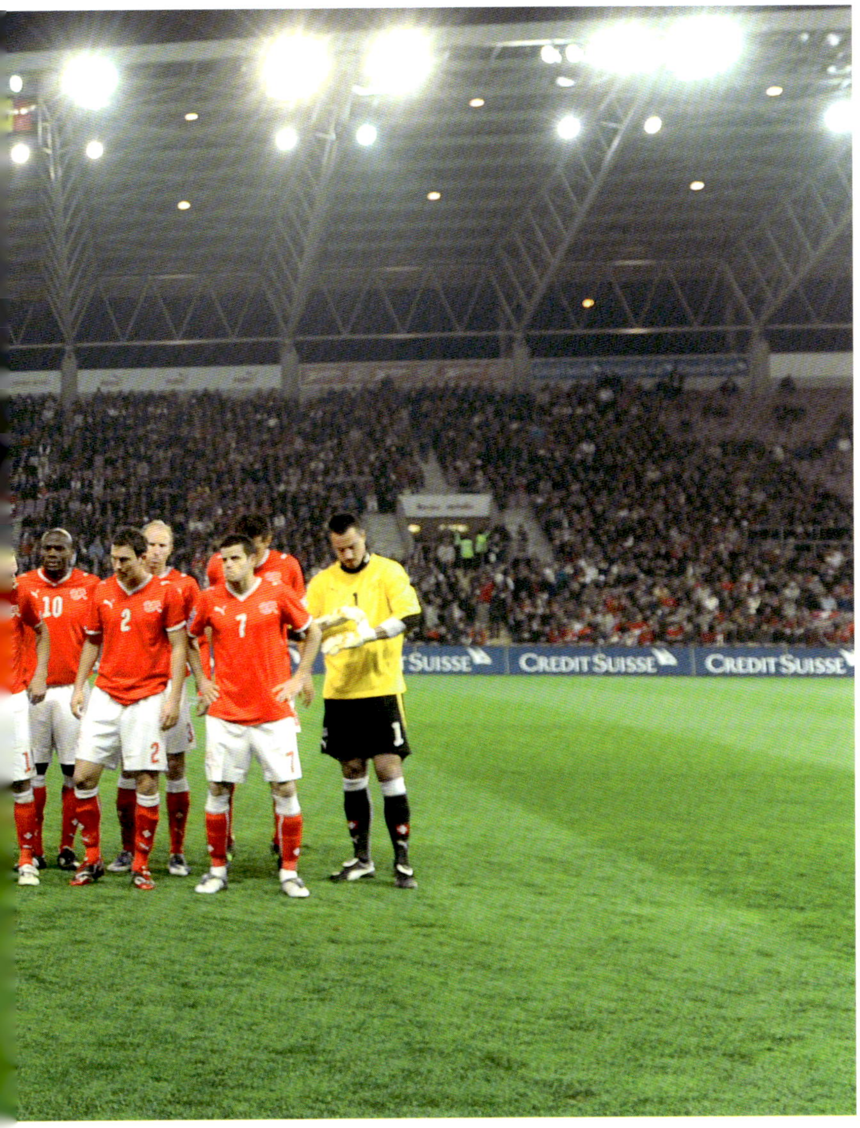
CREDIT SUISSE
CREDIT SUISSE

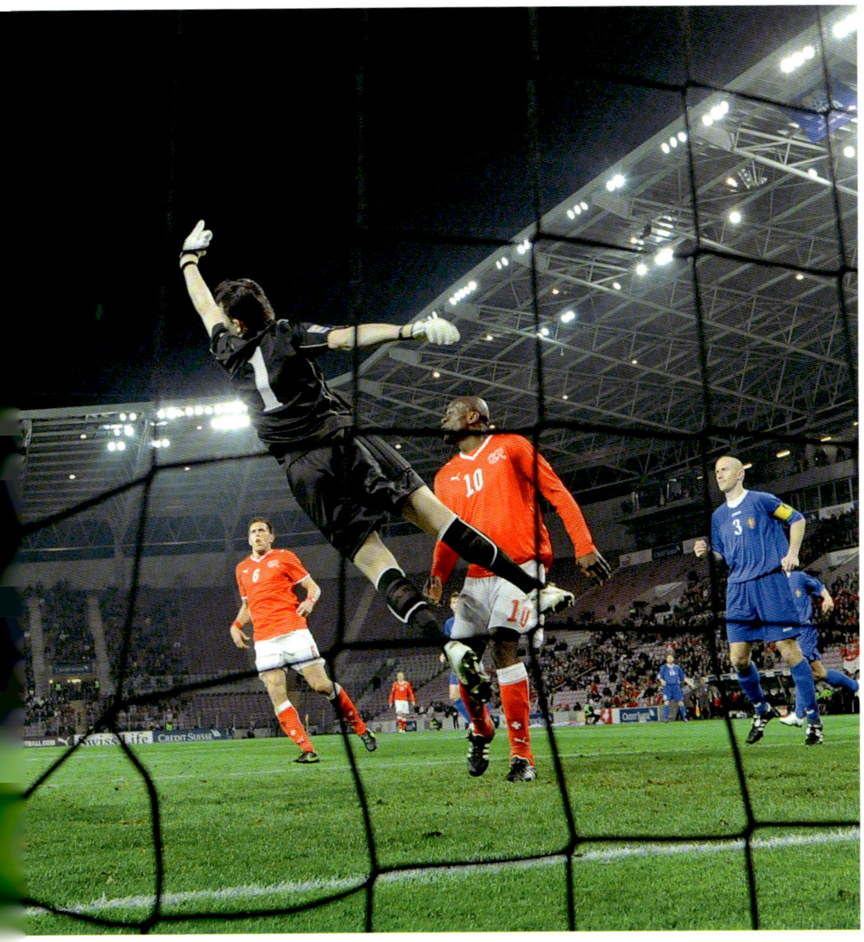

Der kapitale Sieg

Basel, 5. September 2009

83 lange Minuten bissen sich die Schweizer an der kompakten griechischen Abwehr die Zähne aus. Und die 38 500 Fans im ausverkauften Basler St. Jakob-Park schienen selbst dann noch erstarrt, als sich Stéphane Grichting auf eine Freistossflanke des eingewechselten Hakan Yakin stürzte und mit dem Kopf das 1:0 erzielte. Währenddem ein einziger (in weiss gekleideter, Bildmitte) Fan die Jubelpose schon eingenommen hat, brauchen Spieler und Zuschauer noch einige Sekundenbruchteile, um ihr Glück zu fassen. Es war Grichtings erstes Länderspieltor überhaupt, und er hatte es sich für einen ganz besonderen Moment aufgespart. Er unterstrich mit diesem Treffer auch seine tragende Rolle in dieser WM-Qualifikation. Vor der Ära Hitzfeld oft nur (wenn überhaupt) Ergänzungsspieler, wurde er vom deutschen Trainer gesetzt und zahlte das Vertrauen mit diesem kapitalen Tor zurück. Marco Padalino, eine weitere «Entdeckung» Hitzfelds in der Schweizer Auswahl, schaffte fünf Minuten später noch das 2:0. Die Tür nach Südafrika war nun ganz weit aufgestossen, doch noch standen der Schweiz drei heikle Pflichtaufgaben bevor.

Schweiz — Griechenland 2:0 (0:0)

St. Jakob-Park, Basel. – 38 500 Zuschauer (ausverkauft). – SR De Bleeckere (Be). – **Tore:** 83. Grichting 1:0. 88. Padalino 2:0.

Schweiz: Benaglio; Nef (61. Derdiyok), von Bergen, Grichting, Magnin; Padalino, Huggel, Fernandes (68. Yakin), Barnetta; Nkufo (81. Vonlanthen), Frei.

Griechenland: Chalkias; Papastathopoulos, Moras, Kyrgiakos; Vyntra, Patsatzoglou, Katsouranis, Spyropoulos; Salpigidis (46. Samaras), Charisteas (73. Papadopoulos), Amanatidis (81. Gekas).

Bemerkungen: Schweiz ohne Inler, Streller (beide verletzt), Lichtsteiner (gesperrt) und Leoni (auf der Tribüne); Griechenland ohne Karagounis und Torosidis (beide verletzt). – Platzverweis: 42. Vyntra (Gelb-Rote Karte nach Unsportlichkeit). – Verwarnungen: 7. Vyntra. 65. Kyrgiakos. 83. Spyropoulos. 87. Magnin (alle wegen Fouls). – 68. Benaglio lenkt Schuss von Spyropoulos an die Querlatte.

241

Derdiyoks spätes Tor

Riga, 9. September 2009

Der emotionale Höhepunkt war aus Schweizer Sicht mit Sicherheit das Spiel gegen die Griechen gewesen. Die Schweizer hatten sich stark darauf fokussiert und sie wurden mit einem Heimsieg und der alleinigen Übernahme der Tabellenspitze in der WM-Qualifikationsgruppe 2 belohnt. Sich nun, vier Tage später, auf die nächste Aufgabe, das Auswärtsspiel in Lettland, zu konzentrieren, war keine einfache Herausforderung – und entsprechend schwer tat sich das rot-weisse Ensemble im Skonto-Stadion von Riga. Alex Frei hatte die Schweizer zwar wunschgemäss in Führung gebracht, doch danach beschränkten sie sich doch etwas allzu sehr auf das Verwalten dieses Vorsprungs. Die Folge war zunächst der Ausgleich durch Cauna, danach, eine Viertelstunde vor Schluss nach einem kompletten Blackout der Schweizer Defensive, sogar der Führungstreffer für die Letten. Doch wie schon zweimal gegen Griechenland und den entscheidenden Szenen von Hakan Yakin brachte auch in Lettland ein Joker die Wende zum (halbwegs) Guten. Eren Derdiyok traf eine Minute nach seiner Einwechslung zum 2:2. So blieb der Schaden im Rahmen und die Ausgangslage war – auch dank dem unerwarteten 1:1 der Griechen in Moldawien – vor den abschliessenden Spielen gegen Luxemburg und Israel noch immer bestens.

Lettland — Schweiz 2:2 (0:1)

Skonto-Stadion, Riga. – 9000 Zuschauer. – SR Kralovec (Tsch). – Tore: 43. Frei 0:1. 62. Cauna 1:1. 75. Astafjevs 2:1. 80. Derdiyok 2:2.

Lettland: Vanins; Klava, Ivanovs, Gorkss, Kacanovs; Cauna (89. Zirnis), Kolesnicenko (86. Rafalskis), Astafjevs, Rubins; Karlsons (85. Grebis), Verpakovskis.

Schweiz: Benaglio; Lichtsteiner, von Bergen, Grichting, Spycher; Padalino (76. Yakin), Fernandes (79. Derdiyok), Huggel, Barnetta (76. Vonlanthen); Frei, Nkufo.

Bemerkungen: Schweiz ohne Inler und Streller (verletzt), Nef und Wölfli (Tribüne). – Verwarnungen: 16. Ivanovs (Foul), 23. Grichting (Foul, gegen Luxemburg gesperrt), 72. Kolesnicenko (Foul), 73. Astafjevs (Unsportlichkeit, gegen Griechenland gesperrt).

243

Revanche geglückt

Luxemburg, 10. Oktober 2009

Vier Punkte waren aus den letzten beiden Spielen der Schweizer noch gefordert, um die Leaderposition in der WM-Qualifikation erfolgreich zu verteidigen. Und es war klar, dass die ersten drei davon im schmucken Kleinstadion Josy Burthel in Luxemburg gesichert werden sollten. Weil Stéphane Grichting gesperrt war, bildeten Philippe Senderos und Steve von Bergen die Schweizer Innenverteidigung, und das war an jenem Abend nicht primär defensiv von Belang, sondern in der Offensive. Senderos, bei Arsenal London ohne jegliche Spielpraxis, sorgte in Luxemburg sehr früh für die Entscheidung und traf zweimal per Kopf, einmal auf einen Freistoss von der rechten Seite durch Alex Frei, das zweite Mal auf eine Freistossflanke Tranquillo Barnettas von der linken Seite. Nach 22 Minuten traf mit Benjamin Huggel ein weiterer Schweizer Defensivspieler – und es war ein besonderer Moment in der Schweizer Länderspielgeschichte. Huggels erfolgreicher Abschluss war das 1000. Tor in der rot-weissen Historie. Gleichzeitig war es das letzte an diesem Abend in Luxemburg, die Schweizer schonten nun ihre Kräfte für den zweiten Teil der erfolgreichen Abschlussmission vier Tage später in Basel gegen Israel. Dort sollte ihnen schon ein Punkt zum Gruppensieg und damit zur direkten WM-Qualifikation reichen.

Luxemburg — Schweiz 0:3 (0:3)

Josy Barthel, Luxemburg. – 8200 Zuschauer (ausverkauft). – SR Iturralde Gonzalez (Sp). – Tore: 6. Senderos 0:1. 8. Senderos 0:2. 22. Huggel 0:3.

Luxemburg: Joubert; Kintziger, Blaise, Strasser, Mutsch; Laterza (46. Leweck), Payal, Bettmer, Peters, Collette (73. Jänisch); Kitenge (60. Pupovac).

Schweiz: Benaglio; Lichtsteiner, von Bergen, Senderos, Spycher; Vonlanthen (65. Derdiyok), Inler, Huggel, Barnetta (82. Ziegler); Frei (65. Yakin), Nkufo.

Bemerkungen: Schweiz ohne Grichting (gesperrt). Nicht eingesetzt: Wölfli; Barmettler; Fernandes, Padalino. Auf der Tribüne: Leoni und Schwegler. 86. Spycher klärt nach Pupovac-Kopfball auf der Linie. – Verwarnungen: 40. von Bergen (Unsportlichkeit), 43. Bettmer (Foul), 79. Barnetta (Foul).

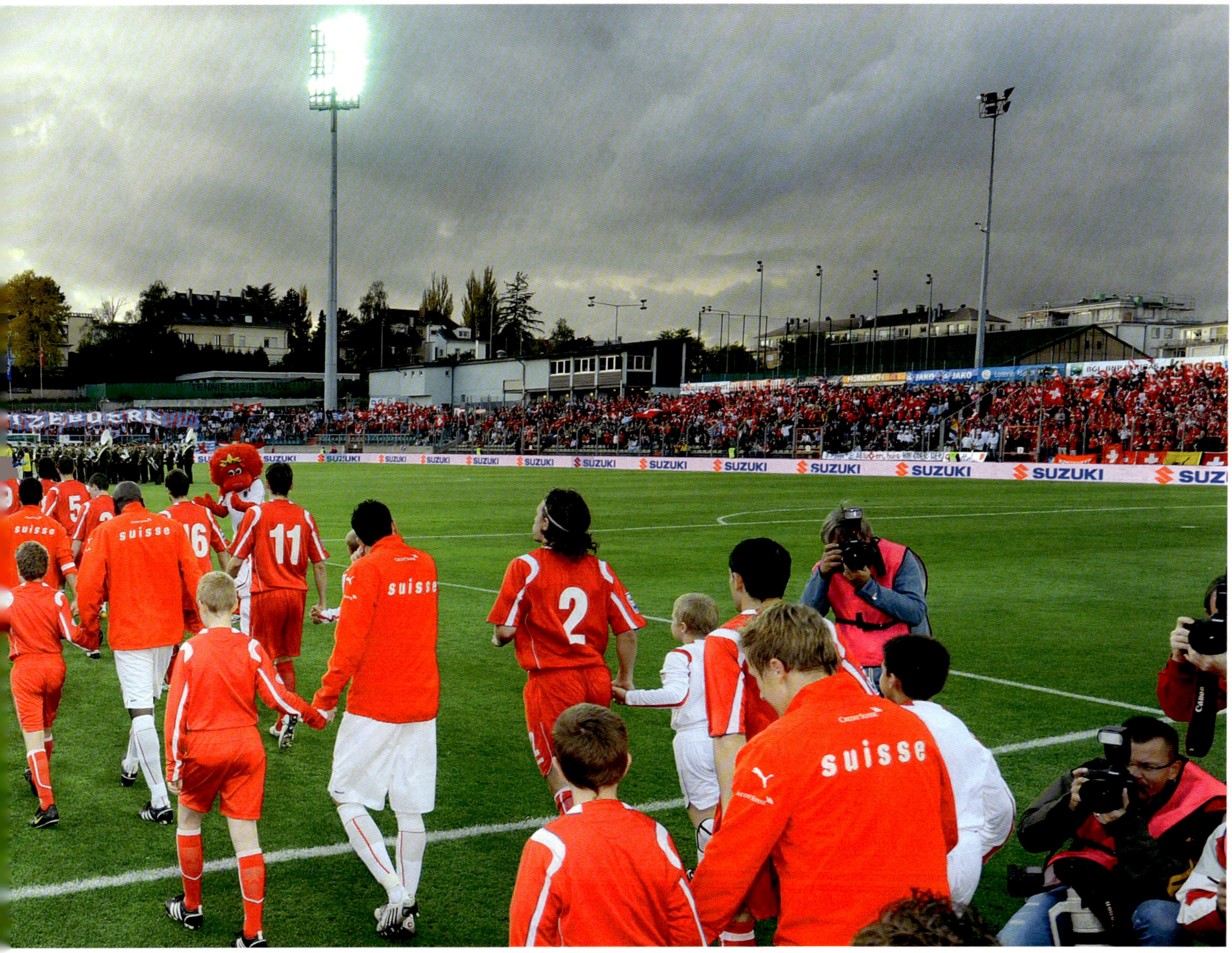
suisse
suisse
suisse
suisse
SUZUKI
SUZUKI
SUZUKI
SUZUKI

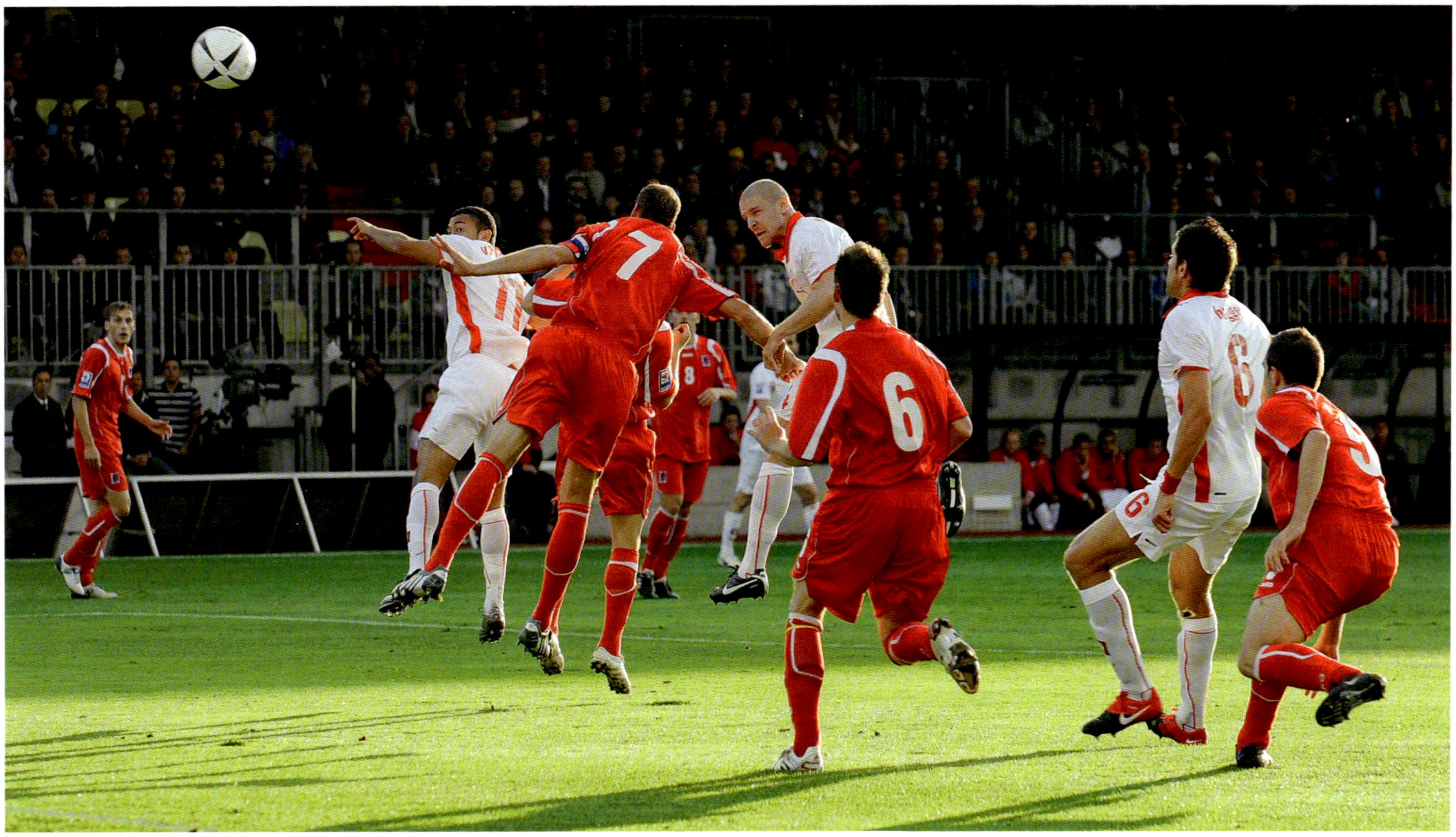

Ein 0:0-Sieg zum Schluss

Basel, 14. Oktober 2009

Die T-Shirts lagen schon bereit in den Kabinen des St. Jakob-Parks, wo sich 38 500 Fans auf die nächste Schweizer Fussballparty freuten. Die Stimmung war ausgelassen, doch die Schweizer wollten mit grösstmöglicher Nüchternheit ihr Ziel verfolgen, den einen noch nötigen Punkt ins Trockene zu bringen. So entwickelte sich eine Partie mit wenig Höhepunkten, die Schweizer spürten den Druck, geizten mit fussballerischen Glanzlichtern, dafür umso weniger mit Zweikampfstärke und Einsatzkraft. Immerhin waren die grippebedingten Ausfälle von Stammkeeper Diego Benaglio, Captain Alex Frei und Mittelfeldorganisator Benjamin Huggel zu verkraften und die ersatzgeschwächte Schweizer Equipe konnte diesen Mangel an Routine und Besonnenheit nicht zu jedem Zeitpunkt der Partie verbergen. Doch es ging an diesem Abend nicht um einen Schönheitspreis oder eine Fussballgala, es ging einzig darum, ein Ziel zu erreichen, mit welchen Mitteln auch immer. Dies gelang, die Zuschauer, die in den 90 Minuten etwas leiden mussten, waren ebenso erleichtert wie die Spieler und der Staff. Und die T-Shirts mussten nicht in der Kartonschachtel in der Kabine bleiben, sondern konnten freudig geschwenkt und stolz übergezogen werden.

Schweiz — Israel 0:0

St. Jakob-Park, Basel. – 38 500 Zuschauer (ausverkauft). – SR Tudor (Rum).

Schweiz: Wölfli; Lichtsteiner, Senderos, Grichting, Spycher; Padalino, Fernandes, Inler, Barnetta; Nkufo, Derdiyok (70. Frei).

Israel: Aouate; Saban, Ben Haim, Strul, Ziv; Yadin; Barda (85. Vermouth), Kayal, Cohen, Benayoun; Collauti (69. Schechter).

Bemerkungen: Schweiz ohne Benaglio (krank). Nicht eingesetzt: Leoni; von Bergen, Ziegler; Huggel, Vonlanthen, Yakin. Auf der Tribüne: Pirmin Schwegler. Israel ohne Ben Sahar und Dayan (beide gesperrt). – Platzverweis: 59. Yadin (Gelb-Rote Karte nach Foul). – Verwarnungen: 25. Padalino (Foul), 34. Yadin (Foul), 45. Inler (Foul), 47. Kayal (Unsportlichkeit), 62. Ziv (Foul), 66. Collauti (Unsportlichkeit), 66. Fernandes (Unsportlichkeit), 71. Lichtsteiner (Foul).

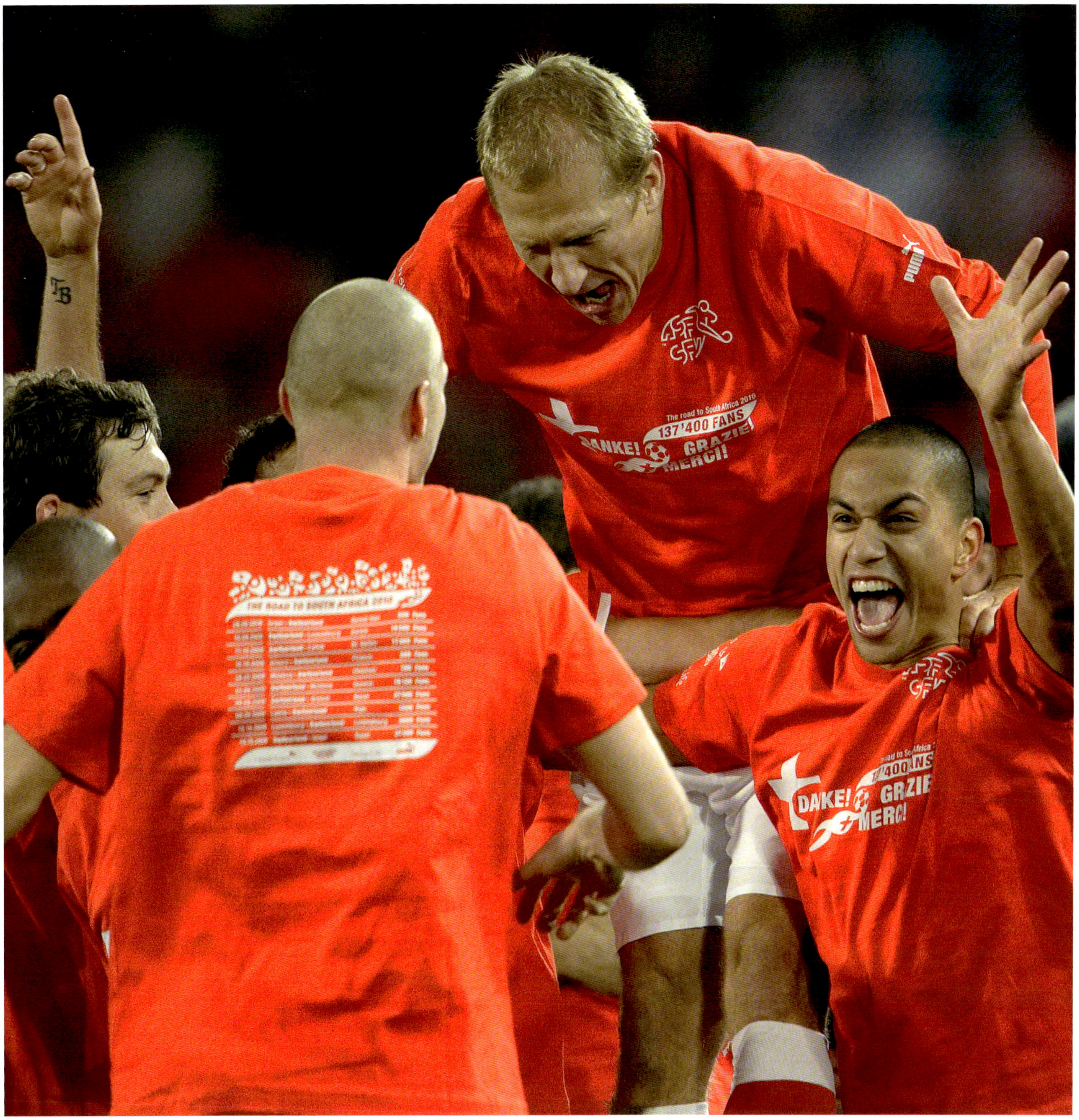
The road to South Africa 2010
137'400 FANS
GRAZIE!
MERCI!

Schweizer Aufbruchstimmung für die V

...ltmeisterschaft 2010 in Südafrika

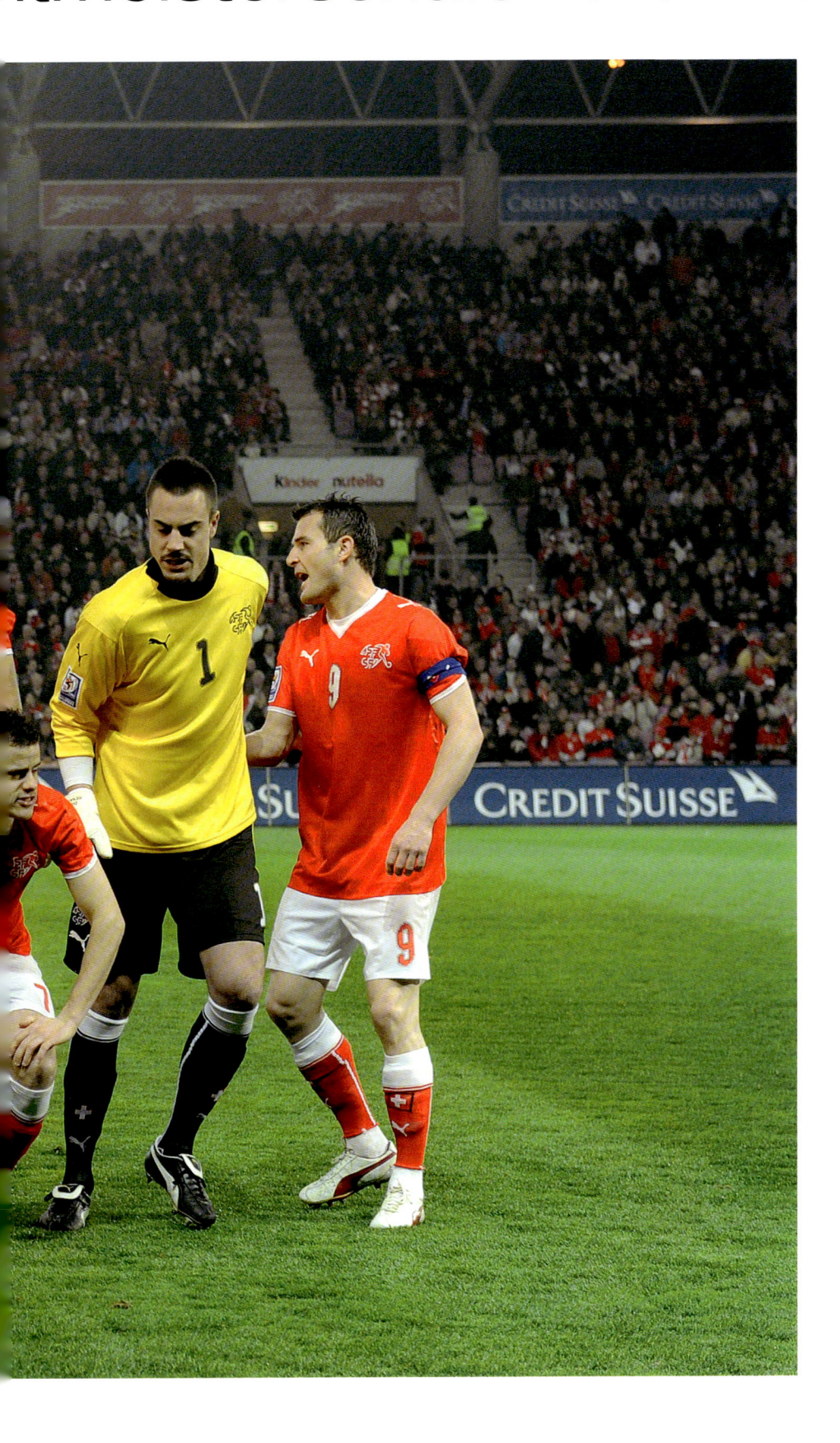

Alle Spiele in Europas WM-Qualifikationsgruppe 2:

Moldawien – Lettland	1:2 (0:2)
Luxemburg – Griechenland	0:3 (0:2)
Israel – Schweiz	2:2 (0:1)
Schweiz – Luxemburg	1:2 (1:1)
Moldawien – Israel	1:2 (1:2)
Lettland – Griechenland	0:2 (0:1)
Schweiz – Lettland	2:1 (0:0)
Luxemburg – Israel	1:3 (1:1)
Griechenland – Moldawien	3:0 (2:0)
Lettland – Israel	1:1 (0:0)
Luxemburg – Moldawien	0:0
Griechenland – Schweiz	1:2 (0:1)
Luxemburg – Lettland	0:4 (0:1)
Moldawien – Schweiz	0:2 (0:1)
Israel – Griechenland	1:1 (0:1)
Lettland – Luxemburg	2:0 (1:0)
Schweiz – Moldawien	2:0 (1:0)
Griechenland – Israel	2:1 (1:0)
Moldawien – Luxemburg	0:0
Schweiz – Griechenland	2:0 (0:0)
Israel – Lettland	0:1 (0:0)
Israel – Luxemburg	7:0 (4:0)
Moldawien – Griechenland	1:1 (0:1)
Lettland – Schweiz	2:2 (0:1)
Luxemburg – Schweiz	0:3 (0:3)
Israel – Moldawien	3:1 (1:0)
Griechenland – Lettland	5:2 (1:2)
Schweiz – Israel	0:0
Griechenland – Luxemburg	2:1 (2:0)
Lettland – Moldawien	3:2 (2:1)

Schlussrangliste, Gruppe 2

1. Schweiz*	10	6	3	1	18:8	21
2. Griechenland**	10	6	2	2	20:10	20
3. Lettland	10	5	2	3	18:15	17
4. Israel	10	4	4	2	20:10	16
5. Luxemburg	10	1	2	7	4:25	5
6. Moldawien	10	0	3	7	6:18	3

* = Direktqualifikation WM; ** = Barrage (1:0 gegen Ukraine)

Die Schweizer Torschützen

5 Tore: Alex Frei, Blaise Nkufo
2 Tore: Philippe Senderos
1 Tor: Eren Derdiyok, Gelson Fernandes, Hakan Yakin, Marco Padalino, Stéphane Grichting, Benjamin Huggel

Die Schweizer «Dauerarbeiter»

Blaise Nkufo	10 Spiele/869 Minuten
Stéphane Grichting	9 Spiele/810 Minuten
Diego Benaglio	9 Spiele/810 Minuten
Tranquillo Barnetta	10 Spiele/795 Minuten
Stephan Lichtsteiner	8 Spiele/720 Minuten
Gökhan Inler	8 Spiele/720 Minuten
Benjamin Huggel	8 Spiele/701 Minuten
Alex Frei	9 Spiele/663 Minuten

Die Schweizer «Kurzarbeiter»

Reto Ziegler	1 Spiel/8 Minuten
Blerim Dzemaili	1 Spiel/19 Minuten
Almen Abdi	3 Spiele/44 Minuten
Marco Wölfli	1 Spiel/90 Minuten
Valentin Stocker	1 Spiel/90 Minuten
Johan Vonlanthen	5 Spiele/124 Minuten

Die Schweizer Karten

3 Verwarnungen: Stephan Lichtsteiner
2 Verwarnungen: Stéphane Grichting, Gelson Fernandes
1 Verwarnung: Benjamin Huggel, Ludovic Magnin, Hakan Yakin, Johan Vonlanthen, Tranquillo Barnetta, Gökhan Inler, Marco Padalino, Steve von Bergen.
Total: 15 Verwarnungen, kein Platzverweis

Die Qualifikation zur Fussball-WM 2010

Europa

Gruppe 1
1. Dänemark *	10	6	3	1	16:5	21
2. Portugal **	10	5	4	1	17:5	19
3. Schweden	10	5	3	2	13:5	18
4. Ungarn	10	5	1	4	10:8	16
5. Albanien	10	1	4	5	6:13	7
6. Malta	10	0	1	9	0:26	1

Gruppe 2
1. Schweiz*	10	6	3	1	18:8	21
2. Griechenland**	10	6	2	2	20:10	20
3. Lettland	10	5	2	3	18:15	17
4. Israel	10	4	4	2	20:10	16
5. Luxemburg	10	1	2	7	4:25	5
6. Moldawien	10	0	3	7	6:18	3

Gruppe 3
1. Slowakei *	10	7	1	2	22:10	22
2. Slowenien **	10	6	2	2	18:4	20
3. Tschechien	10	4	4	2	17:6	16
4. Nordirland	10	4	3	3	13:9	15
5. Polen	10	3	2	5	19:14	11
6. San Marino	10	0	0	10	1:47	0

Gruppe 4
1. Deutschland *	10	8	2	0	26:5	26
2. Russland **	10	7	1	2	19:6	22
3. Finnland	10	5	3	2	14:14	18
4. Wales	10	4	0	6	9:12	12
5. Aserbaidschan	10	1	2	7	4:14	5
6. Liechtenstein	10	0	2	8	2:23	2

Gruppe 5
1. Spanien *	10	10	0	0	28:5	30
2. Bosnien-Herz. **	10	6	1	3	25:13	19
3. Türkei	10	4	3	3	13:10	15
4. Belgien	10	3	1	6	13:20	10
5. Estland	10	2	2	6	9:24	8
6. Armenien	10	1	1	8	6:22	4

Gruppe 6
1. England *	10	9	0	1	34:6	27
2. Ukraine **	10	6	3	1	21:6	21
3. Kroatien	10	6	2	2	19:13	20
4. Belarus	10	4	1	5	19:14	13
5. Kasachstan	10	2	0	8	11:29	6
6. Andorra	10	0	0	10	3:39	0

Gruppe 7
1. Serbien *	10	7	1	2	22:8	22
2. Frankreich **	10	6	3	1	18:9	21
3. Österreich	10	4	2	4	14:15	14
4. Litauen	10	4	0	6	10:11	12
5. Rumänien	10	3	3	4	12:18	12
6. Färöer	10	1	1	8	5:20	4

Gruppe 8
1. Italien *	10	7	3	0	18:7	24
2. Irland **	10	4	6	0	12:8	18
3. Bulgarien	10	3	5	2	17:13	14
4. Zypern	10	2	3	5	14:16	9
5. Montenegro	10	1	6	3	9:14	9
6. Georgien	10	0	3	7	7:19	3

Gruppe 9
1. Holland *	8	8	0	0	17:2	24
2. Norwegen	8	2	4	2	9:7	10
3. Schottland	8	3	1	4	6:11	10
4. Mazedonien	8	2	1	5	5:11	7
5. Island	8	1	2	5	7:13	5

*= Direktqualifikation WM; ** = Barrage*

Barragen
Russland – **Slowenien**	Hin: 2:1, Rück: 0:1
Griechenland – Ukraine	Hin: 0:0, Rück: 1:0
Irland – **Frankreich**	Hin: 1:1, Rück: 1:2
Portugal – Bosnien-Herzegowina	Hin: 1:0, Rück 1:0

Afrika

Gruppe A
1. Kamerun *	6	4	1	1	9:2	13
2. Gabun	6	3	0	3	9:7	9
3. Togo	6	2	2	2	3:7	8
4. Marokko	6	0	3	3	3:8	3

Gruppe B
1. Nigeria *	6	3	3	0	9:4	12
2. Tunesien	6	3	2	1	7:4	11
3. Mosambik	6	2	1	3	3:5	7
4. Kenia	6	1	0	5	5:11	3

Gruppe C
1. Algerien *	7	5	1	1	10:4	16
2. Ägypten	7	4	1	2	9:5	13
3. Sambia	6	1	2	3	2:5	5
4. Ruanda	6	0	2	4	1:8	2

Gruppe D
1. Ghana *	6	4	1	1	9:3	13
2. Benin	6	3	1	2	6:6	10
3. Mali	6	2	3	1	8:7	9
4. Sudan	6	0	1	5	2:9	1

Gruppe E
1. Elfenbeinküste *	6	5	1	0	19:4	16
2. Burkina Faso	6	4	0	2	10:11	12
3. Malawi	6	1	1	4	4:11	4
4. Guinea	6	1	0	5	7:14	3

= Direktqualifikation WM

Südamerika

1. Brasilien *	18	9	7	2	33:11	34
2. Chile *	18	10	3	5	32:22	33
3. Paraguay *	18	10	3	5	24:16	33
4. Argentinien *	18	8	4	6	23:20	28
5. Uruguay **	18	6	6	6	28:20	24
6. Ecuador	18	6	5	7	22:26	23
7. Kolumbien	18	6	5	7	14:18	23
8. Venezuela	18	6	4	8	23:29	22
9. Bolivien	18	4	3	11	22:36	15
10. Peru	18	3	4	11	11:34	13

*= Direktqualifikation WM; ** = Barrage (2:1 gg. Costa Rica)*

Barrage Südamerika/Concacaf
Costa Rica – **Uruguay**   Hin: 0:1, Rück: 1:1

Concacaf (Nord- und Mittelamerika)

1. USA *	10	6	2	2	19:13	20
2. Mexiko *	10	6	1	3	18:12	19
3. Honduras *	10	5	1	4	17:11	16
4. Costa Rica	10	5	1	4	15:15	16
5. El Salvador	10	2	2	6	9:15	8
6. Trinidad & Tobago	10	1	3	6	10:22	6

*= Direktqualifikation WM; ** = Barrage (1:2 gg. Uruguay)*

Asien

Gruppe 1
1. Australien *	8	6	2	0	12:1	20
2. Japan *	8	4	3	1	11:6	15
3. Bahrain **	8	3	1	4	6:8	10
4. Katar	8	1	3	4	5:14	6
5. Usbekistan	8	1	1	6	5:10	4

Gruppe 2
1. Südkorea *	8	4	4	0	12:4	16
2. Nordkorea *	8	3	3	2	7:5	12
3. Saudiarabien **	8	3	3	2	8:8	12
4. Iran	8	2	5	1	8:7	11
5. VAE	8	0	1	7	6:17	1

*= Direktqualifikation WM; ** = Entscheidungsspiel*

Entscheidungsspiel um Barrage gegen Ozeanien-Sieger
Bahrain – Saudi-Arabien   Hin: 0:0; Rück: 2:2

Barrage Asien/Ozeanien
Bahrain – **Neuseeland**   Hin: 0:0, Rück: 0:1

Ozeanien

1. Neuseeland*	6	5	0	1	14:5	15
2. Neukaledonien	6	2	2	2	12:10	8
3. Fidschi	6	2	1	3	8:11	7
4. Vanuatu	6	1	1	4	5:13	4

* Barrage gg. Asien (1:0 gg. Bahrain)

Facts

Zahlen zur WM-Qualifikation 2010:

853 Spiele
200 teilnehmende Mannschaften
5602 beteiligte Spieler
2344 Tore (durchschnittlich 2,75 pro Spiel)
142 Penaltytore, **45** Hattricks
19,4 Mio. Zuschauer (23 000 pro Spiel)
275 Trainer
310 Schiedsrichter
3247 Verwarnungen
176 Platzverweise

Die besten Torschützen der Qualifikation:

Moumoni Dagano (Burkina Faso)	12
Osea Vakatalesau (Fidschi)	12
Theofanis Gekas (Griechenland)	10
Humberto Suazo (Chile)	10
Samuel Eto'o (Kamerun)	9
Luis Fabiano (Brasilien)	9
Edin Dzeko (Bosnien-Herzegowina)	9
Wayne Rooney (England)	9
Seule Soromon (Vanuatu)	9

Ältester Spieler der Qualifikation:
Kenny Dyer (Montserrat) 43 Jahre, 1 Monat

Jüngster Spieler der Qualifikation:
Abdi Abdifatah (Somalia) 14 Jahre, 1 Monat

Südafrika: 2344 Tore in 853 Spielen

Bis die 32 Teilnehmer einer WM-Endrunde jeweils feststehen, streiten sich 200 Teams auf allen Kontinenten in total 853 Qualifikationsspielen. Jeder dritte Trainer wurde während diesem WM-Vorlauf vorzeitig ausgetauscht – und doch erfüllten sich längst nicht alle Hoffnungen. Prominente WM-Abwesende waren am Ende Russland, Tschechien, Kroatien und Schweden, aber auch Afrika-Cup-Sieger Ägypten. Pech hatte Irland, das gegen Frankreich in der Barrage nur deswegen unterlag, weil Thierry Henry das entscheidende Tor mit der Hand vorbereitet hatte. Ein Rückkommensantrag der Iren wurde aber erwartungsgemäss abgelehnt – und so mussten die «Boys in green» mit ihrem Trainer Giovanni Trappatoni ein weiteres Mal auf ein grosses Turnier verzichten. Für Neuseeland war der Weg nach dem Wechsel Australiens in die asiatische Konföderation frei – und über die Barrage gegen Bahrain schaffte man tatsächlich die Qualifikation. In Neuseeland (ansonsten eher dem Rugby zugeneigt) brach das grosse WM-Fieber aus.

Das 32. und damit letzte Team, das sich für Südafrika qualifizieren konnte, war Uruguay. In der Barrage gegen Costa Rica (das in der Concacaf-Zone überraschend Honduras den Vortritt lassen musste) reichte nach dem 1:0 auswärts ein 1:1 zu Hause am 18. November 2009. Der Schweizer Schiedsrichter Massimo Busacca brachte die Partie in emotionaler Atmosphäre bestens über die Bühne – und am Ende feierten die Südamerikaner auf alle Arten, wie etwa Sebastian Abreu, der mit der Kamera auf der Querlatte alles festhielt.

Die Endrunde der WM 2010

Gruppe A: Das bittere Ausscheiden des Gastgebers Südafrika

Schlussrangliste

1. Uruguay	3	2	1	0	4:0	7
2. Mexiko	3	1	1	1	3:2	4
3. Südafrika	3	1	1	1	3:5	4
4. Frankreich	3	0	1	2	1:4	1

Südafrika–Mexiko 1:1 (0:0)

Freitag, 11. Juni 2010, 16.00 Uhr. – Soccer City, Johannesburg. – 84 490 Zuschauer (ausverkauft). – SR Irmatow (Usb).

Tore: 55. Tshabalala 1:0. 79. Marquez 1:1.

Südafrika: Khune; Gaxa, Mokoena, Khumalo, Thwala (46. Masilela); Tshabalala, Dikgacoi, Letsholonyane, Modise; Pienaar (83. Parker), Mphela.

Mexiko: Perez; Aguilar (55. Guardado), Osorio, Rodriguez, Salcido; Marquez; Juarez, Torrado; Dos Santos, Franco (73. Hernandez), Vela (69. Blanco).

Bemerkungen: 38. Tor von Vela wegen Offsides aberkannt. 90. Pfostenschuss Mphela. – Verwarnungen: 18. Juarez (Unsportlichkeit). 27. Dikgacoi (Foul). 57. Torrado (Foul). 70. Masilela (Foul).

Uruguay–Frankreich 0:0

Freitag, 11. Juni 2010, 20.30 Uhr. – Green Point, Kapstadt. – 64 100 Zuschauer (ausverkauft). – SR Nishimura (Jap).

Uruguay: Muslera; Godin, Lugano, Maximiliano Pereira, Victorino; Arevalo, Gonzalez (63. Lodeiro), Alvaro Pereira, Perez (88. Eguren); Forlan, Suarez (74. Abreu).

Frankreich: Lloris; Abidal, Evra, Gallas, Sagna; Diaby, Gourcuff (75. Malouda), Toulalan; Anelka (72. Henry), Govou (85. Gignac), Ribéry.

Bemerkungen: Platzverweis: 81. Lodeiro (Gelb-Rote Karte nach Foul). – Verwarnungen: 12. Evra (Foul). 19. Ribéry (Foul). 59. Victorino (Foul). 65. Lodeiro (Reklamieren). 68. Toulalan (Foul).

Südafrika–Uruguay 0:3 (0:1)

Mittwoch, 16. Juni 2010, 20.30 Uhr. – Loftus Versfeld, Pretoria. – 42 858 Zuschauer. – SR Busacca (Sz).

Tore: 24. Forlan 0:1. 80. Forlan (Foulpenalty). 95. Alvaro Pereira 0:3.

Südafrika: Khune; Gaxa, Mokoena, Khumalo, Masilela; Tshabalala, Letsholonyane (56. Moriri), Dikgacoi, Modise; Pienaar (80. Josephs); Mphela.

Uruguay: Muslera; Fucile (71. Alvaro Fernandez), Lugano, Godin; Maximiliano Pereira, Perez (91. Gargano), Arevalo Rios, Alvaro Pereira; Forlan; Suarez, Cavani (89. Sebastian Fernandez).

Bemerkungen: Uruguay ohne Lodeiro (gesperrt). – Platzverweis: 76. Khune (Notbremse). – Verwarnungen: 6. Pienaar (Unsportlichkeit). 42. Dikgacoi (Foul/im nächsten Spiel gesperrt).

Frankreich–Mexiko 0:2 (0:0)

Donnerstag, 17. Juni 2010, 20.30 Uhr. – Peter Mokaba, Polokwane. – 35 370 Zuschauer. – SR Al-Ghamdi (Saudi-Arabien).

Tore: 64. Hernandez 0:1. 79. Blanco (Foulpenalty) 0:2.

Frankreich: Lloris; Sagna, Gallas, Abidal, Evra; Toulalan, Diaby; Govou (69. Valbuena), Ribéry, Malouda; Anelka (46. Gignac).

Mexiko: Perez; Osorio, Moreno, Rodriguez, Salcido; Juarez (55. Hernandez), Marquez, Torrado; Giovani dos Santos, Franco (62. Blanco), Vela (31. Barrera).

Bemerkungen: Frankreich ohne Carrasso (verletzt). 30. Vela verletzt ausgeschieden. – Verwarnungen: 4. Franco (Unsportlichkeit). 45. Toulalan (Foul/im nächsten Spiel gesperrt). 48. Juarez (Unsportlichkeit/im nächsten Spiel gesperrt). 49. Moreno (Foul). 78. Abidal (Foul). 82. Rodriguez (Foul).

Mexiko–Uruguay 0:1 (0:1)

Dienstag, 22. Juni 2010, 16.00 Uhr. – Royal Bakofeng, Rustenburg. – 33 425 Zuschauer. – SR Kassai (Un).

Tor: 43. Suarez 0:1.

Mexiko: Oscar Pérez; Osorio, Moreno (57. Castro), Rodriguez, Salcido; Guardado (46. Barrera), Marquez, Torrado; Giovani dos Santos, Franco, Blanco (63. Hernandez).

Uruguay: Muslera; Maximiliano Pereira, Lugano, Victorino, Fucile; Arevalo Rios, Diego Pérez, Alavaro Pereira (77. Scotti); Suarez (85. Fernandez), Forlan, Cavani.

Bemerkungen: Mexiko ohne Vela (verletzt) und Juarez (gesperrt). 22. Lattenschuss Guardado. – Verwarnungen: 68. Fucile (Foul). 77. Hernandez (Foul). 85. Castro (Foul).

Frankreich–Südafrika 1:2 (0:2)

Dienstag, 22. Juni 2010, 16.00 Uhr. – Free State Stadium, Bloemfontein. – 39 415 Zuschauer. – SR Ruiz (Kol).

Tore: 20. Khumalo 0:1. 37. Mphela 0:2. 70. Malouda 1:2.

Frankreich: Lloris; Sagna, Gallas, Squillaci, Clichy; Alou Diarra (82. Govou), Diaby; Gignac (46. Malouda), Gourcuff, Ribéry; Cissé (55. Henry).

Südafrika: Josephs; Ngcongca (55. Gaxa), Mokoena, Khumalo, Masilela; Pienaar, Sibaya, Khuboni (78. Modise), Tshabalala; Mphela, Parker (68. Nomvethe).

Bemerkungen: Frankreich ohne Toulalan (gesperrt) und Anelka (suspendiert); Südafrika ohne Khune und Dikgacoi (beide gesperrt). – Platzverweis: 25. Gourcuff (Ellbogenschlag). – Verwarnung: 71. Diaby (Foul). – 38. Tor von Parker wegen Offsides aberkannt. 51. Pfostenschuss Mphela.

Gruppe B: Die souveräne Vorrunde von Maradonas Argentinien

Schlussrangliste

1. Argentinien	3	3	0	0	7:1	9
2. Südkorea	3	1	1	1	5:6	4
3. Griechenland	3	1	0	2	2:5	3
4. Nigeria	3	0	1	2	3:5	1

Südkorea–Griechenland 2:0 (1:0)

Samstag, 12. Juni 2010, 13.30 Uhr. – Nelson Mandela Bay, Port Elizabeth. – 31 513 Zuschauer. – SR Hester (Neus).

Tore: 7. Lee Jung-Soo 1:0. 52. Park Ji-Sung 2:0.

Südkorea: Jung; Cha, Cho, Lee Jung-Soo, Lee Young-Pyo; Ki (75. Kim Nam-Il), Kim Jung-Woo; Lee Chung-Yong (91. Kim Jae-Sung), Yeom, Park Ji-Sung; Park Chu-Young (87. Lee Seung-Yeoul).

Griechenland: Tzorvas; Torosidis, Papadopoulos, Vyntra, Seitaridis; Samaras (59. Salpingidis), Tziolis, Katsouranis, Karagounis (46. Patsatzoglu); Charisteas (61. Kapetanos), Gekas.

Bemerkung: Verwarnung: 56. Torosidis (Foul).

Argentinien–Nigeria 1:0 (1:0)

Samstag, 12. Juni 2010, 16.00 Uhr. – Ellis Park, Johannesburg. – 55 686 Zuschauer. – SR Stark (De).

Tor: 6. Heinze 1:0.

Argentinien: Romero; Demichelis, Samuel, Heinze; Gutierrez, Veron (74. Rodriguez), Mascherano, Di Maria (85. Burdisso); Messi; Tevez, Higuain (79. Milito).

Nigeria: Enyeama; Odiah, Yobo, Shittu, Taiwo (75. Uche); Kaita, Etuhu, Haruna; Obasi (60. Odemwingie), Obinna (52. Martins), Aiyegbeni.

Bemerkungen: Verwarnungen: 41. Gutierrez. 77. Haruna (beide wegen Fouls).

Argentinien–Südkorea 4:1 (2:1)

Donnerstag, 17. Juni 2010, 13.30 Uhr. – Soccer City, Johannesburg. – 82 174 Zuschauer. – SR De Bleeckeren (Be).

Tore: 17. Park Chu-Young (Eigentor) 1:0. 33. Higuain 2:0. 45. Lee Chung-Yong 2:1. 76. Higuain 3:1. 80. Higuain 4:1.

Argentinien: Romero; Demichelis, Samuel (23. Burdisso), Heinze, Gutierrez; Mascherano, Maxi Rodriguez, Di Maria; Messi; Tevez (75. Agüero), Higuain (82. Bolatti).

Südkorea: Jung; Oh, Lee Jung-Soo, Cho, Lee Young-Pyo; Ki (46. Kim Nam-Il), Kim Jung-Woo; Lee Chung-Yong, Park Ji-Sung, Yeom; Park Chu-Young (81. Lee Dong-Gook).

Bemerkungen: Argentinien ohne Veron (verletzt). – Verwarnungen: 10. Yeom (Foul). 34. Lee Chung-Yong (Foul). 54. Gutierrez (Foul). 55. Mascherano (Foul). 74. Heinze (Handspiel).

Griechenland–Nigeria 2:1 (1:1)

Donnerstag, 17. Juni 2010, 16.00 Uhr. – Free State Stadium, Bloemfontein. – 31 593 Zuschauer. – SR Ruiz (Kol).

Tore: 16. Uche 0:1. 44. Salpingidis 1:1. 71. Torosidis 2:1.

Griechenland: Tzorvas; Papastathopoulos (37. Samaras), Papadopoulos, Kyrgiakos; Vyntra, Tziolis, Karagounis, Katsouranis, Torosidis; Salpingidis, Gekas (79. Ninis).

Nigeria: Enyeama; Odiah, Yobo, Shittu, Taiwo (55. Echiejile/78. Afolabi); Kaita, Etuhu, Haruna, Uche; Odemwingie (46. Obasi); Yakubu.

Bemerkungen: Griechenland ohne Moras (verletzt). – Platzverweis: 33. Kaita (versuchte Tätlichkeit). – Verwarnungen: 15. Papastathopoulos. 60. Tziolis. 88. Samaras. 89. Obasi (alle wegen Fouls). – 41. Haruna klärt nach Schuss von Samaras auf der Torlinie.

Nigeria–Südkorea 2:2 (1:1)

Dienstag, 22. Juni 2010, 20.30 Uhr. – Moses Mabhida, Durban. – 61 874 Zuschauer. – SR Benquerença (Por).

Tore: 12. Uche 1:0. 38. Lee Jung-Soo 1:1. 49. Park Chu-Young 1:2. 69. Yakubu (Foulpenalty) 2:2.

Nigeria: Enyeama; Odiah, Yobo (46. Echiejile), Shittu, Afolabi; Obasi, Ayila, Etuhu, Uche; Kanu (57. Martins); Yakubu (70. Obinna).

Südkorea: Jung; Cha, Cho, Lee Jung-Soo, Lee Young-Pyo; Ki (87. Kim Jae-Sung), Kim Jung-Woo; Lee Chung-Yong, Yeom Ki-Hun (64. Kim Nam-Il), Park Ji-Sung; Park Chu-Young (93. Kim Dong-Jin).

Bemerkungen: Nigeria ohne Kaita (gesperrt). – Verwarnungen: 31. Enyeama. 37. Obasi. 41. Ayila. 68. Kim Nam-Il (alle wegen Fouls). – 36. Pfostenschuss von Uche.

Griechenland–Argentinien 0:2 (0:0)

Dienstag, 22. Juni 2010, 20.30 Uhr. – Peter Mokaba, Polokwane. – 38 891 Zuschauer. – SR Irmatow (Usb).

Tore: 77. Demichelis 0:1. 89. Palmermo 0:2.

Griechenland: Tzorvas; Kyrgiakos, Papadopoulos, Moras, Papastathopoulos; Vyntra, Katsouranis (55. Ninis), Tziolis, Torosidis (55. Patsatzoglu), Karagounis (46. Spyropoulos); Samaras.

Argentinien: Romero; Otamendi, Demichelis, Burdisso, Rodriguez; Maxi Rodriguez (63. Di Maria), Bolatti, Veron; Messi; Milito (80. Palermo), Agüero (77. Pastore).

Bemerkungen: Griechenland ohne Moras (verletzt), Argentinien ohne Gutierrez (gesperrt). – Verwarnungen: 30. Katsouranis (Foul). 76. Bolatti (Foul). – 86. Schuss Messis an den Torpfosten.

Gruppe C: Die USA und ihr spätes Tor zum Gruppensieg

Schlussrangliste

1. USA	3	1	2	0	4:3	5
2. England	3	1	2	0	2:1	5
3. Slowenien	3	1	1	1	3:3	4
4. Algerien	3	0	1	2	0:2	1

England–USA 1:1 (1:1)

Samstag, 12. Juni 2010, 20.30 Uhr. – Royal Bafokeng, Rustenburg. – 38 646 Zusch. – SR Simon (Br).

Tore: 4. Gerrard 1:0. 40. Dempsey 1:1.

England: Green; Johnson, King (46. Carragher), Terry, Ashley Cole; Lennon, Gerrard, Lampard, Milner (31. Wright-Phillips); Heskey (79. Crouch), Rooney.

USA: Howard; Cherundolo, DeMerit, Onyewu, Bocanegra; Donovan, Bradley, Clark, Dempsey; Altidore (86. Holden), Findley (77. Buddle).

Bemerkung: Verwarnungen: 26. Milner (Foul). 39. Cherundolo (Foul). 47. DeMerit (Hands). 59. Carragher. 61. Gerrard. 74. Findley (alle wegen Fouls). – 66. Green lenkt Schuss von Altidore an den Pfosten.

Algerien–Slowenien 0:1 (0:0)

Sonntag, 13. Juni 2010, 13.30 Uhr. – Peter Mokaba, Polokwane. – 30 000 Zuschauer. – SR Batres (Gua).

Tor: 79. Koren 0:1.

Algerien: Chaouchi; Yahia, Halliche, Bougherra; Kadir (82. Guedioura), Lacen, Ziani, Yebda, Belhadj; Matmour (81. Saifi), Djebbour (58. Ghezzal).

Slowenien: Samir Handanovic; Brecko, Cesar, Suler, Jokic; Birsa (84. Pecnik), Koren, Radosavljevic (87. Komac), Kirm; Novakovic, Dedic (53. Ljubijankic).

Bemerkungen: Platzverweis: 73. Ghezzal (Gelb-Rote Karte nach Handspiel). – Verwarnungen: 35. Radosavljevic (Foul). 59. Ghezzal (Foul). 73. Ghezzal. 93. Komac (Foul). 95. Yebda (Foul).

Slowenien–USA 2:2 (2:0)

Freitag, 18. Juni 2010, 16.00 Uhr. – Ellis Park, Johannesburg. – 41 573 Zuschauer. – SR Coulibaly (Mali).

Tore: 13. Birsa 1:0. 42. Ljubijankic 2:0. 48. Donovan 2:1. 82. Bradley 2:2.

Slowenien: Samir Handanovic; Brecko, Suler, Cesar, Jokic; Birsa (87. Dedic), Koren, Radosavljevic, Kirm; Novakovic, Ljubijankic (74. Pecnik/94. Komac).

USA: Howard; Cherundolo, Demerit, Onyewu (80. Gomez), Bocanegra; Donovan, Torres (46. Edu), Bradley, Dempsey; Altidore, Findley (46. Feilhaber).

Bemerkungen: Verwarnungen: 35. Cesar (Foul). 40. Findley (Handspiel). 69. Suler (Foul). 72. Kirm (Foul). 75. Jokic (Foul).

England–Algerien 0:0

Freitag, 18. Juni 2010, 20.30 Uhr. – Green Point, Kapstadt. – 64 100 Zuschauer. – SR Irmatow (Usb).

England: James; Johnson, Carragher, Terry, Ashley Cole; Lennon (63. Wright-Phillips), Gerrard, Lampard, Barry (84. Crouch); Rooney, Heskey (74. Defoe).

Algerien: M'Bolhi; Bougherra, Halliche, Yahia; Kadir, Boudebouz (74. Andoun), Yebda (88. Mesbah), Lacen, Belhadj; Matmour, Ziani (80. Guedioura).

Bemerkungen: England ohne King (verletzt); Algerien ohne Ghezzal (gesperrt). – Verwarnung: 58. Carragher (Foul/im nächsten Spiel gesperrt).

Slowenien–England 0:1 (0:1)

Mittwoch, 23. Juni 2010, 16.00 Uhr. – Nelson Mandela Bay, Port Elizabeth. – 38 000 Zuschauer. – SR Stark (De).

Tor: 23. Defoe 0:1.

Slowenien: Samir Handanovic; Brecko, Suler, Cesar, Jokic; Birsa, Radosavljevic, Koren, Kirm (79. Matavz); Novakovic, Ljubijankic (62. Dedic).

England: James; Johnson, Terry, Upson, Ashley Cole; Milner, Gerrard, Lampard, Barry; Defoe (86. Heskey), Rooney (72. Joe Cole).

Bemerkungen: Slowenien ohne Pecnik (verletzt); England ohne King (verletzt) und Carragher (gesperrt). – Verwarnungen: 40. Jokic (Foul/im nächsten Spiel gesperrt). 48. Johnson (Schwalbe). 79. Birsa (Foul). 81. Dedic (Foul). – 58. Pfostenschuss von Rooney.

USA–Algerien 1:0 (0:0)

Mittwoch, 23. Juni 2010, 16.00 Uhr. – Loftus Versfeld, Pretoria. – 35 827 Zuschauer. – SR De Bleeckere (Be).

Tor: 91. Donovan 1:0.

USA: Howard; Cherundolo, DeMerit, Bocanegra, Bornstein (80. Beasley); Donovan, Bradley, Edu (64. Buddle), Dempsey; Altidore, Gomez (46. Feilhaber).

Algerien: Mbolhi; Bougherra, Halliche, Yahia; Kadir, Yebda, Lacen, Belhadj; Matmour (85. Saifi), Ziani (69. Guedioura); Djebbour (65. Ghezzal).

Bemerkungen: USA ohne Findley (gesperrt). – Platzverweis: 93. Yahia (Gelb-Rote Karte wegen Reklamieren). – Verwarnungen: 12. Yebda. 62. Altidore. 76. Yahia. 82. Lacen (alle wegen Fouls). 90. Beasley (Hands). – 6. Schuss Djebbours an die Querlatte. 20. Tor von Dempsey aberkannt (Offside). 59. Schuss Dempseys an den Torpfosten.

Gruppe D: Eine deutsche Zitterpartie nach dem Traumstart

Schlussrangliste

1. Deutschland	3	2	0	1	5:1	6
2. Ghana	3	1	1	1	2:2	4
3. Australien	3	1	1	1	3:6	4
4. Serbien	3	1	0	2	2:3	3

Serbien–Ghana 0:1 (0:0)

Sonntag, 13. Juni 2010, 16.00 Uhr. – Loftus Versfeld, Pretoria. – 38 833 Zuschauer. – SR Baldassi (Arg).

Tor: 84. Gyan (Handspenalty) 0:1.

Serbien: Stojkovic; Ivanovic, Lukovic, Vidic, Kolarov; Stankovic, Milijas; Krasic (62. Kuzmanovic), Jovanovic (76. Subotic); Pantelic, Zigic (69. Lazovic).

Ghana: Kingson; Paintsil, Vorsah, John Mensah, Sarpei; Kevin Boateng (91. Addy), Annan; Tagoe, Asamoah (73. Appiah), Ayew; Gyan (93. Owusu-Abeyle).

Bemerkungen: Platzverweis: 74. Lukovic (Gelb-Rote Karte nach Foul). – Verwarnungen: 19. Zigic. 26. Vorsah. 54. Lukovic (alle Foul). 83. Kuzmanovic (Handspiel). 89. Tagoe (Foul). – 60. Kopfball von Gyan an den Pfosten. 92. Pfostenschuss von Gyan.

Deutschland–Australien 4:0 (2:0)

Sonntag, 13. Juni 2010, 20.30 Uhr. – Durban Stadium, Durban. – 62 660 Zuschauer. – SR Rodriguez (Mex).

Tore: 8. Podolski 1:0. 26. Klose 2:0. 68. Müller 3:0. 70. Cacau 4:0.

Deutschland: Neuer; Lahm, Mertesacker, Friedrich, Badstuber; Schweinsteiger, Khedira; Müller, Özil (74. Gomez), Podolski (81. Marin); Klose (68. Cacau).

Australien: Schwarzer; Wilkshire, Moore, Neill, Chipperfield; Valeri, Grella (46. Holman); Emerton (74. Jedinak), Culina, Garcia (64. Rukavytsya); Cahill.

Bemerkungen: Platzverweis: 56. Cahill (Foul). – Verwarnungen: 12. Özil (Unsportlichkeit). 24. Moore (Reklamieren). 46. Neill (Foul). 58. Valeri (Foul). 92. Cacau (Unsportlichkeit).

Deutschland–Serbien 0:1 (0:1)

Freitag, 18. Juni 2010, 13.30 Uhr. – Nelson Mandela Bay, Port Elizabeth. – 38 294 Zuschauer. – SR Undiano (Sp).

Tor: 38. Jovanovic 0:1.

Deutschland: Neuer; Lahm, Friedrich, Mertesacker, Badstuber (77. Gomez); Khedira, Schweinsteiger; Müller (70. Marin), Özil (70. Cacau), Podolski; Klose.

Serbien: Stojkovic; Ivanovic, Subotic, Vidic, Kolarov; Krasic, Ninkovic (70. Kacar), Kuzmanovic (75. Petrovic), Stankovic, Jovanovic (79. Lazovic); Zigic.

Bemerkungen: Serbien ohne Lukovic (gesperrt). – Platzverweis: 37. Klose (Gelb-Rote Karte nach Foul). – Verwarnungen: 12. Klose. 18. Ivanovic. 19. Kolarov. 22. Khedira. 32. Lahm. 57. Subotic (alle wegen Fouls). 59. Vidic (Hands). 73. Schweinsteiger (Foul). – 45. Schuss Khediras an die Querlatte. 60. Stojkovic wehrt Handspenalty von Podolski ab. 67. Schuss Jovanovic' an den Torpfosten. 74. Kopfball Zigic' auf die Querlatte.

Ghana–Australien 1:1 (1:1)

Samstag, 19. Juni 2010, 16.00 Uhr. – Royal Bakofeng, Rustenburg. – 34 812 Zuschauer. – SR Rosetti (It).

Tore: 11. Holman 1:0. 25. Gyan (Handpenalty) 1:1.

Ghana: Kingson; Pantsil, Addy, Johnathan Mensah, Sarpei; Annan, Kevin Boateng (87. Amoah); Tagoe (56. Owusu-Abeyie), Asamoah (77. Muntari), Ayew; Gyan.

Australien: Schwarzer; Wilkshire (85. Rukavytsya), Neill, Moore, Carney; Valeri, Culina; Emerton, Holman (68. Kennedy), Bresciano (66. Chipperfield); Kewell.

Bemerkungen: Australien ohne Cahill (gesperrt) und Grella (verletzt); Ghana ohne John Mensah und Vorsah (beide verletzt). – Platzverweis: 24. Kewell (Handspiel auf der Torlinie). – Verwarnungen: 40. Addy. 79. Jonathan Mensah. 84. Annan (alle Foul). 85. Moore (Foul/im nächsten Spiel gesperrt).

Australien–Serbien 2:1 (0:0)

Mittwoch, 23. Juni 2010, 20.30 Uhr. – Mbombela, Nelspruit. – 35 000 Zuschauer. – SR Larrionda (Uru).

Tore: 69. Cahill 1:0. 73. Holman 2:0. 84. Pantelic 2:1.

Australien: Schwarzer; Wilkshire (82. Garcia), Neill, Beauchamp, Carney; Valeri (66. Holman), Culina; Emerton, Cahill, Bresciano (66. Chipperfield); Kennedy.

Serbien: Stojkovic; Ivanovic, Lukovic, Vidic, Obradovic; Kuzmanovic (77. Lazovic), Stankovic, Krasic (62. Tosic), Jovanovic, Ninkovic; Zigic (67. Pantelic).

Bemerkungen: Australien ohne Kewell, Moore (beide gesperrt) und Grella (verletzt). – Verwarnungen: 18. Lukovic (Foul). 49. Beauchamp (Foul). 50. Wilkshire (Foul). 59. Ninkovic (Foul). 67. Emerton (Foul).

Ghana–Deutschland 0:1 (0:0)

Mittwoch, 23. Juni 2010, 20.30 Uhr. – Soccer City, Johannesburg. – 83 391 Zuschauer. – SR Simon (Br).

Tor: 60. Özil 0:1.

Ghana: Kingson; Pantsil, John Mensah, Jonathan Mensah, Sarpei; Tagoe (64. Muntari), Kevin-Prince Boateng, Annan, Kwadwo Asamoah, Andre Ayew (82. Adiyiah); Gyan (82. Matthew Amoah).

Deutschland: Neuer; Lahm, Mertesacker, Friedrich, Jérome Boateng (73. Jansen); Khedira, Schweinsteiger (81. Kroos); Müller (67. Trochowski), Özil, Podolski; Cacau.

Bemerkungen: Ghana ohne Vorsah (verletzt); Deutschland ohne Klose (gesperrt), Ballack und Adler (beide verletzt). – Verwarnungen: 40. Andrew Ayew (Foul). 43. Müller (Foul).

Gruppe E: Das Schaulaufen der Holländer und Japans Fortschritte

Schlussrangliste

1. Holland	3	3	0	0	5:1	9
2. Japan	3	2	0	1	4:2	6
3. Dänemark	3	1	0	2	3:6	3
4. Kamerun	3	0	0	3	2:5	0

Holland–Dänemark 2:0 (0:0)

Montag, 14. Juni 2010, 13.30 Uhr. – Soccer City, Johannesburg. – 83 465 Zusch. – SR Lannoy (Fr).

Tore: 46. Simon Poulsen (Eigentor) 1:0. 85. Kuyt 2:0.

Holland: Stekelenburg; Van der Wiel, Heitinga, Mathijsen, Van Bronckhorst; Van Bommel, De Jong (88. De Zeeuw); Kuyt, Sneijder, Van der Vaart (67. Elia); Van Persie (77. Affeley).

Dänemark: Sörensen; Jacobsen, Kjaer, Agger, Simon Poulsen; Christian Poulsen, Kahlenberg (73. Eriksen); Enevoldsen (56. Grönjkaer), Jörgensen; Rommedahl; Bendtner (62. Beckmann).

Bemerkungen: Verwarnungen: 44. De Jong (Foul). 49. Van Persie (Foul). 63. Kjaer (Foul). – 82. Schuss Sneijders an die Querlatte. 85. Schuss Elias an den Torpfosten, Kuyt verwandelt den Abpraller zum 2:0.

Japan–Kamerun 1:0 (1:0)

Montag, 14. Juni 2010, 16.00 Uhr. – Free State, Bloemfontein. – 30 620 Zuschauer. – SR Benquerenca (Por).

Tor: 39. Honda 1:0.

Japan: Kawashima; Nagatomo, Nakazawa, Tulio, Komano; Abe; Matsui (69. Okazaki), Honda, Hasebe (88. Inamoto), Endo; Okubo (82. Yano).

Kamerun: Hamidou; Mbia, Nkoulou, Bassong, Assou-Ekotto; Matip (63. Emana), Makoun (75. Njitap), Eyong; Eto'o, Webo, Choupo-Moting (75. Idrissou).

Bemerkungen: Japan ohne Konno (verletzt). – Verwarnungen: 72. Nkoulou. 91. Abe (beide Foul). – 82. Schuss Okazakis an den Torpfosten. 86. Schuss Mbias an den Torpfosten.

Holland–Japan 1:0 (0:0)

Samstag, 19. Juni 2010, 13.30 Uhr. – Moses Mabhida, Durban. – 62 010 Zuschauer. – SR Baldassi (Arg).

Tor: 53. Sneijder 1:0.

Holland: Stekelenburg; Van der Wiel, Heitinga, Mathijsen, Van Bronckhorst; Van Bommel, De Jong; Kuyt, Sneijder (83. Afellay), Van der Vaart (72. Elia); Van Persie (88. Huntelaar).

Japan: Kawashima; Komano, Tanaka, Nakazawa, Nagatomo, Hasebe (77. Okazaki), Abe, Endo; Matsui (64. Nakamura), Okubo (77. Tamada); Honda.

Bemerkung: Verwarnung: 36. Van der Wiel (Foul).

Kamerun–Dänemark 1:2 (1:1)

Samstag, 19. Juni 2010, 16.00 Uhr. – Loftus Versfeld, Pretoria. – 38 074 Zuschauer. – SR Larrionda (Ur).

Tore: 10. Eto'o 1:0. 33. Bendtner 1:1. 61. Rommedahl 1:2.

Kamerun: Souleymanou; Mbia, Nkoulou, Bassong (72. Idrissou), Assou-Ekotto; Alexandre Song; Geremi, Emana, Enoh (46. Makoun); Webo (78. Aboubakar), Eto'o.

Dänemark: Sörensen; Jacobsen, Kjaer, Agger, Simon Poulsen; Christian Poulsen, Jörgensen (46. Jensen); Rommedahl, Grönkjaer (67. Kahlenberg); Tomasson (86. Jakob Poulsen), Bendtner.

Bemerkungen: Verwarnungen: 49. Bassong (Foul). 75. Mbia (Foul). 86. Sörensen (Spielverzögerung). 87. Kjaer (Foul). – 42. Pfostenschuss Eto'o.

Dänemark–Japan 1:3 (0:2)

Donnerstag, 24. Juni 2010, 20.30 Uhr. – Royal Bakofeng, Rustenburg. – 25 000 Zuschauer. – SR Damon (Südafrika).

Tore: 17. Honda 0:1. 30. Endo 0:2. 81. Tomasson 1:2. 87. Okazaki 1:3.

Dänemark: Sörensen; Jacobsen, Agger, Kröldrup (56. Larsen), Simon Poulsen; Christian Poulsen; Jörgensen (34. Jakob Poulsen), Kahlenberg (63. Eriksen); Tomasson, Rommedahl; Bendtner.

Japan: Kawashima; Komano, Nakazawa, Tulio Tanaka, Nagatomo; Abe; Hasebe, Matsui (74. Okazaki), Endo (91. Inamoto), Okubo (88. Konno); Honda.

Bemerkungen: Dänemark ohne Kjaer (gesperrt). – Verwarnungen: 12. Endo. 26. Nagatomo. 29. Kröldrup. 48. Christian Poulsen. 66. Bendtner (alle Foul). – 48. Freistoss von Endo an den Torpfosten. 79. Schuss Larsens an die Querlatte.

Kamerun–Holland 1:2 (0:1)

Donnerstag, 24. Juni 2010, 20.30 Uhr. – Green Point, Kapstadt. – 63 093 Zuschauer. – SR Pozo (Chile).

Tore: 36. Van Persie 0:1. 65. Eto'o (Handspenalty) 1:1. 83. Huntelaar 1:2.

Kamerun: Souleymanou; Geremi, Mbia, Nkoulou (73. Song), Assou-Ekotto; Chedjou, Nguemo, Makoun, Bong (56. Aboubakar); Eto'o, Choupo-Moting (72. Idrissou).

Holland: Stekelenburg; Boulahrouz, Heitinga, Mathijsen, Van Bronckhorst; Van Bommel, De Jong; Kuyt (66. Elia), Sneijder, Van der Vaart (73. Robben); Van Persie (59. Huntelaar).

Bemerkungen: Verwarnungen: 17. Kuyt (Foul). 65. Van der Vaart (Hands). 70. Van Bronckhorst (Foul). 81. Mbia (Foul).

Gruppe F: Der Weltmeister verabschiedet sich als Gruppenletzter

Schlussrangliste

1. Paraguay	3	1	2	0	3:1	5
2. Slowakei	3	1	1	1	4:5	4
3. Neuseeland	3	0	3	0	2:2	3
4. Italien	3	0	2	1	4:5	1

Italien–Paraguay 1:1 (0:1)

Montag, 14. Juni 2010, 20.30 Uhr. – Green Point Stadium, Kapstadt. – 64 100 Zuschauer. – SR Archundia (Mex).

Tore: 39. Alcaraz 0:1. 63. De Rossi 1:1.

Italien: Buffon (46. Marchetti); Zambrotta, Cannavaro, Chiellini, Criscito; De Rossi, Montolivo; Pepe, Marchisio (59. Camoranesi), Gilardino (72. Di Natale); Iaquinta.

Paraguay: Villar; Bonet, Da Silva, Alcaraz, Morel; Vera, Victor Caceres, Riveros, Torres (60. Santana); Valdez (68. Santa Cruz), Barrios (76. Cardozo).

Bemerkungen: Italien ohne Pirlo (verletzt). – Verwarnungen: 62. Victor Caceres (Foul). 70. Camoranesi (Foul).

Neuseeland–Slowakei 1:1 (0:0)

Dienstag, 15. Juni 2010, 16.00 Uhr. – Royal Bafokeng, Rustenburg. – 23 871 Zuschauer. – SR Damon (Südafrika).

Tore: 50. Vittek 0:1. 93. Reid 1:1.

Neuseeland: Paston; Reid, Nelsen, Smith, Bertos; Vicelich (78. Christie), Eliott, Lochhead; Smeltz, Fallon, Killen (72. Wood).

Slowakei: Mucha; Cech, Skrtel, Durica, Zabavnik; Strba; Weiss (91. Kucka), Hamsik, Jendrisek; Sestak (81. Holosko), Vittek (84. Stoch).

Bemerkungen: Neuseeland ohne Moss (gesperrt) und Brown (verletzt). – Verwarnungen: 42. Lochhead (Foul). 55. Strba (Foul). 93. Reid (Unsportlichkeit).

Slowakei–Paraguay 0:2 (0:1)

Sonntag, 20. Juni 2010, 13.30 Uhr. – Free State, Bloemfontein. – 26 643 Zuschauer. – SR Maillet (Sey).

Tore: 27. Vera 0:1. 86. Riveros 0:2.

Slowakei: Mucha; Pekarik, Skrtel, Durica, Salata (83. Stoch); Strba; Kozak, Hamsik, Weiss; Sestak (70. Holosko), Vittek.

Paraguay: Villar; Bonet, Da Silva, Alcaraz, Morel; Riveros, Victor Caceres, Vera (88. Barreto); Santa Cruz; Valdez (68. Torres), Barrios (82. Cardozo).

Bemerkungen: Verwarnungen: 42. Durica (Foul). 45. Vera (Foul). 47. Sestak (Foul). 84. Weiss (Foul).

Italien–Neuseeland 1:1 (1:1)

Sonntag, 20. Juni 2010, 16.00 Uhr. – Mbombela, Nelspruit. – 38 229 Zuschauer. – SR Batres (Guatemala).

Tore: 7. Smeltz 0:1. 29. Iaquinta (Foulpenalty) 1:1.

Italien: Marchetti; Zambrotta, Cannavaro, Chiellini, Criscito; Pepe (46. Camoranesi), De Rossi, Montolivo, Marchisio (61. Pazzini); Iaquinta, Gilardino (46. Di Natale).

Neuseeland: Paston; Reid, Nelsen, Smith; Bertos, Elliott, Vicelich (80. Christie), Lochhead; Fallon (62. Wood), Smeltz, Killen (93. Barron).

Bemerkungen: Italien ohne Buffon, Pirlo (beide verletzt); Neuseeland ohne Moss (gesperrt). – Verwarnungen: 15. Fallon (Foul). 28. Smith (Foul). 86. Nelsen (Unsportlichkeit). – 27. Pfostenschuss Montolivo.

Slowakei–Italien 3:2 (1:0)

Donnerstag, 24. Juni 2010, 16.00 Uhr. – Ellis Park, Johannesburg. – 53 412 Zuschauer. – SR Webb (Eng).

Tore: 25. Vittek 1:0. 73. Vittek 2:0. 81. Di Natale 2:1. 89. Kopunek 3:1. 92. Quagliarella 3:2.

Slowakei: Mucha; Pekarik, Skrtel, Durica, Zabavnik; Strba (87. Kopunek), Kucka; Stoch, Hamsik, Jendrisek (94. Petras); Vittek (92. Sestak).

Italien: Marchetti; Zambrotta, Cannavaro, Chiellini, Criscito (46. Maggio); De Rossi; Pepe, Montolivo (56. Pirlo), Gattuso (46. Quagliarella); Iaquinta, Di Natale.

Bemerkungen: Italien ohne Buffon (verletzt). – Verwarnungen: 16. Strba (Foul/im Achtelfinal gesperrt). 31. Cannavaro (Foul). 40. Vittek (Foul). 50. Pekarik (Foul). 67. Chiellini (Foul). 76. Pepe (Foul). 82. Mucha (Spielverzögerung). 83. Quagliarella (Unsportlichkeit). – 85. Tor von Quagliarella wegen Offsides aberkannt.

Paraguay–Neuseeland 0:0

Donnerstag, 24. Juni 2010, 16.00 Uhr. – Peter Mokaba, Polokwane. – 34 850 Zuschauer. – SR Nishimura (Jap).

Paraguay: Villar; Caniza, Julio Cesar Caceres, Da Silva, Rodriguez; Riveros, Victor Caceres, Vera; Santa Cruz, Cardozo (66. Barrios), Valdez (67. Benitez).

Neuseeland: Paston; Reid, Nelsen, Smith; Bertos, Elliott, Vicelich, Lochhead; Killen (79. Brockie), Fallon (69. Wood), Smeltz.

Bemerkungen: Verwarnungen: 10. Victor Caceres (Foul/im Achtelfinal Spiel gesperrt). 41. Santa Cruz (Foul). 56. Nelsen (Foul).

Gruppe G: Portugal mit dem höchsten Sieg der WM 2010

Schlussrangliste

1. Brasilien	3	2	1	0	5:2	7
2. Portugal	3	1	2	0	7:0	5
3. Elfenbeinküste	3	1	1	1	4:3	4
4. Nordkorea	3	0	0	3	1:12	0

Elfenbeinküste–Portugal 0:0

Dienstag, 15. Juni 2010, 16.00 Uhr. – Nelson Mandela Bay, Port Elizabeth. – 31 043 Zuschauer. – SR Larrionda (Uru).

Elfenbeinküste: Barry; Demel, Kolo Touré, Zokora, Tiéné; Eboué (89. Romaric), Yaya Touré, Tioté; Dindane, Gervinho (Keita), Kalou (66. Drogba).

Portugal: Eduardo; Paulo Ferreira, Bruno Alves, Ricardo Carvalho, Fabio Coentrao; Deco (62. Tiago), Pedro Mendes, Raúl Meireles (85. Amorim); Cristiano Ronaldo, Liedson, Danny (55. Simão).

Bemerkungen: Portugal ohne Nani (verletzt). – Verwarnungen: 7. Zokora (Foul). 21. Demel und Cristiano Ronaldo (beide unsportliches Verhalten). – 11. Schuss Cristiano Ronaldos an den Torpfosten.

Brasilien–Nordkorea 2:1 (0:0)

Dienstag, 15. Juni 2010, 20.30 Uhr. – Ellis Park Stadium, Johannesburg. – 54 331 Zuschauer. – SR Kassai (Un).

Tore: 55. Maicon 1:0. 72. Elano 2:0. 89. Ji 2:1.

Brasilien: Julio Cesar; Maicon, Lucio, Juan, Michel Bastos; Elano (73. Dani Alves), Gilberto Silva, Kaká (78. Nilmar), Felipe Melo (84. Ramires); Robinho, Luis Fabiano.

Nordkorea: Ri Myong-Guk; Cha, Pak Chol-Jin, Ri Jun-Il, Pak Nam-Chol II, Ri Kwang-Chon; Mun (80. Kim Kum-Il), Hong, An Yong-Hak, Ji; Jong.

Bemerkungen: Nordkorea ohne Kim Young-Jun (gesperrt). – Verwarnung: 88. Ramires (Foul).

Brasilien–Elfenbeinküste 3:1 (1:0)

Sonntag, 20. Juni 2010, 20.30 Uhr. – Soccer City, Johannesburg. – 84 455 Zuschauer. – SR Lannoy (Fr).

Tore: 25. Luis Fabiano 1:0. 50. Luis Fabiano 2:0. 62. Elano 3:0. 79. Drogba 3:1.

Brasilien: Julio Cesar; Maicon, Lucio, Juan, Michel Bastos; Gilberto Silva, Felipe Melo; Elano (67. Dani Alves), Kaká, Robinho (93. Ramires); Luis Fabiano.

Elfenbeinküste: Barry; Demel, Kolo Touré, Zokora, Tiéné; Yaya Touré; Eboué (72. Romaric), Tioté; Dindane (54. Gervinho), Drogba, Kalou (68. Keita).

Bemerkungen: Platzverweis: 88. Kaká (Gelb-Rote Karte nach Unsportlichkeit). – Verwarnungen: 31. Tiéné (Foul). 75. Keita (Foul). 85. Kaká (Unsportlichkeit). 86. Tioté (Foul). – 67. Elano verletzt ausgeschieden.

Portugal–Nordkorea 7:0 (1:0)

Montag, 21. Juni 2010, 13.30 Uhr. – Green Point, Kapstadt. – 60 000 Zuschauer. – SR Pozo (Chile).

Tore: 29. Meireles 1:0. 53. Simão 2:0. 56. Almeida 3:0. 60. Tiago 4:0. 81. Liedson 5:0. 87. Cristiano Ronaldo 6:0. 89. Tiago 7:0.

Portugal: Eduardo; Miguel, Alves, Carvalho, Coentrão; Meireles (70. Veloso), Mendes, Tiago; Cristiano Ronaldo, Simão (74. Duda), Almeida (77. Liedson).

Nordkorea: Ri Myong-Guk; Ri Kwang-Chon, Cha (75. Nam), Pak Chol-Jin, Ri Jun-Il, Ji; An; Pak Nam-Chol (58. Kim Kum-Il), Mun (58. Kim Yong-Jun); Hong; Jong.

Bemerkungen: Portugal ohne Deco (verletzt). – Verwarnung: 32. Pak Chol-Jin (Foul). 38. Mendes (Foul). 47. Hong (Foul). 70. Almeida (Foul). – 7. Schuss Carvalhos an den Torpfosten. 71. Schuss Cristiano Ronaldos an die Querlatte.

Nordkorea–Elfenbeinküste 0:3 (0:2)

Freitag, 25. Juni 2010, 16.00 Uhr. – Mbombela, Nelspruit. – 34 763 Zuschauer. – SR Undiano (Sp).

Tore: 14. Yaya Touré 0:1. 20. Romaric 0:2. 82. Kalou 0:3.

Nordkorea: Ri Myong-Guk; Cha, Pak Chol-Jin, Ri Jun-Il, Ri-Kwang-Chon, Ji; An, Pak Nam-Chol, Mun (68. Choe); Hong; Jong.

Elfenbeinküste: Barry; Eboué, Kolo Touré, Zokora, Boka; Romaric (79. Doumbia), Yaya Touré, Tioté; Keita (64. Kalou), Drogba, Gervinho (64. Dindane).

Bemerkungen: Elfenbeinküste ohne Demel (verletzt). – Tore von Drogba (11.) und Doumbia (86.) wegen Offsides aberkannt. – Schüsse Romaric' (17.) und Gervinhos (38.) an den Torpfosten.

Portugal–Brasilien 0:0

Freitag, 25. Juni 2010, 16.00 Uhr. – Moses Mabhida, Durban. – 62 712 Zuschauer. – SR Archundia (Mex).

Portugal: Eduardo; Ricardo Costa, Ricardo Carvalho, Bruno Alves, Fabio Coentrao; Duda (54. Simao), Tiago, Pepe (64. Pedro Mendes), Raúl Meireles (84. Miguel Veloso), Danny; Cristiano Ronaldo.

Brasilien: Julio Cesar; Maicon, Lucio, Juan, Michel Bastos; Dani Alves, Gilberto Silva, Felipe Melo (44. Josue); Julio Baptista (82. Ramires); Luis Fabiano (85. Grafite), Nilmar.

Bemerkungen: Portugal ohne Deco (verletzt). Brasilien ohne Kaká (gesperrt) und Elano (verletzt). – Verwarnungen: 15. Luis Fabiano (Foul). 24. Juan (Hands). 24. Duda (Reklamieren). 31. Tiago (Schwalbe). 40. Pepe (Foul). 43. Felipe Melo (Foul). 45. Fabio Coentrao (Foul). – 30. Eduardo lenkt Schuss von Nilmar an den Torpfosten.

Gruppe H: Spanien und Chile regelten es im Direktduell

Schlussrangliste

1. Spanien	3	2	0	1	4:2	6
2. Chile	3	2	0	1	3:2	6
3. Schweiz	3	1	1	1	1:1	4
4. Honduras	3	0	1	2	0:3	1

Honduras–Chile 0:1 (0:0)

Mittwoch, 16. Juni 2010, 13.30 Uhr. – Mbombela, Nelspruit. – 32 664 Zuschauer. – SR Maillet (Seychellen).

Tor: 34. Beausejour 0:1.

Honduras: Valladares; Mendoza, Chávez, Figueroa, Izaguirre; Guevara (66. Thomas), Palacios; Alvarez, Nuñez (78. Martinez), Espinoza; Pavon (60. Welcome).

Chile: Bravo; Isla, Ponce, Medel, Vidal (81. Contreras); Carmona; Millar (52. Jara), Fernandez; Sanchez, Valdivia (87. Gonzalez), Beausejour.

Bemerkungen: Verwarnungen: 4. Carmona (Foul), 19. Fernandez (Reklamieren), 33. Palacios (Foul).

Spanien–Schweiz 0:1 (0:0)

Mittwoch, 16. Juni 2010, 16.00 Uhr. – Moses Mabhida, Durban. – 62 453 Zuschauer. – SR Webb (Eng).

Tor: 52. Fernandes 0:1.

Spanien: Casillas; Sergio Ramos, Piqué, Puyol, Capdevila; Busquets (61. Torres), Xabi Alonso; David Silva (62. Navas), Xavi, Iniesta (77. Pedro); Villa.

Schweiz: Benaglio; Lichtsteiner, Senderos (36. Von Bergen), Grichting, Ziegler; Barnetta (92. Eggimann), Huggel, Inler, Fernandes; Derdiyok (79. Yakin); Nkufo.

Bemerkungen: Schweiz ohne Behrami und Frei (beide verletzt). – Verwarnungen: 30. Grichting (Foul). 73. Ziegler (Foul). 91. Benaglio (Spielverzögerung). 94. Yakin (Hands). – 36. Senderos verletzt ausgeschieden. 70. Schuss Xabi Alonsos an die Querlatte. 74. Schuss Derdiyoks an den Torpfosten. 77. Iniesta verletzt ausgeschieden.

Chile–Schweiz 1:0 (0:0)

Montag, 21. Juni 2010, 16.00 Uhr. – Nelson Mandela Bay, Port Elizabeth. – 34 872 Zuschauer. – SR Al Ghamdi (Saudi-Arabien).

Tor: 75. Gonzalez 1:0.

Chile: Bravo; Medel, Ponce, Jara; Carmona; Isla, Fernandez (65. Paredes), Vidal (46. Gonzalez); Sanchez, Suazo (46. Valdivia), Beausejour.

Schweiz: Benaglio; Lichtsteiner, von Bergen, Grichting, Ziegler; Behrami, Huggel, Inler, Fernandes (77. Bunjaku); Frei (42. Barnetta); Nkufo (68. Derdiyok).

Bemerkungen: Schweiz ohne Senderos (verletzt). – Platzverweis: 31. Behrami (Ellbogeneinsatz). – Verwarnungen: 2. Suazo (Foul). 18. Nkufo (Foul). 22. Carmona (Foul/gegen Spanien gesperrt). 25. Ponce (Unsportlichkeit). 48. Barnetta (Foul). 60. Inler (Foul) und Fernandez (Unsportlichkeit/gegen Spanien gesperrt). 61. Medel (Unsportlichkeit). 92. Valdivia (Unsportlichkeit). – 49. Tor von Sanchez aberkannt (Offside).

Spanien–Honduras 2:0

Montag, 21. Juni 2010, 20.30 Uhr. – Ellis Park, Johannesburg. – 54 386 Zuschauer. – SR Nishimura (Jap).

Tore: 17. Villa 1:0. 51. Villa 2:0.

Spanien: Casillas; Sergio Ramos (77. Arbeloa), Piqué, Puyol, Capdevila; Busquets, Xabi Alonso; Navas, Xavi (66. Fabregas), Villa; Torres (70. Mata).

Honduras: Valladares; Mendoza, Chavez, Figueroa, Izaguirre; Wilson Palacios; Martinez, Turcios (63. Nuñez), Guevara, Espinoza (46. Welcome); Suazo (84. Jerry Palacios).

Bemerkungen: Spanien ohne Iniesta (verletzt). – Verwarnungen: 8. Turcios (Foul). 38. Izaguirre (Foul). – 7. Schuss Villas an die Querlatte. 63. Villa verschiesst Foulpenalty.

Schweiz–Honduras 0:0

Freitag, 25. Juni 2010, 20.30 Uhr. – Free State Stadium, Bloemfontein. – 28 042 Zuschauer. – SR Baldassi (Arg).

Schweiz: Benaglio; Lichtsteiner, von Bergen, Grichting, Ziegler; Barnetta, Huggel (78. Shaqiri), Inler, Fernandes (46. Yakin); Derdiyok, Nkufo (69. Frei).

Honduras: Valladares; Sabillon, Chavez, Bernardez, Figueroa; Alvarez, Thomas, Wilson Palacios, Nuñez (66. Martinez); Jerry Palacios (78. Welcome), Suazo (87. Turcios).

Bemerkungen: Schweiz ohne Behrami (gesp.) und Senderos (verl.). – Verwarnungen: 4. Thomas. 34. Fernandes. 58. Suazo. 65. Chavez. 89. Wilson Palacios (Fouls).

Chile–Spanien 1:2 (0:2)

Freitag, 25. Juni 2010, 20.30 Uhr. – Loftus Versfeld, Pretoria. – 41 958 Zuschauer. – SR Rodriguez (Mex).

Tore: 24. Villa 0:1. 37. Iniesta 0:2. 47. Millar 1:2.

Chile: Bravo; Medel, Ponce, Jara; Isla, Estrada, Vidal; Gonzalez (46. Millar); Sanchez (65. Orellana), Valdivia (46. Paredes), Beausejour.

Spanien: Casillas; Sergio Ramos, Piqué, Puyol, Capdevila; Busquets, Xabi Alonso (73. Martinez); Iniesta, Xavi, Villa; Torres (55. Fabregas).

Bemerkungen: Chile ohne Carmona und Fernandez (beide gesperrt). – Platzverweis: 37. Estrada (Gelb-Rote Karte nach Foul). – Verwarnungen: 15. Medel (Foul). 19. Ponce (Unsportlichkeit). 21. Estrada (Foul).

Die Achtelfinals

Uruguay–Südkorea 2:1 (1:0)

Samstag, 26. Juni 2010, 16.00 Uhr. – Nelson Mandela Bay, Port Elizabeth. – 30 597 Zuschauer. – SR Stark (De).

Tore: 8. Suarez 1:0. 68. Lee Chung-Yong 1:1. 80. Suarez 2:1.

Uruguay: Muslera; Maximiliano Pereira, Lugano, Godin (46. Victorino), Fucile; Arevalo, Perez, Alvaro Pereira (74. Lodeiro); Forlan; Cavani, Suarez (84. Alvaro Fernandez).

Südkorea: Jung; Cha, Cho, Lee Jung-Soo, Lee Young-Pyo; Ki (85. Yeom), Kim Jung-Woo; Kim Jae-Sung (61. Lee Dong-Gook), Park Ji-Sung, Lee Chung-Yong; Park Chu-Young.

Bemerkungen: Verwarnungen: 38. Kim Jung-Woo (Foul). 69. Cha (Foul). 83. Cho (Foul). – 5. -Schuss Park Chu-Youngs an den Torpfosten.

USA–Ghana 1:2 (1:1, 0:1) n. V.

Samstag, 26. Juni 2010, 20.30 Uhr. – Royal Bafokeng, Rustenburg. – 34 976 Zuschauer. – SR Kassai (Un).

Tore: 5. Kevin Prince Boateng 0:1. 62. Donovan (Foulpenalty) 1:1. 93. Gyan 1:2.

USA: Howard; Cherundolo, DeMerit, Bocanegra, Bornstein; Donovan, Bradley, Clark (31. Edu), Dempsey; Altidore (91. Gomez), Findley (46. Feilhaber).

Ghana: Kingson; Pantsil, John Mensah, Jonathan Mensah, Sarpei (73. Addy); Annan; Inkoom (113. Muntari), Asamoah, Boateng (78. Appiah), Ayew; Gyan.

Bemerkungen: Ghana ohne Vorsah (verletzt). – Verwarnungen: 7. Clark (Foul). 17. Cherundolo (Foul). 61. Jonathan Mensah (Foul/im Viertelfinal gesperrt). 68. Bocanegra (Foul). 90. Ayew (Foul/im Viertelfinal gesperrt).

Deutschland–England 4:1 (2:1)

Sonntag, 27. Juni 2010, 16.00 Uhr. – Free State Stadium, Bloemfontein. – 40 510 Zuschauer. – SR Larrionda (Uru).

Tore: 20. Klose 1:0. 32. Podolski 2:0. 37. Upson 2:1. 67. Müller 3:1. 70. Müller 4:1.

Deutschland: Neuer; Lahm, Mertesacker, Friedrich, Boateng; Khedira, Schweinsteiger; Müller (72. Trochowski), Özil (83. Kiessling), Podolski; Klose (72. Gomez).

England: James; Johnson (87. Wright-Phillips), Terry, Upson, Ashley Cole; Milner (64. Joe Cole), Lampard, Barry, Gerrard; Defoe (71. Heskey), Rooney.

Bemerkungen: Deutschland ohne Cacau (verletzt). – Verwarnungen: 47. Friedrich. 82. Johnson (beide wegen Fouls). – 38. Schuss von Lampard an die Querlatte; der Ball prallt von hinter der Linie ein zweites Mal an die Querlatte. 52. Freistoss von Lampard an die Querlatte.

Argentinien–Mexiko 3:1 (2:0)

Sonntag, 27. Juni 2010, 20.30 Uhr. – Soccer City, Johannesburg. – 84 000 Zuschauer. – SR Rosetti (It).

Tore: 26. Tevez 1:0. 33. Higuain 2:0. 52. Tevez 3:0. 71. Hernandez 3:1.

Argentinien: Romero; Otamendi, Demichelis, Burdisso, Heinze; Maxi Rodriguez (87. Pastore), Mascherano, Di Maria (79. Gutierrez); Higuain, Messi, Tevez (69. Veron).

Mexiko: Perez; Juarez, Osorio, Francisco Rodriguez, Salcido; Dos Santos, Marquez, Torrado, Guardado (62. Franco); Hernandez, Bautista (46. Barrera).

Bemerkungen: Verwarnung: 28. Marquez (Reklamieren). – 8. Schuss Salcidos an die Querlatte.

Holland–Slowakei 2:1 (1:0)

Montag, 28. Juni 2010, 16.00 Uhr. – Moses Mabhida, Durban. – 61 962 Zuschauer. – SR Undiano Mallenco (Sp).

Tore: 18. Robben 1:0. 84. Sneijder 2:0. 94. Vittek (Foulpenalty) 2:1.

Holland: Stekelenburg; Van der Wiel, Heitinga, Mathijsen, Van Bronckhorst; Van Bommel, De Jong; Robben (71. Elia), Sneijder (92. Afellay), Kuyt; Van Persie (80. Huntelaar).

Slowakei: Mucha; Pekarik, Skrtel, Durica, Zabavnik (87. Jakubko); Stoch, Kucka, Hamsik (87. Sapara), Weiss; Jendrisek (71. Kopunek), Vittek.

Bemerkungen: Slowakei ohne Strba (gesperrt). – Verwarnungen: 31. Robben (Hands). 40. Kucka (Foul). 72. Kopunek (Foul). 83. Skrtel (Reklamieren). 93. Stekelenburg (Foul).

Brasilien–Chile 3:0 (2:0)

Montag, 28. Juni 2010, 20.30 Uhr. – Ellis Park, Johannesburg. – 54 096 Zuschauer. – SR Webb (Eng).

Tore: 34. Juan 1:0. 38. Luis Fabiano 2:0. 59. Robinho 3:0.

Brasilien: Julio Cesar; Maicon, Lucio, Juan, Michel Bastos; Dani Alves, Gilberto Silva, Ramires; Kaka (81. Kleberson); Luis Fabiano (76. Nilmar), Robinho (85. Gilberto).

Chile: Bravo; Jara, Fuentes, Contreras (46. Tello), Vidal, Isla (62. Millar), Carmona; Sanchez, Beausejour, Gonzalez (46. Valdivia); Suazo.

Bemerkungen: Brasilien ohne Elano, Melo, Baptista (alle verletzt), Chile ohne Estrada, Ponce, Medel (alle gesperrt). – Verwarnungen: 30. Kaka (Foul). 47. Vidal (Foul). 68. Fuentes (Reklamieren). 72. Ramires (Foul/im Viertelfinal gesperrt). 80. Millar (Foul).

Paraguay–Japan 0:0 n. V., 5:3 im Penaltyschiessen

Dienstag, 29. Juni 2010, 16.00 Uhr. – Lotus Versfield Stadium, Pretoria. – 36 742 Zuschauer. – SR De Bleeckere (Be). – Penaltyschiessen: Barreto 1:0. Endo 1:1. Barrios 2:1. Hasebe 2:2. Riveros 3:2. Komano – (Querlatte). Valdez 4:2. Honda 4:3. Cardozo 5:3.

Paraguay: Villar; Bonet, Da Silva, Alcaraz, Morel; Vera, Ortigoza (75. Barreto), Riveros; Santa Cruz (94. Cardozo), Barrios, Benitez (60. Valdez).

Japan: Kawashima; Komano, Nakazawa, Tulio Tanaka, Nagatomo; Abe (81. Kengo Nakamura); Hasebe, Matsui (66. Okazaki), Endo, Okubo (106. Tamada); Honda.

Bemerkungen: Verwarnungen: 58. Matsui (Hands). 72. Nagatomo (Foul). 90. Honda (Hands). 114. Endo (Foul). 118. Riveros (Hands). – 22. Schuss Endos an die Latte.

Spanien–Portugal 1:0 (0:0)

Dienstag, 29. Juni 2010, 20.30 Uhr. – Green Point Stadium, Kapstadt. – 62 955 Z. – SR Baldassi (Arg).

Tor: 63. Villa 1:0.

Spanien: Casillas; Sergio Ramos, Piqué, Puyol, Capdevila; Busquets, Xabi Alonso (93. Marchena); Iniesta, Xavi, Villa (88. Pedro); Torres (59. Llorente).

Portugal: Eduardo; Ricardo Costa, Ricardo Carvalho, Bruno Alves, Fabio Coentrao; Pepe (72. Mendes); Cristiano Ronaldo, Tiago, Raul Meireles, Simao (72. Liedson); Hugo Almeida (58. Danny).

Bemerkung: Portugal ohne Duda und Amorim (beide verletzt). – Platzverweis: 89. Ricardo Costa (angebliche Tätlichkeit). – Verwarnungen: 74. Xabi Alonso (Foul). 80. Tiago (Foul).

Die Viertel- und Halbfinals

Holland–Brasilien 2:1 (0:1)

Freitag, 2. Juli 2010, 16.00 Uhr. – Nelson Mandela Bay, Port Elizabeth. – 40 186 Zuschauer. – SR Nishimura (Jap).

Tore: 10. Robinho 0:1. 53. Felipe Melo (Eigentor) 1:1. 68. Sneijder 2:1.

Holland: Stekelenburg; Van der Wiel, Heitinga, Ooijer, Van Bronckhorst; Van Bommel, De Jong, Robben, Sneijder, Kuyt; Van Persie (85. Huntelaar).

Brasilien: Julio Cesar; Maicon, Lucio, Juan, Michel Bastos (68. Gilberto Melo); Dani Alves, Felipe Melo, Gilberto Silva; Kaka; Luis Fabiano (77. Nilmar), Robinho.

Bemerkungen: Holland ohne Mathijsen (verletzt); Brasilien ohne Elano (verletzt) und Ramires (gesperrt). – Platzverweis: 74. Felipe Melo (Tätlichkeit). – Verwarnungen: 14. Heitinga (Foul). 38. Michel Bastos (Foul). 47. Van der Wiel (Unsportlichkeit/im Halbfinal gesperrt). 64. De Jong (Foul/im Halbfinal gesperrt). 76. Ooijer (Unsportlichkeit).

Uruguay–Ghana 1:1 (1:1, 0:1) n. V. 4:2 im Penaltyschiessen

Freitag, 2. Juli 2010, 20.30 Uhr. – Soccer City, Johannesburg. – 84 017 Z. – SR Benquerenca (Por).

Tore: 45. Muntari 0:1. 55. Forlan 1:1. – Penaltyschiessen: Forlan 1:0. Gyan 1:1. Victorino 2:1. Appiah 2:2. Scotti 3:2. Mensah scheitert. Pereira über das Tor. Adiyiah scheitert. Abreu 4:2.

Uruguay: Muslera; Maximiliano Pereira, Lugano (38. Scotti), Victorino, Fucile; Alvaro Fernandez (46. Lodeiro), Pérez, Arevalo, Cavani (76. Abreu); Suarez, Forlan.

Ghana: Kingson; Pantsil, Vorsah, John Mensah, Sarpei; Annan; Inkoom (74. Appiah), Asamoah, Boateng, Muntari (88. Adiyiah); Gyan.

Bemerkungen: Uruguay ohne Godin (verletzt), Ghana ohne André Ayew und Jonathan Mensah (beide gesperrt). Platzverweis: 121. Suarez (Hands auf der Linie, das zum Penalty führt, den Gyan an die Querlatte schiesst). – Verwarnungen: 20. Fucile (Foul/im Halbfinal gesperrt). 48. Arevalo (Foul). 54. Pantsil (Foul). 60. Pérez (Foul). 77. Sarpei (Foul). 93. Mensah (Reklamieren). – 38. Lugano verletzt ausgeschieden.

Argentinien–Deutschland 0:4 (0:1)

Samstag, 3. Juli 2010, 16.00 Uhr. – Green Point Stadium, Kapstadt. – 64 100 Zuschauer. – SR Irmatow (Usb).

Tore: 3. Müller 0:1. 68. Klose 0:2. 74. Friedrich 0:3. 89. Klose 0:4.

Argentinien: Romero; Otamendi (70. Pastore), Demichelis, Burdisso, Heinze; Rodriguez, Mascherano, Di Maria (75. Agüero); Tevez, Messi, Higuain.

Deutschland: Neuer; Lahm, Mertesacker, Friedrich, Boateng (72. Jansen); Schweinsteiger, Khedira (77. Kroos); Müller (84. Trochowski), Özil, Podolski; Klose.

Bemerkungen: Verwarnungen: 11. Otamendi (Foul), 35. Müller (Handspiel/im Halbfinal gesperrt). 80. Mascherano (Foul).

Paraguay–Spanien 0:1 (0:0)

Samstag, 3. Juli 2010, 20.30 Uhr. – Ellis Park, Johannesburg. – 55 359 Zuschauer. – SR Batres (Gua).

Tor: 83. Villa 0:1.

Paraguay: Villar; Veron, Da Silva, Alcaraz, Morel; Edgar Barreto (64. Vera), Victor Caceres (84. Barrios), Riveros, Santana; Valdez (73. Santa Cruz), Cardozo.

Spanien: Casillas; Sergio Ramos, Piqué, Puyol (84. Marchena), Capdevila; Xabi Alonso (75. Pedro), Busquets; Iniesta, Xavi, Villa; Torres (56. Fabregas).

Bemerkungen: Verwarnungen: 57. Piqué (Foul). 59. Alcaraz (Foul). 59. Victor Caceres (Foul). 63. Sergio (Foul). 71. Morel (Foul). 88. Santana (Foul). – 41. Tor von Valdez wegen Offside aberkannt. 59. Casillas hält Penalty von Cardozo. 60. Penaltytor von Xabi Alonso aberkannt (Abstand nicht eingehalten). 61. Villar hält Penalty von Xabi Alonso. 83. Schuss Pedros an den Torpfosten.

Uruguay–Holland 2:3 (1:1)

Dienstag, 6. Juli 2010, 20.30 Uhr. – Green Point Stadium, Kapstadt. – 62 479 Zuschauer. – SR Irmatow (Usb).

Tore: 18. Van Bronckhorst 0:1. 41. Forlan 1:1. 70. Sneijder 1:2. 73. Robben 1:3. 92. Maximiliano Pereira 2:3.

Uruguay: Muslera; Maximiliano Pereira, Victorino, Godin, Caceres; Perez, Arevalo, Gargano, Alvaro Pereira (78. Abreu); Forlan (84. Sebastian Fernandez), Cavani.

Holland: Stekelenburg; Boulahrouz, Heitinga, Mathijsen, Van Bronckhorst; Van Bommel, De Zeeuw (46. Van der Vaart); Robben (90. Elia), Sneijder, Kuyt; Van Persie.

Bemerkungen: Uruguay ohne Suarez, Fucile (beide gesperrt) und Lodeiro (verletzt); Holland ohne Van der Wiel, De Jong (beide gesperrt). – Verwarnungen: 21. Maximiliano Pereira (Foul). 29. Caceres (gefährliches Spiel). 30. Sneijder (Unsportlichkeit). 78. Boulahrouz (Foul). 94. Van Bommel (Reklamieren).

Deutschland–Spanien 0:1 (0:0)

Mittwoch, 7. Juli 2010, 20.30 Uhr. – Moses Mabhida, Durban. – 60 960 Zuschauer. – SR Kassai (Un).

Tor: 73. Puyol 0:1.

Deutschland: Neuer; Lahm, Mertesacker, Friedrich, Boateng (52. Jansen); Khedira (81. Gomez), Schweinsteiger; Trochowski (62. Kroos), Özil, Podolski; Klose.

Spanien: Casillas; Sergio Ramos, Pique, Puyol, Capdevila; Busquets, Xabi Alonso (93. Marchena); Pedro (86. Silva), Xavi, Iniesta; Villa (81. Torres).

Bemerkungen: Deutschland ohne Müller (gesperrt). – Keine Verwarnungen.

Die Finals

Final
Holland–Spanien 0:1 (0:0) n.V.

Sonntag, 11. Juli 2010, 20.30 Uhr. – Soccer City, Johannesburg. – 84 490 Zuschauer. – SR Webb (Eng).

Tor: 116. Iniesta 0:1.

Holland: Stekelenburg; Van der Wiel, Heitinga, Mathijsen, Van Bronckhorst (105. Braafheid); Van Bommel, De Jong (99. Van der Vaart); Robben, Sneijder, Kuyt (71. Elia); Van Persie.

Spanien: Casillas; Sergio Ramos, Pique, Puyol, Capdevila; Busquets, Xabi Alonso (87. Fabregas); Pedro (60. Navas), Xavi, Iniesta; Villa (106. Torres).

Bemerkungen: Platzverweis: 110. Heitinga (Gelb-Rote Karte nach Foul). – Verwarnungen: 15. Van Persie. 16. Puyol. 22. Van Bommel. 23. Sergio Ramos. 28. De Jong. 54. Van Bronckhorst. 57. Heitinga. 66. Capdevila (alle Foul). 84. Robben (Reklamieren). 111. Van der Wiel (Foul). 117. Mathijsen (Reklamieren). 120. Xavi (Unsportlichkeit).

Spiel um Rang 3
Uruguay–Deutschland 2:3 (1:1)

Samstag, 10. Juli 2010, 20.30 Uhr. – Nelson Mandela Bay, Port Elizabeth. – 36 254 Zuschauer. – SR Archundia (Mex).

Tore: 19. Müller 0:1. 28. Cavani 1:1. 51. Forlan 2:1. 56. Jansen 2:2. 82. Khedira 2:3.

Uruguay: Muslera; Fucile, Lugano, Godin, Caceres; Maximiliano Pereira, Perez (77. Gargano), Arevalo, Cavani (88. Abreu); Suarez, Forlan.

Deutschland: Butt; Boateng, Mertesacker, Friedrich, Aogo; Khedira, Schweinsteiger; Müller, Özil (91. Tasci), Jansen (81. Kroos); Cacau (73. Kiessling).

Bemerkungen: Uruguay ohne Lodeiro (verletzt); Deutschland ohne Klose und Wiese (verletzt), Lahm und Podolski (krank). – Verwarnungen: 5. Aogo (Foul). 7. Cacau (Handspiel). 61. Perez (Foul). 92. Friedrich (Foul). – 10. Kopfball Friedrichs an die Querlatte. 93. Freistoss Forlans an die Querlatte.

Preise, Tore, Karten

Die Besten (Goldener Ball)

Goldener Ball: Diego Forlan (Uruguay)
Silberner Ball: Wesley Sneijder (Holland)
Bronzener Ball: David Villa (Spanien)

Goldener Handschuh: Iker Casillas (Spanien)
Bester junger Spieler: Thomas Müller (Deutschland; r.)
FIFA Fairplay-Auszeichnung: Spanien

Torschützen (Goldener Schuh)

5 Tore
Thomas Müller (Deutschland; dank 3 Assists Gewinner des Goldenen Schuhs), David Villa (Spanien; 1 Assist, Silberner Schuh), Wesley Sneijder (Holland; 1 Assist, Bronzener Schuh), Diego Forlan (Uruguay).

4 Tore
Gonzalo Higuain (Argentinien), Miroslav Klose (Deutschland), Robert Vittek (Slowakei).

3 Tore
Luis Fabiano (Brasilien), Asamoah Gyan (Ghana), Luis Suarez (Uruguay), Landon Donovan (USA).

2 Tore
Carlos Tevez (Argentinien), Brett Holman (Australien), Elano (Brasilien), Robinho (Brasilien), Lukas Podolski (Deutschland), Arjen Robben (Holland), Keisuke Honda (Japan), Samuel Eto'o (Kamerun), Javier Hernandez (Mexiko), Kalu Uche (Nigeria), Tiago (Portugal), Andres Iniesta (Spanien), Jung-soo Lee (Südkorea), Chung-yong Lee (Südkorea).

Ewige WM-Torschützen

15 Tore: Ronaldo (Brasilien)
14 Tore: Miroslav Klose, Gerd Müller (Deutschland)
13 Tore: Just Fontaine (Frankreich)
12 Tore: Pelé (Brasilien)
11 Tore: Jürgen Klinsmann (Deutschland), Sandor Kocsis (Ungarn).
10 Tore: Gabriel Batistuta (Argentinien), Helmut Rahn (Deutschland), Gary Lineker (England), Teofilo Cubillas (Peru), Grzegorz Lato (Polen).

Zahlen zu den Toren 2010

Total: 145 Tore in 62 Spielen
Tordurchschnitt pro Spiel: 2,27%

Die treffsichersten Teams: Deutschland (16 Tore), Holland (12), Uruguay (11), Argentinien (10), Brasilien (9), Spanien (8), Portugal (7), Südkorea (6).

Die meisten Torschüsse

17 Schüsse
David Villa (Spanien).

15 Schüsse
Asamoah Gyan (Ghana), Lionel Messi (Argentinien), Luis Suarez, Diego Forlan (beide Uruguay).

Platzverweise

Total: 17 (0,3 pro Spiel)
Direkte Rote Karte (9): Tim Cahill, Harry Kewell (beide Australien), Felipe Melo (Brasilien), Yoann Gourcuff (Frankreich), Sani Kaita (Nigeria), Ricardo Costa (Portugal), Valon Behrami (Schweiz), Itumeleng Khune (Südafrika), Luis Suarez (Uruguay).
Gelb-Rote Karte (8): Anther Yahia (Algerien), Abdelkader Ghezzal (Algerien), Kaka (Brasilien), Marco Estrada (Chile), Miroslav Klose (Deutschland), John Heitinga (Holland), Aleksandar Lukovic (Serbien), Nicolas Lodeira (Uruguay).

Verwarnungen

Total: 245 (3,8 pro Spiel)
3 Verwarnungen: Nigel de Jong, Gregory van der Wiel (beide Holland), Victor Caceres (Paraguay).

Die meisten begangenen Fouls: Keisuke Honda (Japan, 19), Sergio Ramos (Spanien), Mark van Bommel (Holland; je 17), Diego Perez (Uruguay, 16).

Die meistgefoulten Spieler: Andres Iniesta (Spanien, 26), Keisuke Honda (Japan, 23); Sergio Busquets (Spanien), Luis Suarez (Uruguay), Mark van Bommel (Holland, je 22).

Zuschauer

Südafrika 2010: Total 3,18 Millionen Zuschauer in 64 Spielen (Durchschnitt: 49 670 Zuschauer pro Spiel).

Rekord USA 1994: Total 3,59 Millionen Zuschauer in 52 Spielen (Durchschnitt: 68 991 Zuschauer pro Spiel).

Alle Weltmeister seit 1930

1930 in Uruguay:
Uruguay (4:2 gegen Argentinien)
1934 in Italien:
Italien (2:1 n.V. gegen Tschechoslowakei)
1938 in Frankreich:
Italien (4:2 gegen Ungarn)
1950 in Brasilien:
Uruguay
1954 in der Schweiz:
Deutschland (3:2 gegen Ungarn)
1958 in Schweden:
Brasilien (5:2 gegen Schweden)
1962 in Chile:
Brasilien (3:2 gegen Tschechoslowakei)
1966 in England:
England (4:2 n.V. gegen Deutschland)
1970 in Mexiko:
Brasilien (4:1 gegen Italien)
1974 in Deutschland:
Deutschland (2:1 gegen Holland)
1978 in Argentinien:
Argentinien (3:1 n.V. gegen Holland)
1982 in Spanien:
Italien (3:1 gegen Deutschland)
1986 in Mexiko:
Argentinien (3:2 gegen Deutschland)
1990 in Italien:
Deutschland (1:0 gegen Argentinien)
1994 in den USA:
Brasilien (0:0, 3:2 n. Pen. gegen Italien)
1998 in Frankreich:
Frankreich (3:0 gegen Brasilien)
2002 in Japan und Südkorea:
Brasilien (2:0 gegen Deutschland)
2006 in Deutschland:
Italien (1:1 n.V., 5:3 n. Pen. gegen Frankreich)
2010 in Südafrika:
Spanien
2014 in Brasilien:
?

Die Titelsammler: Brasilien (5), Italien (4), Deutschland (3), Argentinien, Uruguay (je 2), England, Frankreich, Spanien (je 1).

Alle 28 Spiele der Schweiz an Endrund

WM 1934 in Italien

Schweiz–Holland 3:2 (2:1)

27. Mai 1934 (Achtelfinal). – San Siro, Mailand. – 35 000 Zuschauer. – SR Ivan Eklind (Sd). – **Tore:** 9. Kielholz 1:0. 29. Smit 1:1. 44. Kielholz 2:1. 65. Abegglen III 3:1. 69. Vente 3:2.

Schweiz: Frank Séchehaye (Servette); Severino Minelli (GC), Walter Weiler II (GC), Albert Guinchard (Servette), Fernand Jaccard (La Tour de Peilz), Ernst Hufschmid (FC Basel), Willy von Känel (Biel), Raymond Passello (Servette), Leopold Kielholz (Servette), André «Trello» Abegglen III (GC), Giuseppe Bossi (Bern). – Trainer: Henry Müller.

Holland: van der Meulen; Weber, van Ruun, Pellikaan, Anderiesen, van Heel, Wels, Vente, Bakhuys, Smit, van Nellen, Glendenning. – Trainer: Robert Glendenning.

Schweiz–CSR (Tschechien) 2:3 (1:1)

31. Mai 1934 (Viertelfinal). – Stadio Benito Mussolini, Turin. – 12 000 Zuschauer. – SR Alois Beranek (Ö). – **Tore:** 12. Kielholz 1:0, 23. Svoboda 1:1, 49. Sobotka 1:2, 78. W. Jäggi 2:2, 83. Nejedly 2:3.

Schweiz: Séchehaye; Minelli, Weiler II, Guinchard, Jaccard, Hufschmid, von Känel, W. Jäggi, Kielholz, Abegglen III, Jaeck. – Trainer: Henry Müller.

CSR: Planicka; Zenisek, Ctyroky, Kostalek, Cambal, Krcil, Junek, Svoboda, Sobotka, Nejedly, Puc. – Trainer: Petru.

WM 1938 in Frankreich

Schweiz–«Grossdeutschland» 1:1 (1:1) n.V.

4. Juni 1938 (Achtelfinal). – Parc des Princes, Paris. – 27 000 Zuschauer. – SR: John Langenus (Be). – **Tore:** 29. Gauchel 0:1. 43. Abegglen III 1:1.

Schweiz: Willy Huber; Severino Minelli, August Lehmann, Hermann Springer, Sirio Vernati, Ernest Lörtscher, Lauro Amadò, André «Trello» Abegglen III, Alfred Bickel, Eugène Walaschek, Georges Aeby. – Trainer: Karl Rappan.

Deutschland: Raftl; Janes, Schmaus, Kupfer, Mock, Kitzinger, Lehner, Gellesch, Gauchel, Hahnemann, Pesser. – Trainer: Sepp Herberger.

Schweiz–«Grossdeutschland» 4:2 (1:2)

9. Juni 1938 (Achtelfinal, Wiederholungsspiel). – Parc des Princes, Paris. – 20 025 Zuschauer. – SR Ivan Eklind (Sd). – **Tore:** 8. Hahnemann 0:1. 15. Lörtscher (Eigentor) 0:2. 42. Walaschek 1:2. 64. Bickel 2:2. 75. Abegglen III 3:2. 78. Abegglen III 4:2.

Schweiz: Willy Huber; Severino Minelli, August Lehmann, Hermann Springer, Sirio Vernati, Ernest Lörtscher, Lauro Amadò, André «Trello» Abegglen III, Alfred Bickel, Ernest Walaschek, Georges Aeby. – Trainer: Karl Rappan.

Deutschland: Raftl ; Goldbrunner, Janes, Kupfer, Neumer, Stefan Skoumal, Hahnemann, Lehner, Stroh, Szepan, Streitle. – Trainer: Sepp Herberger.

Ungarn–Schweiz 2:0 (1:0)

12. Juni 1938 (Viertelfinal). – Stade Victor Boucquey, Lille. – 15 000 Zuschauer. – SR Rinaldo Barlassina (It). – **Tore:** 41. Zsengeller 1:0. 89. Zsengeller 2:0.

Schweiz: Willy Huber; Adolf Stelzer, August Lehmann, Hermann Springer, Sirio Vernati, Ernest Lörtscher, Alfred Bickel, André «Trello» Abegglen III, Lauro Amadò, Eugène Walaschek, Tullio Grassi. – Trainer: Karl Rappan.

Ungarn: Antal Szabó; Ferenc Sas, Gyula Lázár, József Turay, Antal Szalay, Lajos Korányi, Sándor Bíró, Jen Vincze, György Sárosi, Gyula Zsengeller, Vilmos Kohut. – Trainer: Alfred Schaffer.

WM 1950 in Brasilien

Gruppe 1

Schweiz–Jugoslawien 0:3 (0:0)

25. Juni 1950. – Estadio Sete de setembro, Belo Horizonte. – 7336 Zuschauer. – SR Giovanni Galeati (It). – **Tore:** 58. Djajic 0:1. 68. Tomasevic 0:2. 82. Ognjanovic 0:3.

Schweiz: Stuber; Neury, Bocquet, Lusenti, Eggimann, Quinche, Bickel, Antenen, Tamini, Bader, Fatton. – Trainer: Franco Andreoli.

Jugoslawien: Mrkusic, Horvat, Stankovic, Zlatko Ciakowski, Jovanovic, Djajic, Ognjanov, Mitic, Tomasevic, Bobek, Vukas. – Trainer: Milorad Arsenijevic.

Brasilien–Schweiz 2:2 (2:1)

28. Juni 1950. – Estadio Pacaembu, Sao Paulo. – 42 032 Zuschauer. – SR Ramon Azon Roma (Sp). – **Tore:** 2. Alfredo 1:0. 16. Fatton 1.1. 44. Baltazar 2:1. 88. Fatton 2:2.

Brasilien: Barbosa, Augusto, Juvenal, Bauer, Ruy, Noronha, Maneca, Ademir, Baltazar, Alfredo, Friaca. – Trainer: Flavio Costa.

Schweiz: Stuber, Neury, Bocquet, Lusenti, Eggimann, Quinche, Bickel, Friedländer, Tamini, Bader, Fatton. – Trainer: Franco Andreoli.

Schweiz–Mexiko 2:1 (2:0)

2. Juli 1950. – Estadio Beira-Rio, Porto Alegre. – 3580 Zuschauer. – SR Ivan Eklind (Sd). – **Tore:** 12. Bader 1:0. 45. Antenen 2:0. 88. Casarin 2:1.

Schweiz: Hug; Neury, Bocquet, Lusenti, Eggimann, Quinche, Antenen, Friedländer, Tamini, Bader, Fatton. – Trainer: Franco Andreoli.

Mexiko: Carbajal, Gutierrez, Gomez, Guevara, Ochoa, Flores, Roca, Ortiz, Casarin, Borbolla, Velasquez. – Trainer: Octavio Vial.

Rangliste Gruppe 1:
1. Brasilien	3	2	1	0	8:2	5
2. Jugoslawien	3	2	0	1	7:3	4
3. Schweiz	3	1	1	1	4:6	3
4. Nordkorea	3	0	0	3	2:10	0

Schweiz damit ausgeschieden

WM 1954 in der Schweiz

Gruppe D:

Schweiz–Italien 2:1 (1:1)

17. Juni 1954. – Stade de la Pontaise, Lausanne. – 40 500 Zuschauer. – SR Mario Viana (Br). – **Tore:** 17. Ballaman 1:0. 44. Boniperti 1:1. 78. Hügi II 2:1.

Schweiz: Parlier, Neury, Kernen, Flückiger, Bocquet, Casali, Ballaman, Vonlanthen, Hügi, Meier, Fatton. – Trainer: Karl Rappan.

Italien: Ghezzi, Vincenzi, Giacomazzi, Neri, Tognon, Nesti, Muccinelli, Boniperti, Galli, Pandolfini, Lorenzi. – Trainer: Lajos Czeizler

England–Schweiz 2:0 (1:0)

20. Juni 1954. – Stadion Wankdorf, Bern. – 43 500 Zuschauer. – SR Istvan Zsolt (Ungarn). – **Tore:** 43. Mullen 1:0. 69. Wilshaw 2:0.

England: Merrick, Staniforth, Byrne, Wright, McGarry, Dickinson, Wilshaw, Broadis, Mullen, Taylor, Finney. – Trainer: Walter Winterbottom.

Schweiz: Parlier; Neury, Bocquet; Kernen, Eggimann,

der Fussball-Weltmeisterschaft

Bigler; Antenen, Vonlanthen, Meier, Ballaman, Fatton. – Trainer: Karl Rappan.

Rangliste Gruppe B
1. England   2 1 1 0 6:4 3
2. Schweiz   2 1 0 1 2:3 2
3. Italien   2 1 0 1 5:3 2
4. Nordkorea 2 0 1 1 5:8 1
Damit Play-off Schweiz – Italien um Viertelfinaleinzug

Schweiz–Italien 4:1 (1:0)

23. Juni 1954. – St. Jakob-Stadion, Basel. – 29 000 Zuschauer. – SR Mervyn Griffiths (Wales). – **Tore:** 14. Hügi II 1:0. 48. Ballaman 2:0. 67. Nesti 2:1. 85. Hügi II 3:1. 90. Fatton 4:1.

Schweiz: Parlier; Neury, Bocquet; Kernen, Eggimann, Casali; Antenen, Vonlanthen, Hügi II, Ballaman, Fatton. – Trainer Karl Rappan.

Italien: Viola; Magnini, Tognon, Giacomazzi; Mari, Nesti, Muccinelli, Segato, Lorenz, Pandolfini, Frignani. – Trainer: Lajos Czeizler.

Österreich–Schweiz 7:5 (5:4)

26. Juni 1954 (Viertelfinal). – Stade de Pontaise, Lausanne. – 31 000 Zuschauer. – SR Ernest Faultless (Schottland). – **Tore:** 16. Ballaman 0:1. 17. Hügi II 0:2. 23. Hügi II 0:3. 25. Wagner 1:3. 27. A. Körner 2:3. 28. Wagner 3:3. 32. Ocwirk 4:3. 34. Körner II 5:3. 41. Ballaman 5:4. 52. Wagner 6:4. 58. Hügi II 6:5. 76. Probst 7:5.

Österreich: Schmied; Hanappi, Happel, Barschandt; Ocwirk, Koller; Robert Körner I, Stojaspal, Probst, Wagner, Alfred Körner II. – Trainer: Walter Nausch.

Schweiz: Parlier; Bocquet, Casali, Neury, Kernen; Eggimann, Ballaman; Antenen, Vonlanthen, Hügi II, Fatton. – Trainer: Karl Rappan.

WM 1962 in Chile

Gruppe B

Chile–Schweiz 3:1 (1:1)

30. Mai 1962. – Estadio Nacional, Santiago de Chile. – 65 006 Zuschauer. – SR. Ken Aston (England). – **Tore:** 6. Wüthrich 0:1. 44. L. Sanchez (Penalty) 1:1. 51. Ramirez 2:1. 55. L. Sanchez 3:1.

Schweiz: Elsener; Morf, Heinz Schneiter, Tacchella, Grobéty, H. Weber, A. Allemann, Pottier, Eschmann, Wüthrich, Antenen. – Trainer: Karl Rappan.

Chile: Escuti, Eyzaguirre, R.Sanchez, Contreras, Navarro, Toro, Rojas, Ramirez, Landa, Fouilloux, L. Sanchez.

Deutschland–Schweiz 2:1 (1:0)

3. Juni 1962. – Estadio Nacional, Santiago de Chile. – 64 922 Zuschauer. – SR: Leo Horn (Ho). – **Tore:** 45. Brülls 1:0. 60. Seeler 2:0. 73. Schneiter 2:1.

Schweiz: Elsener; Schneiter, Tacchella, Grobety, Weber, Allemann, Vonlanthen, Dürr, Eschmann, Wüthrich, Antenen.

Deutschland: Fahrian, Nowak, Schnellinger, Schulz, Erhardt, Szymaniak, Koslowski, Haller, Seeler, Brülls, Schäfer.

Italien–Schweiz 3:0 (1:0)

7. Juni 1962. – Estadio Nacional, Santiago de Chile. – 59 828 Zuschauer. – SR Nikolai Latychev (UdSSR). – **Tore:** 3. Mora 1:0. 65. Bulgarelli 2:0. 67. Bulgarelli 3:0.

Schweiz: Elsener; Schneiter, Tacchella, Grobety, Meier, Weber, Allemann, Vonlanthen, Dürr, Wüthrich, Antenen.

Italien: Buffon; Losi, Robotti, Salvadore, Maldini, Radice, Mora, Bulgarelli, Sormani, Sivori, Pascutti.

Rangliste Gruppe B
1. Deutschland 3 2 1 0 4:1 5
2. Chile   3 2 0 1 5:3 4
3. Italien   3 1 1 1 3:2 3
4. Schweiz   3 0 0 3 2:8 0
Schweiz damit ausgeschieden

WM 1966 in England

Gruppe B

Deutschland–Schweiz 5:0 (3:0

12. Juli 1966. – Hillsborough-Stadion, Sheffield. – 36 000 Zuschauer. – SR Hugh Philipps (Schott). – **Tore:** 15. Held 1:0. 20. Haller 2:0. 39. Beckenbauer 3:0. 54. Beckenbauer 4:0. 77. Haller (Foulpenalty) 5:0.

Deutschland: Tilkowski; Höttges, Weber, Schulz, Schnellinger; Haller, Beckenbauer; Brülls, Seeler, Overath, Held. – Trainer: Helmut Schön.

Schweiz: Elsener; Grobéty, Schneiter, Tacchella, Fuhrer; Bäni, Dürr, Odermatt; Künzli, Hosp, Schindelholz. – Trainer: Alfredo Foni.

Schweiz–Spanien 1:2 (1:0)

15. Juli 1966. – Hillsborough-Stadion, Sheffield. – 32 000 Zuschauer. – SR Tofik Bachramov (UdSSR). – **Tore:** 31. Quentin 1:0. 57. Sanchis 1:1. 75. Amancio 1:2.

Schweiz: Elsener; Grobéty, Schneiter, Tacchella, Fuhrer; Bäni, Dürr, Odermatt; Künzli, Hosp, Schindelholz. – Trainer: Alfredo Foni.

Spanien: Iribar; Sanchís, Reija, Pirri, Gallego; Zoco, Amancio, del Sol; Peiró, Luis Suárez, Gento. – Trainer: José Villalonga.

Argentinien–Schweiz 2:0 (0:0)

19. Juli 1966. – Hillsborough-Stadion, Sheffield. – 32 000 Zuschauer. – SR Joaquim Campos (Por). – **Tore:** 51. Artime 1:0. 80. Onega 2:0.

Argentinien: Roma; Ferreiro, Perfumo, Calics, Marzolini; Rattin, Gonzalez, Solari; Onega, Artime, Mas. – Trainer: Juan Carlos Lorenzo.

Schweiz: Eichmann; Fuhrer, Brodmann, Bäni, Stierli; Armbruster, Kuhn; Gottardi, Hosp, Künzli, Quentin. – Trainer: Alfredo Foni.

Rangliste Gruppe B
1. Deutschland   3 2 1 0 7:1 5
2. Argentinien   3 2 1 0 4:1 5
3. Spanien   3 1 0 2 4:5 2
4. Schweiz   3 0 0 3 1:9 0
Schweiz damit ausgeschieden

WM 1994 in den USA

Gruppe A

USA–Schweiz 1:1 (1:1)

18. Juni 1994. – Pontiac Silverdome, Detroit. – 73 425 Zuschauer. – SR Francisco Oscar Lamolina (Arg). – **Tore:** 39. Bregy 0:1. 44. Wynalda 1:1.

USA: Meola; Kooiman, Dooley, Harkes, Stewart (81. Jones); Ramos, Wynalda (58. Wegerle), Sorber, Balboa; Caligiuri, Lalas. – Trainer: Bora Milutinovic.

Schweiz: Pascolo; Hottiger, Herr, Geiger, Quentin; Ohrel, Bregy, Sforza (77. Wyss), Sutter; Bickel (72. Subiat), Chapuisat.

Bemerkungen: Verwarnungen: 26. Herr, 82. Subiat, 89. Harkes.

Rumänien–Schweiz 1:4 (1:1)

22. Juni 1994. – Pontiac Silverdome, Detroit. – 61 428 Zuschauer. – SR Neji Jouini (Tun). – **Tore:** 16. Sutter 0:1. 35. Hagi 1:1. 52. Chapuisat 1:2. 65. Knup 1:3. 72. Knup 1:4.

Rumänien: Stelea; Petrescu, Prodan, Belodedici, Lupescu (85. Panduru); Popescu, Munteanu, Raducioiu, Hagi; Dumitrescu (70. Vladoiu), Mihali. – Trainer: Angel Iordanescu.

Schweiz: Pascolo; Hottiger, Herr, Geiger, Quentin; Ohrel (83. Sylvestre), Bregy, Sforza, Sutter (71. Bickel); Knup, Chapuisat. – Trainer: Roy Hodgson.

Bemerkungen: Platzverweis: 73. Vladoiu. – Verwarnungen: 32. Mihali, 40. Lupescu, 47. Belodedici.

Schweiz–Kolumbien 0:2 (0:1)

26. Juni 1994. – Stanford Stadium, San Francisco. – 83 401 Zuschauer. – SR Peter Mikkelsen (Dä). – **Tore:** 44. Gaviria 0:1. 90. Lozano 0:2.

Schweiz: Pascolo; Hottiger, Herr, Geiger, Quentin; Ohrel, Bregy, Sforza, Sutter (82. Grassi); Knup (82. Subiat), Chapuisat. – Trainer: Roy Hodgson.

Kolumbien: Cordoba; Escobar, Mendoza, Herrera, Gaviria (79. Lozano); Valderrama, Alvarez, Perez, Rincon; Aprsrilla, Valencia (64. de Avila). – Trainer: Franciso Maturana.

Bemerkungen: Verwarnungen: 39. Knup, 58. Gaviria, 62. Valderrama, 80. Alvarez, 85. Bregy.

Rangliste Gruppe A

1. Rumänien	3	2	0	1	5:5	6
2. Schweiz	3	1	1	1	5:4	4
3. USA	3	1	1	1	3:3	4
4. Kolumbien	3	1	0	2	4:5	3

Schweiz damit in den Achtelfinals

Achtelfinal

Spanien–Schweiz 3:0 (1:0)

2. Juli 1994. – Robert F. Kenney-Stadium, Washington. – 53 121 Zuschauer. – SR Mario van der Ende (Ho). – **Tore:** 15. Hierro 1:0. 74. Luis Enrique 2:0. 86. Beguiristain (Penalty) 3:0.

Spanien: Zubizarreta; Ferrer, Camarasa, Hierro (76. Otero), Abelardo; Goikoetxea (61. Beguiristain), Bakero, Sergi, Alkorta; Nadal, Luis Enrique. – Trainer: Javier Clemente.

Schweiz: Pascolo; Hottiger, Herr, Geiger, Quentin (58. Studer); Ohrel (73. Subiat), Sforza, Bregy, Bickel; Knup, Chapuisat. – Trainer: Roy Hodgson.

Bemerkungen: Schweiz ohne Sutter (verletzt). – Verwarnungen: 18. Goikoetxea, 19. Ferrer, 22. Camarasa, 23. Hottiger, 69. Studer, 77. Subiat, 85. Pascolo, 87. Otero.

WM 2006 in Deutschland

Gruppe G

Frankreich–Schweiz 0:0

13. Juni 2006. – Gottlieb-Daimler-Stadion, Stuttgart. – 52 000 Zuschauer. – SR Valentin Ivanov (Russ).

Frankreich: Barthez; Sagnol, Vieira, Gallas, Thuram; Abidal, Makelele, Zidane, Ribery (70. Saha); Wiltord (84. Dhorasoo), Henry. – Trainer: Raymond Domenech.

Schweiz: Zuberbühler; Philipp Degen, Senderos, Müller (75. Djourou), Magnin; Wicky (82. Margairaz), Vogel, Cabanas, Barnetta; Frei, Streller (56. Gygax). – Trainer: Köbi Kuhn.

Bemerkungen: Verwarnungen: 42. Magnin, 45. Streller, 56. Degen, 64. Abidal, 72. Zidane, 72. Cabanas, 93. Sagnol, 93. Frei.

Togo–Schweiz 0:2 (0:1)

19. Juni 2006. – Dortmund. – 65 000 Zuschauer. – SR Carlos Amarilla (Par). – **Tore:** 16. Frei 0:1. 88. Barnetta 0:2.

Togo: Agassa; Nibombe, Tchangai, Agboh (25. Salifou), Dossevi (69. Yao junior Senaya); Mamam (87. Malm), Forson, Romao, Kader; Toure, Adebayor. – Trainer: Otto Pfister.

Schweiz: Zuberbühler; P. Degen, Senderos, Müller, Magnin; Wicky, Vogel, Cabanas (77. Streller), Barnetta; Gygax (46. Hakan Yakin), Frei (87. Lustrinelli). – Trainer: Köbi Kuhn.

Bemerkungen: Verwarnungen: 45. Salifou, 47. Adebayor, 53. Romao, 92. Vogel.

Schweiz–Südkorea 2:0 (1:0)

23. Juni 2006. – Hannover. – 43 000 Zuschauer. – SR Horacio Elizondo (Arg). – **Tore:** 23. Senderos 1:0. 77. Frei 2:0.

Schweiz: Zuberbühler; P. Degen, Senderos (53. Djourou), Müller, Spycher; Wicky (88. Behrami), Vogel, Cabanas, Barnetta; Hakan Yakin (71. Margairaz), Frei. – Trainer: Köbi Kuhn.

Südkorea: Lee Woon Jae; Kim Dong Jin, Choi, Kim Nam Il, Kim Jin Kyu; Park Ji Sung, Park Chu Young (66. Seol), Lee Young Pyo (63. Ahn); Lee Ho, Cho. – Trainer: Dick Advocaat.

Bemerkungen: Verwarnungen: 23. Park Chu Young, 37. Kim Jin Kyu, 43. Senderos, 55. Yakin, 69. Wicky, 78. Ahn, 78. Choi, 80. Lee Chun Soo, 82. Spycher, 90. Djourou.

Rangliste Gruppe G

1. Schweiz	3	2	1	0	4:0	7
2. Frankreich	3	1	2	0	3:1	5
3. Südkorea	3	1	1	1	3:4	4
4. Togo	3	0	0	3	1:6	0

Schweiz damit in den Achtelfinals

Achtelfinal

Schweiz–Ukraine 0:0 n.V., 0:3 n. Pen.

26. Juni 2006. – Köln. – 45 000 Zuschauer. – SR Benito Archundia (Mex). – **Tore im Penaltyschiessen:** Schewtschenko (gehalten), Streller (gehalten), Milewski (0:1), Barnetta (Querlatte), Rebrov (0:2), Cabanas (gehalten), Gusev (0:3).

Schweiz: Zuberbühler; P. Degen, Djourou (34. Grichting), Müller, Magnin; Wicky, Vogel, Cabanas, Barnetta; Hakan Yakin (64. Streller), Frei (117. Lustrinelli). – Trainer: Köbi Kuhn.

Ukraine: Schowkovski; Nesmatschni, Gusin, Schelajew, Gusew; Timoschuk, Vorobey (94. Rebrov), Vaschtschuk, Kalinitschenko (75. Rotan); Schewtschenko, Woronin. – Trainer: Oleg Blochin.

Bemerkungen: Schweiz ohne Senderos (verletzt); 34. Djourou verletzt ausgeschieden. – Verwarnung: 59. Barnetta.

WM 2010 in Südafrika

Gruppe H

Spanien–Schweiz 0:1 (0:0)
Chile–Schweiz 1:0 (0:0)
Schweiz–Honduras 0:0
(Telegramme in diesem Buch)

Schweizer WM-Gesamtbilanz

29 Spiele
9 Siege, 5 Unentschieden, 15 Niederlagen
38:52-Tore (zuzüglich drei Gegentore im Elfmeterschiessen 2006 im Achtelfinal gegen die Ukraine)

Die Schweizer WM-Torschützen aller Zeiten

Josef «Seppe» Hügi II	6
André «Trello» Abegglen III	4
Jacques «Jacky» Fatton	3
Leopold «Poldi» Kielholz	3
Robert Ballaman	4
Alex Frei	2
Adrian Knup	2

Je 1 Tor: Charles «Kiki» Antenen, René Bader, Tranquillo Barnetta, Fredy Bickel, Georges Bregy, Stéphane Chapuisat, Gelson Fernandes, Walter Jäggy, René-Pierre Quentin, Heinz Schneiter, Philippe Senderos, Alain Sutter, Eugène «Genia» Walaschek, Rolf Wüthrich.

WM 1954 in der Schweiz: In Basel spielen die Rot-Weissen am 17. Juni gegen Italien. Die Gastgeber gehen gegen den durchaus favorisierten Widersacher durch Ballamann in Führung, müssen jedoch kurz vor der Pause den Ausgleich durch Boniperti hinnehmen. Aber einer fühlt sich im alten «Joggeli» besonders wohl: Seppe Hügi (rechts im Bild) erzielt in der 78. Minute den Siegestreffer für die Schweizer. Sechs Tage später findet in Basel ein Entscheidungsspiel zwischen den beiden Teams um den Einzug in die nächste Runde statt – und wiederum behalten die Schweizer das bessere Ende für sich und gewinnen mit 4:1. Zwei Tore erzielte wiederum Seppe Hügi.

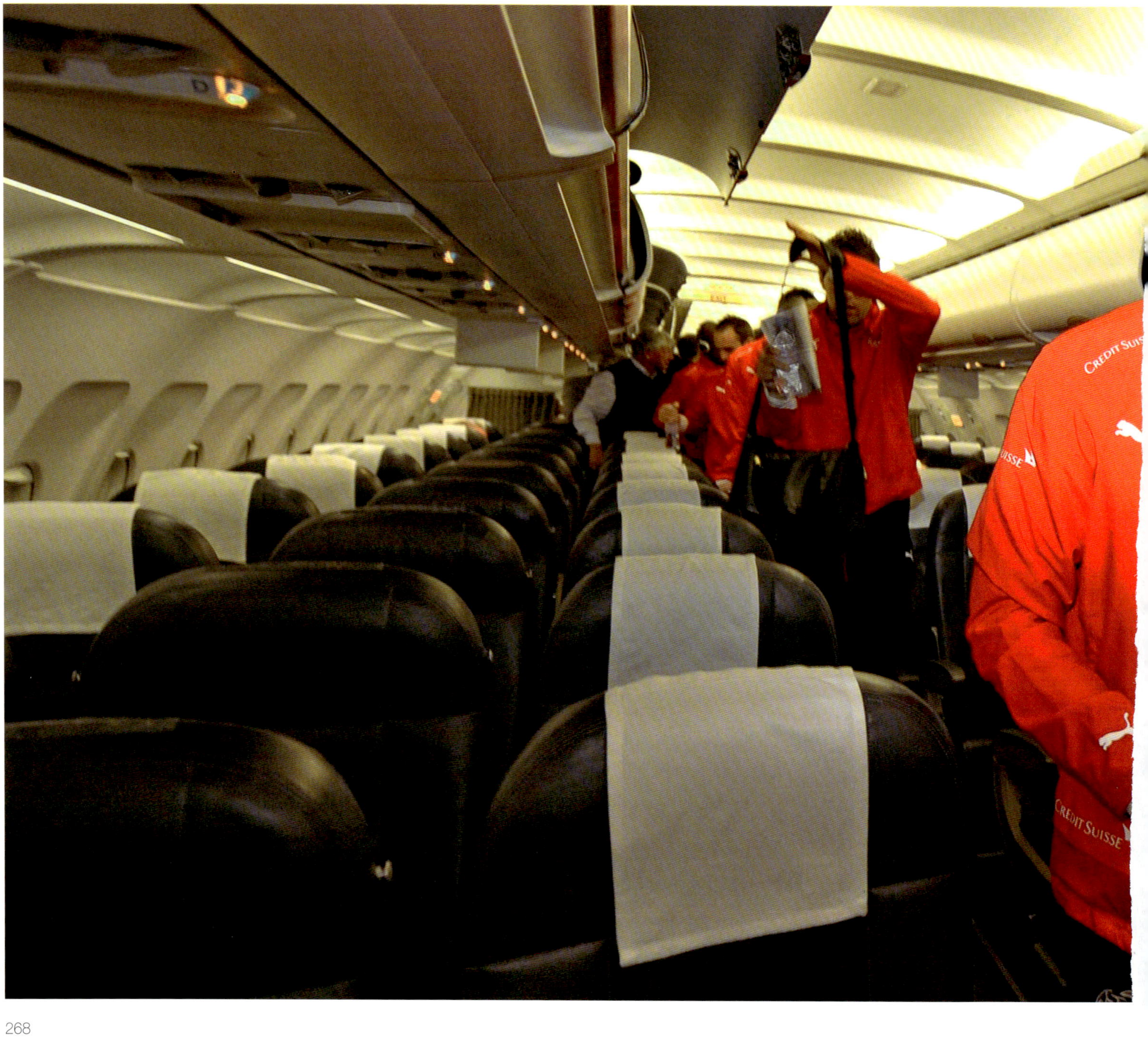
CREDIT SUISSE

Auf Wiedersehen ...

... im «Grossen Schweizer Buch der EM 2012» oder Monat für Monat in «rotweiss»

269

Bildnachweis

Julie Jacobson (Keystone/AP, Titelbild)
FC Gspon (40, 41)
Marco von Ah/SFV (14, 48, 49, 52, 53)
Familie Hauser, Kapstadt (61, 194, 195)
Emerald Resort (109)
rotweiss (185, 205)
Volksschule Oberbipp (200)
Ochsner Sport (201)

Alle übrigen Bilder:
Andreas Meier, Keystone (www.keystone.ch)